개정판

미국 초등학교에서 쓰이는 수학용어사전

A Dictionary of Mathematical Terms Used in American Primary Schools

김 수 미 지음

KYOWOO

머리말

이 책은 오래 전 미국 초등학교 수학수업을 참관했던 나의 경험에서 비롯되었다. 나는 2007년 여름부터 2008년 여름까지 약 1년간 미국 미시간 주의 작은 도시 Ann Arbor에서 연구년을 보냈다. 그 기간 동안 지역 초등학교 Angell elementary school에서 일주일에 2회씩 수학수업을 참관하면서 미국의 학교 문화를 접할 수 있는 기회를 가졌다. 그 학교는 한국, 중국, 일본 등 아시아권에서 온 학생 비중이 상당히 높았는데, 학교는 영어를 잘 구사하지 못하는 학생들을 위해 세계 각국어로 번역된 수학용어 자료집을 활용하고 있었다. 그러나 한국어로 번역된 자료를 검토해 보니 설명이 빈약할 뿐만 아니라 오류가 상당히 많았다. 이것이 이 책을 처음 쓰게 된 계기이다.

이 책의 초판은 영어 보다는 한국어에 익숙한 초등학생들이 영미권이나 한국의 국제학교에서 공부해야하는 경우 도움을 얻을 수 있도록 기획되었다. 그러나 한국과 영미권의 차이를 설명하는 과정에서 한국어로 된 수학용어의 말뜻과 유래 등이 함께 제시된 경우가 많아서 한국의 초등학생들에게도 유익한 자료가 될 수 있을 것이라 생각했다. 또한 수학교육을 전공하는 학부생이나 대학원생도 이 책을 구입하는 사례가 많아서 수학교육 전공자의 입장에서도 도움이 되도록 내용을 보강할 필요를 느꼈다.

이 책의 초판에 수록된 수학용어는 Monroe 교수의 『Math Dictionary』와 미국 수학교과서 『Everyday Mathematics』의 수학어휘목록에 수록된 것 중에서 선별된 것이다. 여기에 '배분법칙(distributive property)'과 같이 초등학생용 어휘집에는 수록되지 않았으나, 초등학생을 지도하는 교사나 전공자는 알고 있어야하는 어휘들을 임의로 선별하여 보강하였다.

인간 사회에서 의사소통의 중요성은 아무리 강조해도 지나치지 않다. 수학용어는 수학이라는 세계에 통용되는 의사소통의 도구라는 점에서 수학의 세계로 들어서기 위한 첫 관문이라 할 수 있다. 따라서 수학을 잘하기 위해서는 우선 수학용어를 정확하게 알고 사용할 수 있어야 한다. 이것은 우리가 사회생활을 잘 하기 위해 언어를 배우는 것과 같은 이치이다. 그러나 같은 알파벳으로 된 용어가 나라에 따라 다른 의미로 사용되는 경우가 있듯이 수학용어 역시 지역에 따라 의미나 용도가 다른 경우가 꽤 있다. 이 책은 그러한 문제를 해소하기 위해 수학용어 사용에 있어 한국과 영미권의 차이점 기술에 많은 노력을 기울였다. 그럼에도 불구하고 개인의 역량 부족으로 독자들이 충분히 만족할 만한 수준의 내용은 아닐 것으로 판단된다. 이 책의 많은 부분이 참고문헌과 인터넷 검색을 통해 구성되었지만, 내용 오류나 그릇된 정보 역시 전적으로 집필자의 책임임을 밝힌다.

많은 사람들이 수학이란 학문을 모순이 없는 무결점의 세계로 인식한다. 그러나 수학 용어를 연구해 보면 수학 역시 수많은 오류와 빈틈이 존재하는 지극히 인간적인 학문임을 느끼게 된다. 지금까지 인류가 이룩해 낸 수학의 발전은 이러한 오류와 빈틈을 개선하려는 인간의 부단한 노력의 부산물인 것이다. 따라서 독자들이 이 책을 통해 수학의 오류나 빈틈을 발견하는 기쁨을 누리고, 수학의 새로운 진보에 참여할 수 있는 기회를 얻게 되기를 희망한다.

마지막으로 이번 개정판이 나오기까지 격려와 지원을 아끼지 않은 가족에게 사랑과 감사의 마음을 전한다. 또한 지적 자극제이며 든든한 후원자인 경인교육대학교 동료들과 교우사 오판근 사장님, 남궁 양 부장님 및 편집부 직원들, 그리고 알지 못하는 곳에서 도움을 주신 많은 분들에게도 존경과 감사의 마음을 전한다.

저자 김수미

이 책의 사용방법

1 책의 구성

미국 수학용어 : 미국에서 사용되는 수학용어를 제시하였다.

한국 수학용어 : 미국 수학용어에 해당하는 한국 수학용어를 제시하였고, 해당하는 한국 수학용어가 없을 경우 공란으로 두었다.

설명글 : 수학용어의 정의나 예시를 제시하였다.

보 기 수학용어에 해당하는 예와 반례를 제시하였다.

유 래 수학용어의 어원이나 수학용어가 만들어진 역사적·사회적 배경을 소개하였다.

유의어 수학용어와 같거나 비슷한 뜻을 지닌 수학용어를 소개하였다.

가보기 수학용어와 유사하거나 관련된 용어를 제시하였다. 가보기에 제시된 수학용어도 반드시 찾아서 읽어보는 것이 좋다.

Note 한국 초등수학 교육과정과 미국 초등수학 교육과정의 차이점이나 주의할 점 등을 소개하였다.

2 어린이들에게

감자, 당근, 양파 없이 카레라이스를 만들려고 한다면?
돼지고기 없이 돈까스를 만들려고 한다면?
게다가, 쌀 없이 밥을 지으려고 한다면?
이 모든 것들이 무모해 보이나?

수학용어를 모르는 채 수학공부를 하는 것도 이와 같다. 중요한 식재료 없이 요리를 할 수 없는 것과 마찬가지로, 수학용어를 제대로 알지 못하면 수학공부를 할 수 없다. 수학용어는 수학공부를 하기 위한 가장 중요한 재료인 셈이다.

많은 어린이들이 수학을 어려워한다. 이것은 너무나 당연하다. 왜냐하면 수학은 어려운 학문이니까. 인류의 수학사를 보면 위대한 수학자들조차 수많은 실수와 시행착오를 범하면서 낙담하고 좌절한 것을 알 수 있다. 오늘날 우리는 아무렇지도 않게 '3×0은 0이다.'라고 말한다. 그러나 0을 계산의 대상으로 삼는 일은 고대 수학자들에게는 상상하기 힘든 일이었다. 그런데 누군가 그 일을 생각해 내었고, 오랜 세월의 검증을 통해 마침내 다른 자연수들과 마찬가지로 0을 계산의 대상으로 받아들이게 되었다. 이처럼 수학은 수학자들에게조차 쉬운 학문이 아니다. 따라서 여러분이 수학을 어려워하는 것은 너무나 자연스러운 일이다.

그렇다고 수학을 포기할 수는 없다. 수학은 어려움을 극복할만한 가치가 충분히 있다.

예전에도 그랬지만 앞으로는 더욱 더 과학기술의 발전이 한 나라의 운명을 결정하게 될 것이다. 수학은 과학기술이 발전하는데 원동력이 되므로, 미래의 씨앗인 여러분이 수학공부를 게을리 한다면 우리에게 미래가 없는 것과 같다.

이 책은 어린이 여러분이 수학공부를 하는데 조금이라도 힘을 보태기 위해 만들어졌다. 특히 영어로 수학을 배우는 학생들이 언어소통으로 인한 어려움을 겪지 않도록, 미국 교과서에 나올법한 수학용어들을 최대한 수집하여 우리말로 바꾸었다. 그러나 사전형식을 빌어 책을 만들었기 때문에, 용어의 설명이 딱딱해서 잘 이해되지 않을 수 있다. 그럴 때는 보기에 제시된 그림이나 용어의 유래를 보면 이해하는 데 도움을 얻을 수 있다. 또한 제시된 용어의 설명에만 만족하지 말고, 가보기 에 제시된 용어까지 찾아보는 습관을 들인다면 수학을 깊이 있게 이해하는 데 큰 도움을 얻을 것이다.

수학은 어렵지만, 공들일만한 가치가 있는 아름다운 학문이다. 여러분이 이 책에서 수학의 숨은 매력을 찾아볼 수 있기를 희망한다.

3 선생님과 학부모님께

기억력이 중요하다.

수학을 지도하면서 이해력뿐만 아니라 기억력도 수학성취에 크게 작용한다는 것을 막연하게 느끼고 있었는데, 이 작업을 하면서 그 느낌에 확신이 더해졌다. 비록 초등영역을 조금 넘어서는 범위에서 작업이 이루어지긴 했지만, 이 책에 수록된 수학용어의 양이 초등학생들이 익히기에 녹록치 않을 것으로 예상된다. 원을 배우는 상황을 상상해 보면, 원과 더불어 반지름, 지름, 원의 중심이라는 수학용어를 새로 익혀야 한다. 그나마 지름, 반지름과 같은 용어는 익히기가 비교적 수월하다. 지름은 지름길이라는 생활용어에서 어느 정도 힌트를 얻는다. 반지름은 지름의 반이란 개념이미지를 제공한다. 그러나 diameter(지름)와 radius(반지름)는 우리나라 학생들에게 그 어떤 개념 이미지도 제공하지 않는다. 따라서 이런 용어는 그냥 외우는 수밖에 없다. 이런 이유 때문에 수학공부에 기억력을 언급한 것이다.

어원을 익히면 기억력이 보강된다.

triangle과 같은 용어는 사정이 다르다. ‘tri’는 ‘3’을 뜻하고, ‘angle’은 ‘각’을 뜻하므로, triangle은 3개의 각을 가진 삼각형을 뜻할 것이라는 추측이 가능하다. 이처럼 몇 개의 기본 단어를 통해 수학용어의 의미를 추측할 수 있다면 외국어라 하더라도 조금 쉽게 수학용어를 익힐 수 있을 것이다. 반면 섣부른 추측이 그릇된 해석을 유도할 수도 있다. ‘유리수’가 대표적 예이다. ‘유리수’는 rational number를 번역한 것으로, ‘ratio(비)로 표현할 수 있는 수’를 뜻한다. 그러나 동양권에서는 rational의 일상적 의미인 ‘합리적인’ 혹은 ‘이성적인’을 의미로 받아들여 rational number를 ‘유리수(有理數)’로 명명하였다. 만약 이러한 배경을 모르는 채 ‘유리수’란 이름을 접하게 된다면, 유리수라는 수학용어를 기계적으로 받아들일 수밖에 없을 것이다. 이런 이유에서 이 책에서는 수학용어의 어원이나 유래를

신기 위해 많은 노력을 기울였다.

어린 학생들에게는 그림자료를 활용하여라.

어린 학생들은 발달적 특성으로 인해 제 아무리 세련된 말로 설명해도 잘 이해하지 못하는 경우가 많다. 그럴 경우 시각적 이미지를 활용하는 것이 도움이 된다. 대체로 3학년 이하 어린 학생들에게는 글로 된 정의나 말로 설명하는 것 보다 그림 자료를 활용하는 것이 훨씬 유익하다. 보기를 통해 개념을 설명할 때는 가급적 전형적인 보기를 먼저 제시해 주는 것이 좋으며, 본질이 훼손되지 않는 범위에서 다양한 보기를 제시해 주는 것이 오개념을 예방하는 데 도움이 된다. 예를 들어 직사각형을 도입할 때 정사각형을 최초로 보여주면 오개념이 발생하기 쉽다. 이럴 때는 직사각형의 가장 전형적인 예(가로나 세로가 길쭉한 모양)를 먼저 충분히 보여주어 직사각형의 개념을 도출한 후, 정사각형을 직사각형의 한 예로 보여주는 것이 바람직하다. 또한 마름모와 같이 직사각형이 아닌 예를 제시해 주는 것도 직사각형의 개념을 익히는데 도움이 된다.

관련용어를 찾아보는 습관은 오히려 공부 시간을 줄여준다.

이 책에는 **가보기** 란 코너를 두어 관련용어를 제시하고 있다. 예를 들어 rational number를 찾아보면 그에 대한 설명이 나오고 **가보기** 에 irrational number가 적혀있다. rational number는 유리수이고, irrational number는 무리수이다. 만약 유리수를 공부하고, 연이어 무리수를 공부한다면 뇌의 같은 공간에 두 개념이 연결된 형태로 정보가 보관되기 때문에 깊이 있는 이해와 더불어 쉽게 망각되지 않는 효과를 볼 수 있다. 그러나 유리수를 공부하고, 한 참 후에 무리수를 공부하게 되면 그러한 효과는 거의 기대하기 어려울 뿐만 아니라 공부시간은 몇 배로 더 들 것이 뻔하다. 수학용어를 공부할 때 관련용어를 함께 공부하는 것의 위력은 정말 대단하다.

미국과 한국의 차이를 이해해야 한다.

우리가 한국에서 사용하는 수학용어 대부분은 서양에서 만들어져 중국이나 일본을 거쳐 수입된 것이다. 따라서 처음의 뜻이 왜곡되거나 변질된 것이 발생하기 마련이다. 예를 들어 3×4의 경우, 서양권에서는 이를 4의 3배(3times of 4)로 해석하지만, 동양권에서는 3의 4배로 해석한다. 따라서 3×4를 서양권에서는 4+4+4로 받아들이지만, 동양권에서는 3+3+3+3으로 받아들인다. 또한 사다리꼴에 대한 정의도 지역마다 차이가 있는데, 한국에서는 마주보는 한 쌍(이상)의 변이 서로 평행한 사각형으로 정의하는 반면, 미국의 일부 교과서는 마주보는 한 쌍의 변(만) 서로 평행한 사각형으로 정의한다. 따라서 한국에서는 평행사변형도 사다리꼴이지만, 미국의 일부 교과서에서는 평행사변형은 사다리꼴이 아니다. 이처럼 같은 식이나 같은 용어가 지역에 따라 달리 해석되는 일이 종종 발생하므로, 수학을 지도하기에 앞서 이런 내용을 꼼꼼하게 점검하는 것이 좋다. 이 책의 Note 코너에는 한국과 미국 교육과정의 특징이나 지도 주의점 등이 실려 있으니 참고하기 바란다.

차례

부록 I 영어로 수 읽기

1. 자연수 읽기

큰 수를 읽는 방법은 영미권과 한국의 차이가 크다. 영미권에서는 세 자리씩 끊어 읽는 반면 우리나라는 네 자리씩 끊어 읽는다. 예를 들어 12345인 경우 영미권은 12,345 (twelve thousand three hundred five)로, 우리나라에서는 1,2345(일만이천삼백사십오)로 읽는다. 물론 국내 은행이나 관공서에서는 12,345와 같이 세 자리씩 수를 끊어 표기하지만, 이것은 국제 표기법에 따른 것일뿐 우리 식으로 수를 읽는데 오히려 방해가 된다.

영미권에서는 10^3배가 될 때 마다 수의 이름을 부여하며, 그 내용은 아래와 같다.

10^3	1000	thousand
10^6	1000,000	million
10^9	1000,000,000	billion
10^{12}	1000,000,000,000	trillion
10^{15}	1000,000,000,000,000	quadrillion
10^{18}	1000,000,000,000,000,000	quintillion
10^{21}	1000,000,000,000,000,000,000	sextillion
…	…	…

반면 한국에서는 10^4배가 될 때 마다 수의 이름을 부여하며, 그 내용은 아래와 같다.

10^4	10000	만
10^8	10000,0000	억
10^{12}	10000,0000,0000	조
10^{16}	10000,0000,0000,0000	경
10^{20}	10000,0000,0000,0000,0000	해
10^{24}	10000,0000,0000,0000,0000,0000	자
…		

▸ 11238965047를 읽는 방법을 알아보자.

영미권

① 오른쪽에서부터 세 자리 마다 컴마(,)를 찍는다.

11,238,965,047

② 오른쪽 컴마부터 차례로 thousand, million, billion, trillion… 을 적어 둔다.

11,238,965,047
↑ ↑ ↑
billion million thousand

③ 세 자리씩 끊어 놓은 수와 ②에서 적어둔 자리값 이름을 차례로 부른다.

11 : eleven billion
238 : two hundred thirty eight million
965 : nine hundred sixty five thousand
047 : forty seven

11,238,965,047
eleven billion two hundred thirty eight million nine hundred sixty five thousand forty seven

한국

① 오른쪽에서부터 네 자리 마다 컴마(,)를 찍는다.

112,3896,5047

② 오른쪽 컴마부터 차례로 만, 억, 조, 경… 을 적어 둔다.

112,3896,5047
↑ ↑
억 만

③ 네 자리씩 끊어 놓은 수와 ②에서 적어둔 자리값 이름을 차례로 부른다.

112 : 백십이 억
3896 : 삼천팔백구십육 만
5047 : 오천사십칠

112,3896,5047
백십이억삼천팔백구십육만오천사십칠

2. 분수 읽기

(1) 단위분수

분자가 1인 단위분수의 경우에는 분자→분모 순으로 읽고, 분모는 서수로 읽는다. 단 $\frac{1}{2}$만 예외로 one half(또는 a half)로 읽는다. $\frac{1}{4}$은 one fourth 또는 one quarter로도 읽는다.

$\frac{1}{2}$	one half, a half	one second (×)
$\frac{1}{3}$	one third	
$\frac{1}{4}$	one fourth, one quarter, a quarter	
$\frac{1}{5}$	one fifth	

(2) 단위분수가 아닌 분수

분자가 2 이상인 경우 읽는 방법은 두 가지이다.

① 단위 분수를 읽을 때와 같이 분자→분모 순으로 읽고, 분모는 서수로 읽는다. 단, 서수 뒤에 s를 붙인다.

② 분자→over→분모 순으로 읽고, 분자와 분모는 모두 기수로 읽는다.

$\frac{2}{3}$	two thirds	two over three
$\frac{4}{5}$	four fifths	four over five

3. 소수 읽기

소수를 읽는 방법은 두 가지이다. 먼저 0.23을 우리나라에서 '영점이삼'이라 하듯이 'zero point two three'로 읽는 것이다. 다음은 0.23에서 23을 'twenty three'로 읽고, 그 뒤에 $\frac{1}{100}$에 해당하는 'hundredths'를 이어 붙이는 것이다. 즉 'twenty three hundredths'로 읽는 방법이다. 만약 5.23과 같은 혼소수인 경우라면 'five and'를 앞에 추가하면 된다.

0.23	zero point two three	twenty three hundredths
5.23	five point two three	five and twenty three hundredths
12.345	twelve point three four five	twelve and three hundred forty five thousandths

소수점(decimal point) 아래의 자리값은 다음과 같다.

$\frac{1}{10}$	$\frac{1}{100}$	$\frac{1}{1,000}$	$\frac{1}{10,000}$
tenths	hundredths	thousandths	ten thousandths

부록 II 영어로 식 읽기

식	영어로 읽기
2+3	two plus three
	The sum of two and three
	The total of two and three
	three added to two
	two more three
	three more than two
5-2	five minus two
	five take away two
	five decreased by two
	two less than five
	five less two
	five diminished by two
	two subtracted from five
	five subtracted two
	the difference between five and two
2×3	two times three
	the product of two and three
	multiply three by two
5÷2	five divided by two
	two divided into five
	the quotient of five and two
5^2	five squared
5^3	five cubed
5^n	five to the n-th power
$5>3$	five is greater than three
	five is more than three
$x \geq 3$	x is greater than or equal to three
	x is at least three
	x is no less than three
$4<6$	four is less than six
$x \leq 6$	x is less than or equal to six
	x is at most six
	x is no more than six
$4<x<6$	x is between four and six

부록 III 영어로 측정단위 읽기

단위	영어로 읽기	단위	영어로 읽기
C	cup	kg	kilogram
℃	Celsius temperature scale	kL	kiloliter
cg	centigram	km	kilometer
cL	centiliter	km^2	square kilometer
cm	centimeter	km^3	cubic kilometer
cm^2	square centimeter	L	liter
cm^3	cubic centimeter	lb	pound
dg	decigram	m	meter
dL	deciliter	m^2	square meter
dm	decimeter	m^3	cubic meter
dm^3	cubic decimeter	mi	mile
°F	Fahrenheit temperature scale	mi^2	square mile
fl oz	fluid ounce	mg	milligram
ft	foot	mL	milliliter
ft^2	square foot	mm	millimeter
ft^3	cubic foot	oz	ounce
gal	gallon	pt	pint
hg	hectogram	qt	quart
hL	hectoliter	t	metric ton 또는 teaspoon
hm	hectormeter	T	ton 또는 tablespoon
hr	hour	yd	yard
in.	inch	yd^2	square yard
$in.^2$	square inch	yd^3	cubic yard
$in.^3$	cubic inch	°	degree

미국 초등수학 vocabulary

A

abacus

(복수 : abaci)
주판, 산판

셈을 하거나 계산을 하는데 사용되는 도구의 한 종류

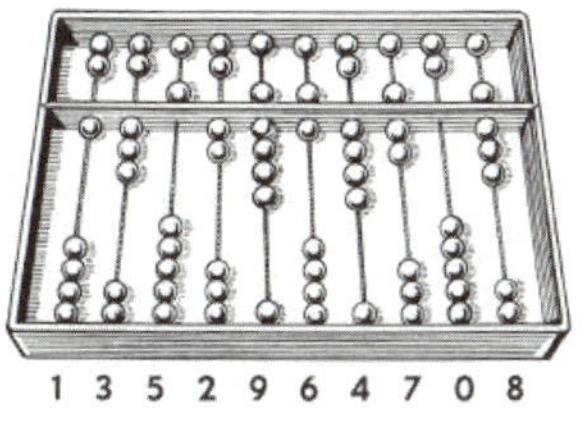

고대 중국의 주판

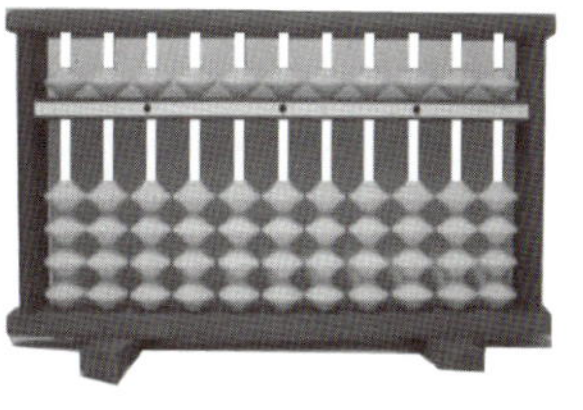

현대식 주판

Note

주판의 가운데 막대를 기준으로 위쪽에 있는 **구슬 하나는 5**를 뜻하며, **아래쪽에 있는 구슬 하나는 1**을 뜻한다. 고대 주판은 위쪽에 구슬이 2개 있었으나 사실상 1개면 충분하므로, 오늘날에는 위쪽에 구슬이 1개인 주판을 주로 사용한다. 위쪽 구슬 1개, 아래쪽 구슬 4개가 모이면 9가 되고, 여기에 1이상의 수가 보태져서 합이 10을 넘으면, 바로 왼쪽 줄에 있는 구슬 1개를 올리는 식으로 계산한다. 구슬이 꿰어있는 줄의 위치는 자리값을 뜻한다.

about

대략, 약, ~정도

정확한 값이 아닌, 대략적인 양이나 크기를 나타낼 때 사용되는 말

보 기 A cup of milk is **about** 200mL.
(우유 한 컵은 **대략** 200밀리리터이다.)

The sum of 51 and 47 is about a hundred.
(51과 47의 합은 약 100이다.)

유의어 almost the same as, approximately, very close

가보기 approximately

acre
에이커

미국과 유럽의 일부 나라에서 넓이를 나타날 때 사용하는 관습 단위

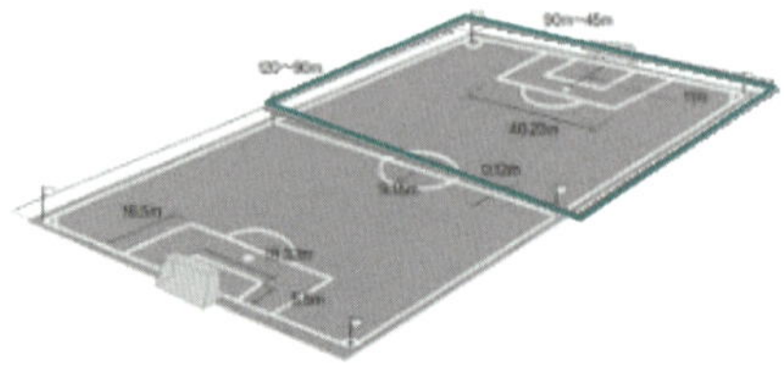

$$1 \text{ acre} = 4{,}047 \text{ m}^2 = 43{,}560 \text{ ft}^2 = 4{,}840 \text{ yd}^2$$

유 래 acre는 축구장 넓이의 절반 정도에 해당하는 넓이이지만, 중세에는 농부가 한 쌍의 소를 이용해 하루 종일 경작할 수 있는 밭의 넓이를 의미했다. 농부와 한 쌍의 소가 아침부터 해가 질 때까지 1 acre를 돌면 대략 10마일 정도를 걷게 된다고 한다.

가보기 customary system of measurement

acute angle
예각

0° 보다 크고 90° 보다 작은 각

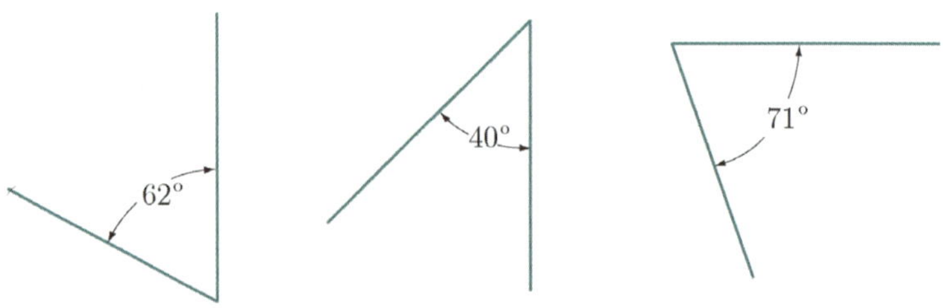

유 래 acute은 '뾰족한', '날카로운'의 의미를 지니는 말로, acute angle은 뾰족하게 생긴 각의 모양에서 만들어진 용어이다.

가보기 angle, right angle, obtuse angle

acute triangle
예각 삼각형

세 각이 모두 예각인 삼각형

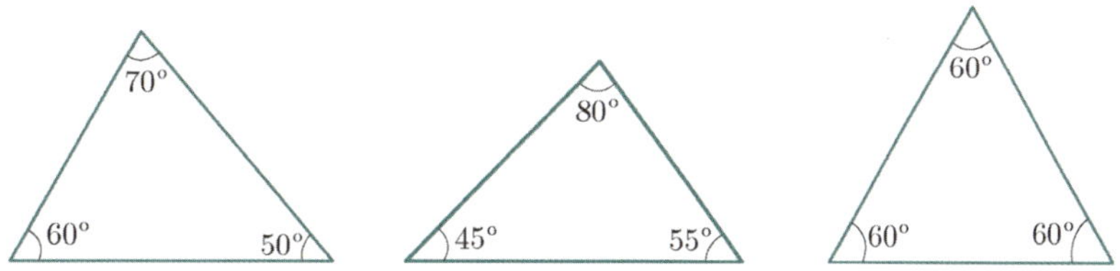

가보기 acute angle, obtuse triangle, right triangle

add
더하다

가보기 addition

addend
피가수(被加數) 또는 가수(加數)

덧셈에서 더해지거나 더하는 수

보 기 8+3에서 8과 3, 0.2+0.3에서 0.2와 0.3이 모두 addends이다. 이때 덧셈의 결과를 sum(합)이라고 한다.

8	+	3	=	11
↑		↑		↑
Addend		Addend		Sum

Note

8+3의 경우, 미국에서는 8과 3을 모두 addend이라 하지만, 한국에서는 8을 피가수(더해지는 수), 3을 가수(더하는 수)로 구분한다.

8	+	3	=	11
↑		↑		↑
피가수		가수		합

addition
덧셈

두 개 혹은 그 이상의 수나 식을 합하는 계산

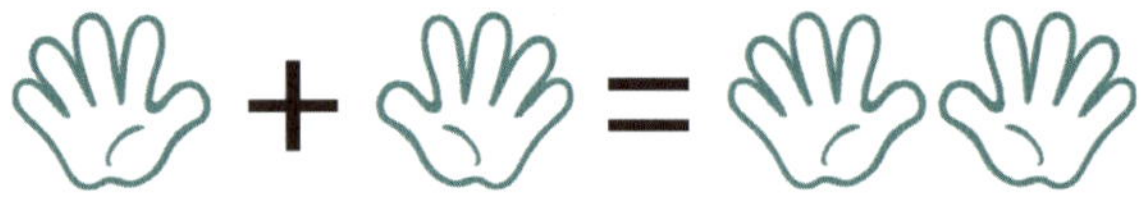

5 + 5 = □

addition expression
덧셈식

3+2나 $\frac{1}{5}$+8과 같이 등호(=)가 들어가 있지 않은 덧셈식

가보기 addition sentence, expression

addition facts
덧셈 구구

한 자리 수끼리의 간단한 덧셈으로

$0+0=0,\ 0+1=1,\ \cdots,\ 9+8=17,\ 9+9=18$

등 총 100개가 이에 해당한다.

가보기 arithmetic facts, number facts

addition facts table
덧셈 구구표

덧셈 구구 100개를 정리해 놓은 표

+	0	1	2	3	4	5	6	7	8	9
0	0	0	0	0	0	0	0	0	0	0
1	0	2	3	4	5	6	7	8	9	10
2	0	3	4	5	6	7	8	9	10	11
3	0	4	5	6	7	8	9	10	11	12
4	0	5	6	7	8	9	10	11	12	13
5	0	6	7	8	9	10	11	12	13	14
6	0	7	8	9	10	11	12	13	14	15
7	0	8	9	10	11	12	13	14	15	16
8	0	9	10	11	12	13	14	15	16	17
9	0	10	11	12	13	14	15	16	17	18

가보기 addition facts

A

addition sentence
덧셈식

덧셈기호(+)와 등호(=)를 이용해 덧셈관계를 나타낸 식

보 기 $3+5=8$, $\frac{1}{2}+7=\frac{15}{2}$, $9.2+8.1=17.3$, …

Note

addition sentence는 **덧셈기호(+)** 뿐만 아니라 **등호(=)가 포함된 식**을 가리킨다. 즉, 3+5=8은 addition sentence 이지만, 3+5는 addition expression이라 한다.

가보기 addition expression, number sentence

additive inverse
덧셈에 대한 역원

어떤 수에 더해져서 0을 만드는 수, 또는 수직선 위에서 0을 중심으로 같은 거리에 있는 반대 방향의 수

보 기 2의 덧셈에 대한 역원은 -2이며, -5의 덧셈에 대한 역원은 5이다.

$$2+(-2)=0 \qquad -5+5=0$$

The additive inverse of 2 is -2.

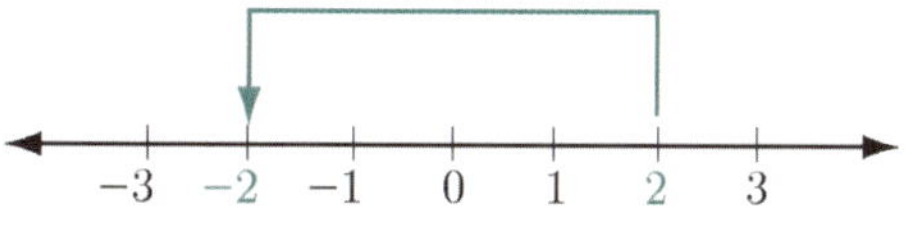

유의어 opposite of a number

adjacent angles
이웃각, 접각

같은 평면 위에서 꼭짓점과 변을 공유하고 있는 두 개의 이웃하는 각

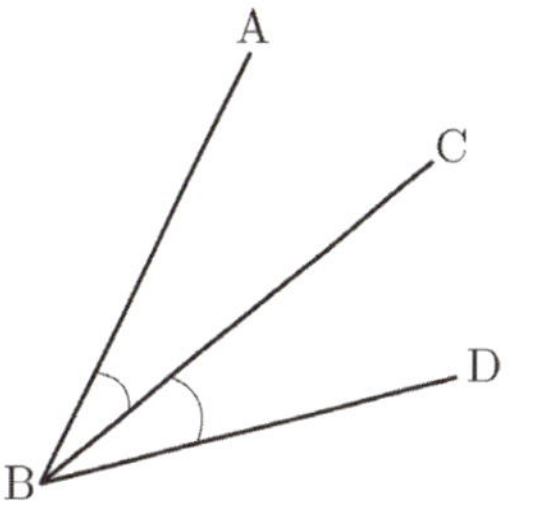

$\angle ABC$ is adjacent to $\angle CBD$

가보기 adjacent sides

adjacent sides
이웃변, 접변

다각형에서 한 꼭짓점을 공통으로 가지는 이웃하는 두 변

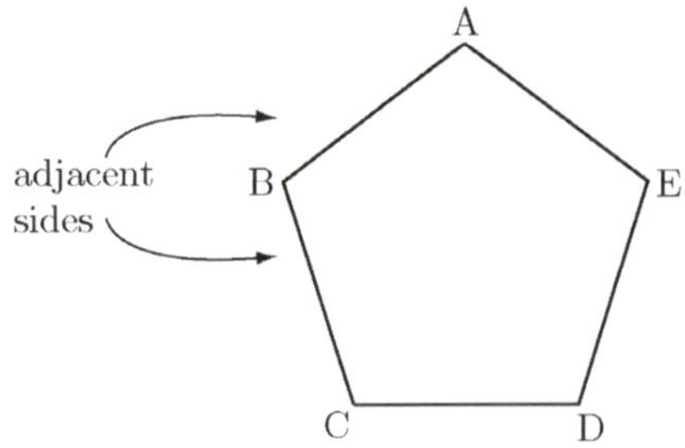

유의어 adjacent legs, adjoining sides

algebra
대수, 대수학

기호나 문자를 이용해서 알지 못하는 수 또는 관계를 연구하는 수학의 한 분야

보 기 기호나 문자를 이용해 방정식이나 부등식을 푸는 것이 대수학의 대표적인 예이다. 다음 문제는 문자를 이용해서 방정식을 만들면 풀린다.

놀이 공원의 놀이기구를 타려면 키가 130cm 이상이 되어야 한다. 지금 내 키가 116cm인데, 앞으로 몇 cm나 더 커야 될까?

풀이 앞으로 커야할 키를 h라고 하면, $116+h=130$이 된다.
$h=130-116=14$이므로, 앞으로 14cm 더 커야 된다.

가보기 variable

algorithm
필산(筆算), 알고리즘, 알고리듬

유한 번의 단계를 거치면, 답에 이르게 하는 단계 혹은 절차

보 기 0.1+0.35를 계산하기 위한 알고리즘은 다음과 같다.

① 소수점을 중심으로 같은 자리의 수끼리 맞추어 아래로 배열한다.
② 소수 둘째 자리 수끼리 더한다(0+5=5).
③ 소수 첫째 자리 수끼리 더한다(1+3=4).
④ 일의 자리 수끼리 더한다(0+0=0).

$$\begin{array}{r} 0.1 \\ +\,0.35 \\ \hline 0.45 \end{array}$$

⑤ 일의 자리 수 오른쪽 밑에 소수점을 찍는다.

유 래 algorithm은 처음에는 종이 위에 연필로 계산하는 필산(筆算)을 뜻했다. 오늘날 우리가 학교에서 배우는 계산 알고리즘 중 상당수가 인도의 수학자들이 개발한 것이지만, 정작 algorithm이란 이름은 아랍의 수학자이며 천문학자인 알콰리즈미(Mohammed ibn-Musa al-Khwarizmi)의 이름에서 유래되었다고 한다.

alternative algorithm
대안 알고리즘

지역이나 국가 교육과정에서 제시하는 표준 알고리즘 이외의 알고리즘

보 기

$$\begin{array}{r} {}^{1}\\ 34\\ +\ 27\\ \hline 61 \end{array}$$

standard algorithm

$$\begin{array}{rl} 34 & \\ +\ 27 & \\ \hline 11 & \text{(sum of ones)}\\ +\ 50 & \text{(sum of tens)}\\ \hline 61 & \text{(final sum)} \end{array}$$

expanded algorithm

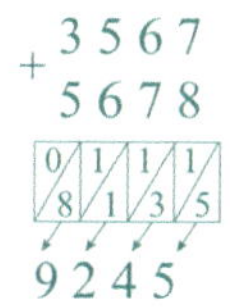

lattice algorithm

가보기 algorithm, standard algorithm

altitude
높이

도형의 높이를 나타내는 선분을 뜻하기도 하고, 선분의 길이를 뜻하기도 한다.

Note

한 도형의 altitude(높이)는 base(밑변)를 무엇으로 정하는가에 따라 달라진다. 예를 들어 삼각형은 세 개의 변이 각각 밑변이 될 수 있기 때문에 그에 따라 높이가 달라진다.

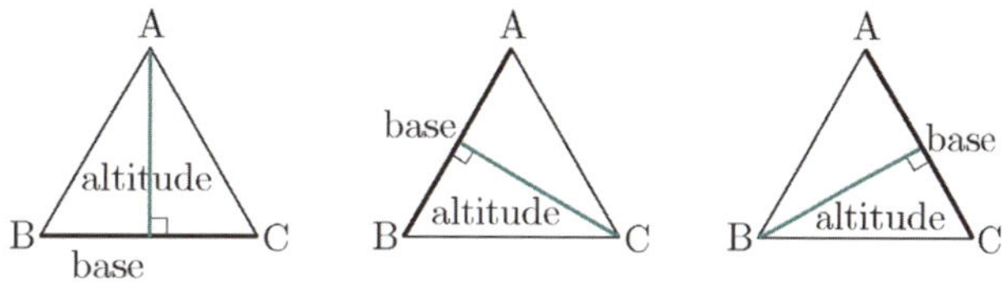

유의어 height

amount
총액, 금액, 양

유의어 sum

angle
(1) 각

두 개의 선분 혹은 두 개의 반직선이 하나의 끝점에서 만날 때 이루어지는 도형

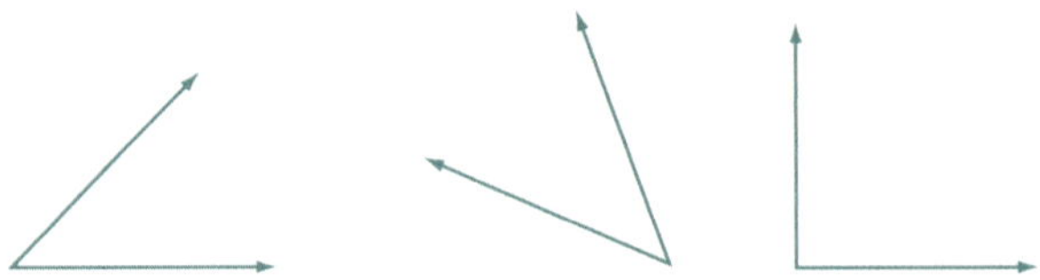

(2) 각도

각의 크기

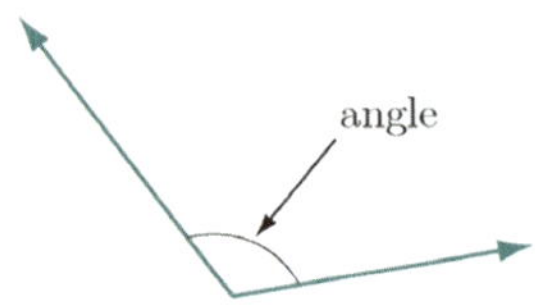

보 기 각이 벌어진 정도에 따라 각의 이름은 매우 다양하다. 특히 90°, 180°, 360°를 기준으로 각의 이름이 정해지는데, 0°에서 90° 사이이면 acute angle, 90°이면 right angle, 90°에서 180°사이이면 obtuse angle, 180°이면 straight angle, 180°에서 360°사이이면 reflex angle, 360°이면 full rotation이라 한다.

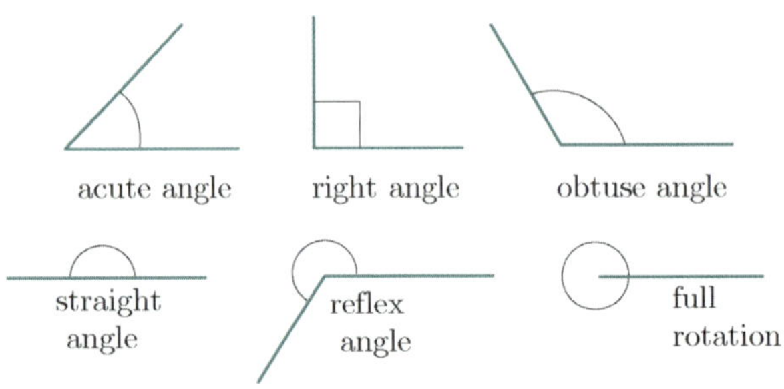

Note

한국 초등학교 수학교과서에는 각(도형)과 각도(측정)를 명확히 구분하지만, 미국 수학교과서 중에는 angle을 각과 각도를 포괄하는 넓은 의미로 사용하는 경우가 많다.

apex
꼭짓점, 정점

평면도형에서는 밑변으로부터 가장 높은 곳에 있는 점을 의미하며, 입체도형에서는 밑면으로부터 가장 높은 곳에 있는 점을 의미한다.

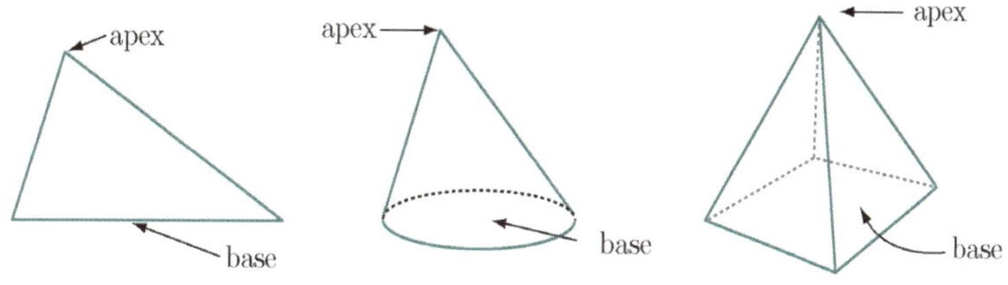

Note
apex는 평면도형보다는 입체도형에서 주로 사용되는 용어이다.

가보기 base, vertex

approximately
거의, 대략, 대체로

어떤 것과 완전히 일치하지는 않으나, 그와 비슷한 정도

보 기 The height of the Great pyramid is approximately 150m.
(그레이트 피라미드의 높이가 거의 150미터이다.)

가보기 about

approximate number
근삿값, 근사치

어떤 수와 완전히 일치하지는 않지만, 그것과 매우 가까운 수

보 기 아이들 세 명이 하루에 물 1리터를 마신다. 그러면 아이 한 명이 하루에 마시는 물은 몇 리터인가? 이 문제를 풀기 위해 1÷3을 하면, 0.3333…이 나온다. 이 수는 0.33보다는 조금 크고, 0.34보다는 조금 작다. 이 경우, 0.33과 0.34가 모두 approximate number(근삿값)가 된다.

arc
호, 원호(圓弧)

원 위의 두 점 사이의 곡선

유 래 arc는 활을 뜻하는 라틴어 arcus에서 유래하였다.

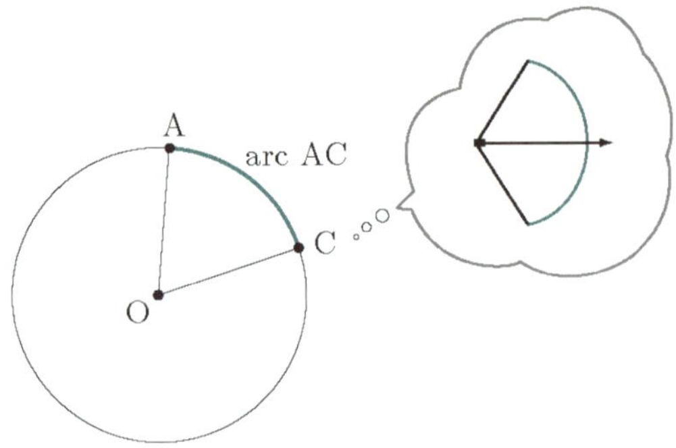

area

(1) 범위, 영역 　　평면도형의 안쪽 공간

(2) 넓이, 면적 　　평면도형의 안쪽 공간의 측정값

Note

평면도형의 넓이는 그 도형 안에 들어가는 square unit(단위넓이)의 개수로 결정된다. 가로가 6, 세로가 3인 직사각형의 경우 그 안에 들어가는 square unit의 개수는 18개이므로, 넓이는 18이다.

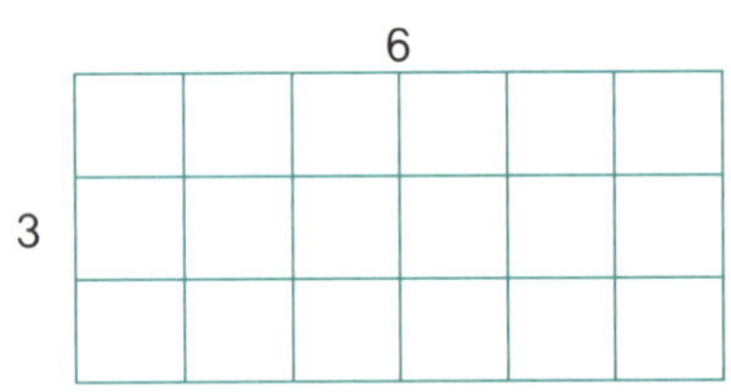

평행사변형도 다음과 같은 방법으로 도형의 일부를 잘라 다른 곳에 이어 붙이면 직사각형을 만들 수 있으므로, square unit을 이용해서 도형의 넓이를 구할 수 있다.

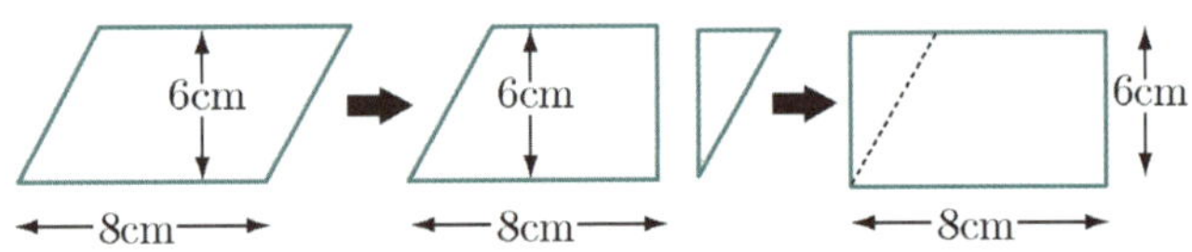

가보기 square unit

arithmetic

(1) 산술, 산수
(2) 계산, 셈

정수, 분수, 소수 등과 같은 수와 이 수들의 덧셈, 뺄셈, 곱셈, 나눗셈과 같은 기본적인 계산을 다루는 수학의 한 분야.

arithmetic facts

셈 구구

한 자리 혹은 두 자리 수들 간의 덧셈, 뺄셈, 곱셈, 나눗셈 결과에 대한 사실적 지식

보 기

- addition facts(덧셈 구구) : $0+0=0$ 부터 $9+9=18$까지 모두 100개
- subtraction facts(뺄셈 구구) : 덧셈 구구의 역 ($3+4=7 \rightarrow 7-3=4,\ 7-4=3$)
- multiplication facts(곱셈 구구) : $0\times0=0$부터 $9\times9=18$까지 모두 100개
- division facts(나눗셈 구구) : 0으로 나누는 경우를 제외한 곱셈 구구의 역 ($3\times4=12 \rightarrow 12\div3=4,\ 12\div4=3$)

+	0	1	2	3	4	5	6	7	8	9
0	0	1	2	3	4	5	6	7	8	9
1	1	2	3	4	5	6	7	8	9	10
2	2	3	4	5	6	7	8	9	10	11
3	3	4	5	6	7	8	9	10	11	12
4	4	5	6	7	8	9	10	11	12	13
5	5	6	7	8	9	10	11	12	13	14
6	6	7	8	9	10	11	12	13	14	15
7	7	8	9	10	11	12	13	14	15	16
8	8	9	10	11	12	13	14	15	16	17
9	9	10	11	12	13	14	15	16	17	18

$4+5=9 \quad 5+4=9$

$9-4=5 \quad 9-5=4$

×	0	1	2	3	4	5	6	7	8	9
0	0	0	0	0	0	0	0	0	0	0
1	0	1	2	3	4	5	6	7	8	9
2	0	2	4	6	8	10	12	14	16	18
3	0	3	6	9	12	15	18	21	24	27
4	0	4	8	12	16	20	24	28	32	36
5	0	5	10	15	20	25	30	35	40	45
6	0	6	12	18	24	30	36	42	48	54
7	0	7	14	21	28	35	42	49	56	63
8	0	8	16	24	32	40	48	56	64	72
9	0	9	18	27	36	45	54	63	72	81

$3\times7=21 \quad 7\times3=21$

$21\div3=7 \quad 21\div7=3$

Note

fact를 우리말로 번역하면 '사실'이지만, 여기에서는 계산 결과에 대한 **사실적 지식**을 의미한다. 즉 한 자리 혹은 두 자리 수에 기반을 둔 간단한 사칙계산 결과는 자동화될 정도로 암기하는 것이 편리하다는 의미이다. '구구'라는 말은 곱셈 구구단에서 따온 것으로, 9이하의 간단한 수를 대상으로 하는 셈을 뜻한다.

유의어 basic facts, number facts

가보기 addition facts, multiplication facts

A

arithmetic mean
산술 평균

가보기 mean

arm span

사람이 양팔을 벌렸을 때의 길이

Note

성인의 arm span은 약 6피트(1 fathom)로, 예전에는 배를 타는 선원들이 바다의 깊이나 밧줄의 길이 등을 측정할 때 사용하였다.

가보기 customary system of measurement, fathom

array
배열, 정렬

주차장의 자동차 주차나, 줄을 맞추어 행진하는 군인들의 모습에서 볼 수 있듯이 어떤 사물을 순서대로 늘어놓은 모양. 2행5열을 2×5로, 3행4열을 3×4와 같은 식으로 나타낸다.

보 기

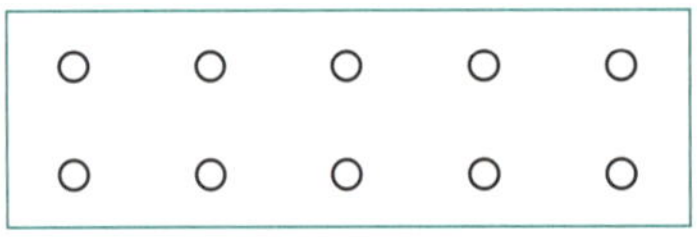

2×5

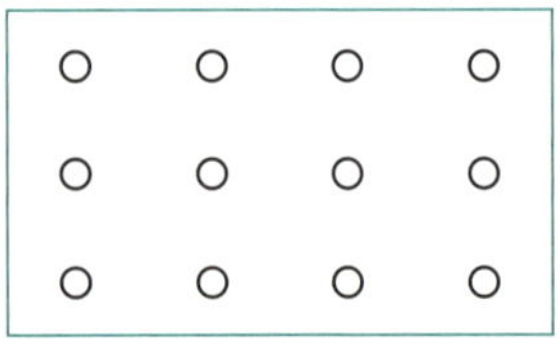

3×4

가보기 column, row

associative property
결합법칙

세 수를 더하거나 곱할 때, 어느 두 수를 먼저 더하거나 곱하고 그 결과에 나머지 한 수를 더하거나 곱해도 결과는 같다는 법칙

보 기

• 덧셈에 대한 결합 법칙(associative property of addition)

$$3+(4+5)=(3+4)+5$$

• 곱셈에 대한 결합 법칙(associative property of multiplication)

$$3\times(4\times5)=(3\times4)\times5$$

Note

사칙연산 가운데 덧셈과 곱셈은 결합법칙이 성립하지만, 뺄셈과 나눗셈은 결합법칙이 성립하지 않는다.

$$7-(3-4)\neq(7-3)-4$$
$$8\div(4\div2)\neq(8\div4)\div2$$

유의어 grouping property

attribute block
속성 블록

색(파란색, 붉은색, 노란색), 두께(두꺼운 것, 얇은 것), 크기(큰 것, 작은 것), 모양(원, 육각형, 정사각형, 정삼각형, 직사각형)의 속성을 가진 블록으로, 다양한 60개의 모양이 1세트로 구성된 수학교구

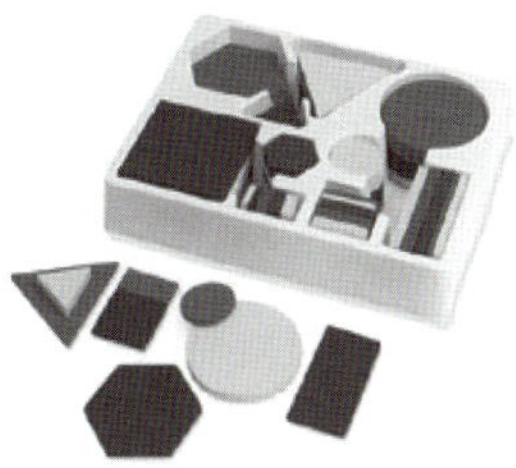

Note

attribute blocks(속성블록)은 base ten blocks(십진블록)과 마찬가지로 수학교육자 Dienes(디엔에스)(1916–2014)에 의해 고안되었다. 속성블록은 놀이형태로 논리나 유추 등의 사고력을 키우는데 주로 이용된다. 예를 들어 '파란색이면서 삼각형인 블록 찾기', '파란색이거나 삼각형인 블록 찾기', '파란색이 아닌 블록 찾기' 등의 활동은 어린 학생들에게 논리곱, 논리합, 부정 등의 다양한 논리적 경험을 제공한다.

가보기 base ten blocks

average
(1) 대푯값

여러 개의 값으로 이루어진 하나의 자료를 대표하는 수치

대푯값에는 산술평균(mean), 중앙값(median), 최빈값(mode) 등 세 가지가 있다.

보 기 ⟨5, 6, 6, 7, 8, 8, 8⟩의 mean, median, mode는 각각 다

음과 같다.

$$\text{mean} : \frac{5+6+6+7+8+8+8}{7} = \frac{48}{7} = 6.86$$

median : 7 (7개의 자료 중 가운데 순위)

mode : 8 (빈도가 3으로 가장 빈번하게 나온값)

(2) 평균(산술평균) 일상생활에서 사용되는 average는 주로 산술평균(mean)을 의미한다.

Note

한국 초등학교 교육과정은 자료의 대푯값 중 산술평균만 다루지만, 미국의 초등학교 교육과정은 자료의 대푯값으로 산술평균, 중앙값, 최빈값을 모두 다룬다. 이러한 이유 때문인지는 모르겠으나, 우리나라에서는 average가 산술평균(mean)과 동의어로 취급되는 반면, 미국에서는 average가 산술평균 뿐만아니라 중앙값이나 최빈값을 포괄하는 의미로도 자주 사용된다.

가보기 mean, median, mode

axis

(복수 : axes)

축, 좌표축

좌표체계에서 기준이 되는 직선으로, 보통 수평인 선을 x축(x-axis), 수직인 선을 y축(y-axis)이라 한다.

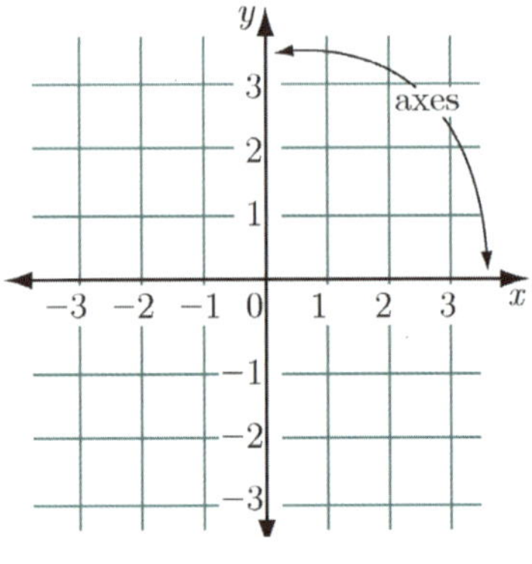

가보기 Cartesian coordinate system, x−axis, y−axis

B

ballpark estimate
어림값, 근삿값

정확하지 않은 대략적인 값 또는 계산

보 기 Ballpark estimates indicate a price tag of $1,000.
(가격표의 어림값은 1,000달러이다.)
Ballpark estimate of 290 + 389 is 700.
(290 + 389의 어림값은 700이다.)

가보기 estimate, estimation strategy

bar graph
막대그래프

자료들을 비교하기 위해 막대 모양으로 나타낸 그래프의 한 종류

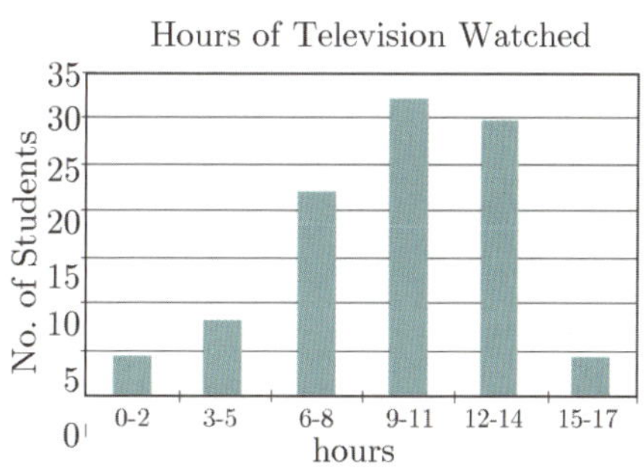

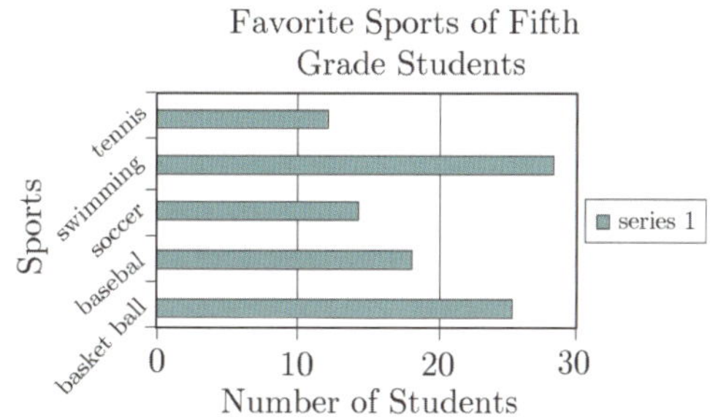

Note

두 개의 자료를 비교해야할 때, double bar graph를 그리면 편리하다. 아래의 그래프는 1950년대와 2000년대의 평균 온도를 하나의 막대그래프를 이용하여 나타낸 것이다.

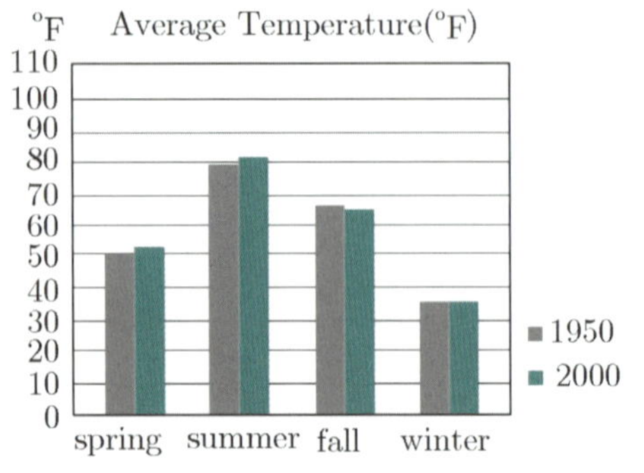

가보기 horizontal bar graph, vertical bar graph

base

(1) 밑변(평면도형의)

밑변에서 '밑'은 우리말로 '아래'라는 뜻 보다는 '기준'이라는 뜻에 더 가깝다. 즉 밑변은 반드시 아래에 있는 변이 아니라 기준으로 삼고 싶은 변을 의미한다. 따라서 삼각형의 세 변은 모두 밑변이 될 수 있으며, 그에 따라 높이도 달라진다.

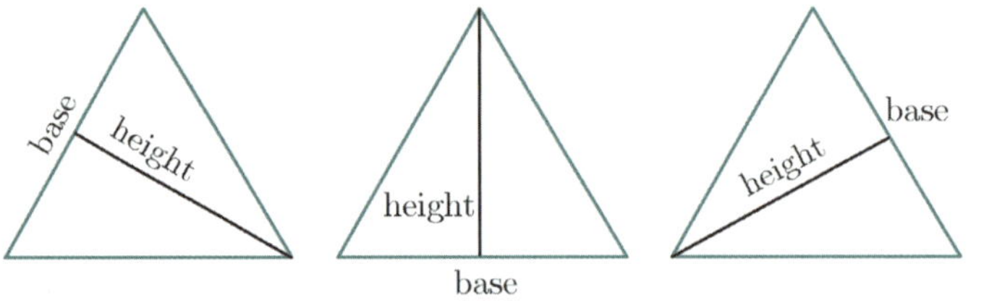

사다리꼴이나 평행사변형과 같이 평행인 두 변을 포함하고 있는 도형의 경우는 평행한 두 변이 모두 밑변이 될 수 있다.

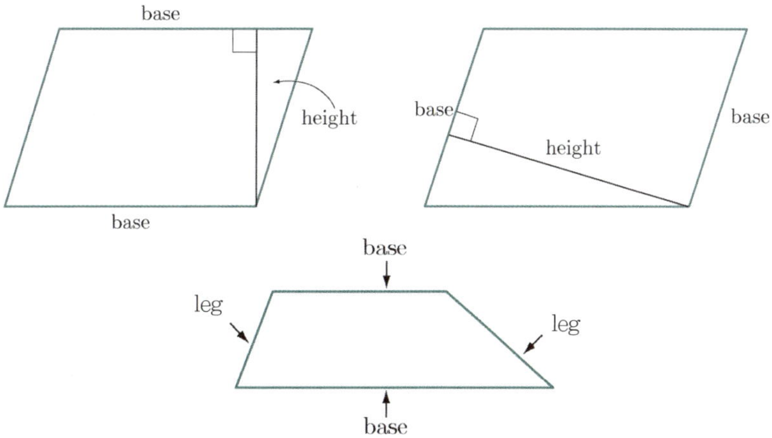

Note

한국 초등교육과정에서는 사다리꼴의 두 밑변 가운데 위쪽에 있는 변을 **윗변**, 아래쪽에 있는 변을 **아랫변**이라 한다.

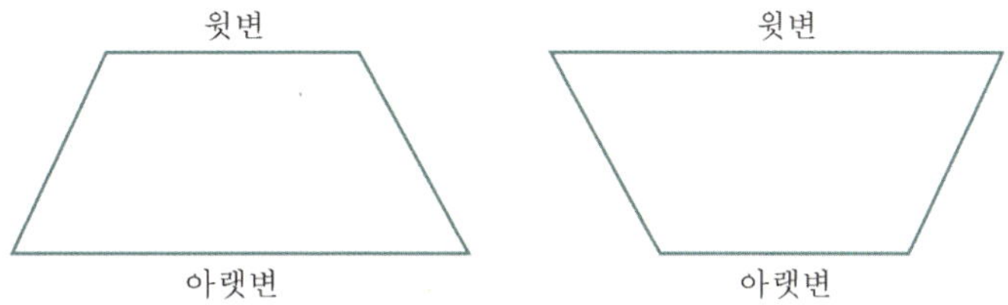

유의어 base line

(2) 밑면(입체도형의)

밑면은 밑변과 마찬가지로 입체도형을 앉혔을 때 바닥에 놓이는 면을 주로 의미한다. 그러나 이것 역시 반드시 바닥일 필요는 없고, 자신이 기준을 삼고 싶은 면을 선택하여 밑면으로 정할 수 있다. 또한 직육면체를 포함하여 각기둥의 경우 윗면과 아랫면이 서로 평행인 경우는 두 개의 면을 모두 밑면이라 한다.

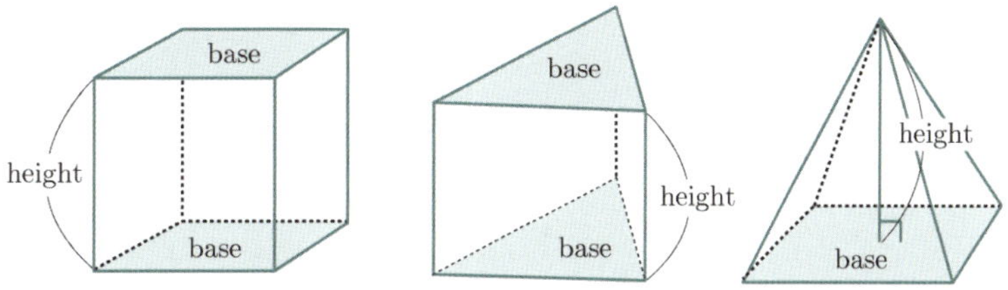

(3) 기수(基數)
(기수법에서의)

우리가 현재 사용하고 있는 기수법은 10진 기수법으로 왼쪽으로 한 칸 이동할 때 마다 수의 가치가 10배씩 증가한다(1의 자리, 10의 자리, 100의 자리, …, 등). 이처럼 위치에 따라 수의 가치가 달라지는 수의 표기 방식을 위치적 기수법이라고 하는데, 2진법, 8진법, 60진법 등 다양한 방식으로 수를 나타낼 수 있다. 이때 2진법에서의 2, 8진법에서의 8, 60진법에서의 60을 기수라고 한다. 10진법의 기수는 10이다.

(4) 밑수(지수의)

어떤 수를 여러 번 곱한 것을 지수를 이용해 나타낸 것을 power(멱)라 한다. 예를 들어 2를 3번 곱할 때 $2 \times 2 \times 2$라 쓰는 대신 2^3이라 쓰고, 'two cubed(2의 세제곱)'라 읽는다. 이 때 2는 base(밑수), 3은 exponent(지수)이며, 2^3은 'power of 2'이다.

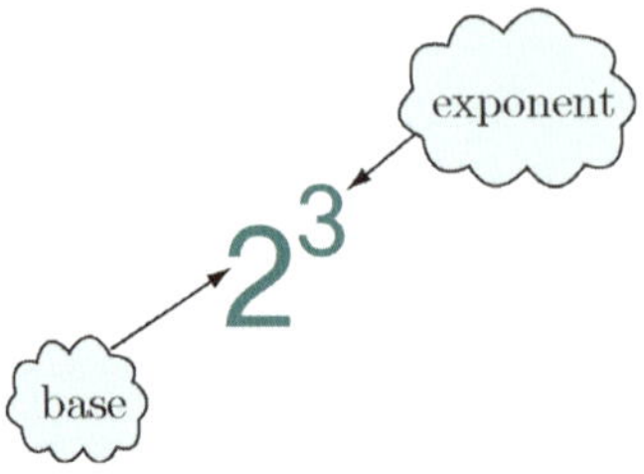

가보기 power of a number

base line
밑변

가보기 base(1)

base ten

가보기 base(3)

base-ten blocks
십진블록

일, 십, 백, 천에 해당하는 모델이 각각 블록 모양으로 구성된 수학교구

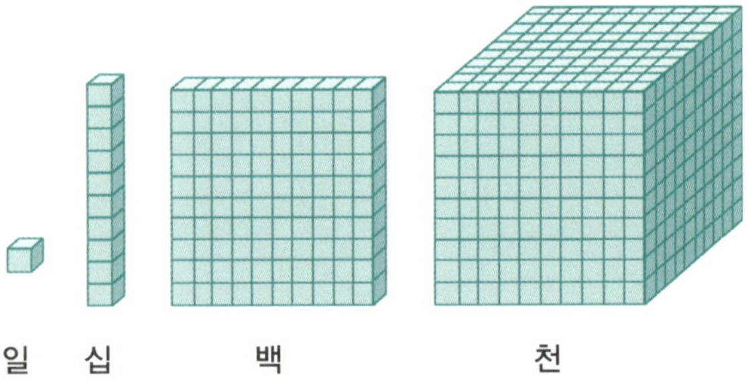

Note

Zoltan Dienes
(1916–2014)

십진블럭은 1960–70년대 새수학 운동시기에 활약했던 수학교육자 Zoltan P. Dienes(졸탄 폴 디엔에스) 박사가 고안한 것이다. 그는 10진법뿐만 아니라 2진법, 3진법, 5진법 등 다양한 진법을 초등학생들에게 지도하기 위해 블록을 이용한 교구를 만들고 이들을 'Multibase Arithmetic Blocks(MAB, 다진수 블록)'으로 명명하였다. Dienes 박사는 기수법의 원리를 제대로 이해하기 위해서는 십진법 이외의 다양한 진법을 학습하여 그 속에서 공통적으로 만족하는 규칙을 발견하는 것이 필요하다고 생각하였다.

가보기 base–ten numeration system, Multibase Arithmetic Blocks

base–ten numeration system
십진기수법 체계

10씩 묶기를 기반으로 하는 수 표기 방식이다. 예를 들어 1, 2, 3, …, 8, 9까지는 '일' 단위가 1개, 2개, 3개, …, 8개, 9개인 것으로 해석한다. 그러나 9 보다 1 큰 수에 대해서는 십을 새로운 단위로 설정하여, '십' 단위가 1개, '일' 단위가 0개(10)인 것으로 해석한다. 마찬가지로 '십' 단위가 2개, 3개, …, 8개, 9개일 때는 20, 30, …, 80, 90으로 기록하다가, '십'이 10개가 되면 다시 새로운 단위 '백'을 만들고, 이것을 '백' 단위가 1개, '십' 단위가 0개, '일' 단위가 0개(100)인 것으로 해석한다. 이처럼 base-ten numeration system은 어떤 단위이든 10개가 되면 새로운 단위를 만들어 가면서 단위의 개수를 기록하는 식으로 수를 표기하는 방식이다.

보 기 2537은 천이 2개, 백이 5개, 십이 3개, 일이 7개인 수를 의미한다. 이때 2가 놓여있는 자리를 thousands(천의 자리), 5가 놓여있는 자리를 hundreds(백의 자리), 3이 놓여있는 자리를 tens(십의 자리), 7이 놓여 있는 자리를 ones(일의 자리)라고 한다.

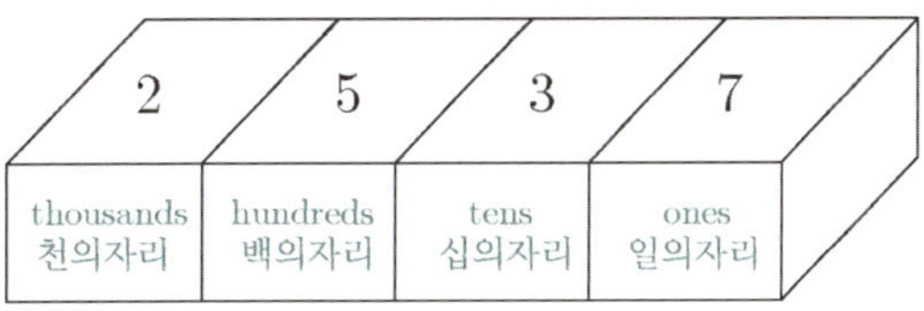

$$2537 = 2 \times 1{,}000 + 5 \times 100 + 3 \times 10 + 7 \times 1$$

Note

고대문명의 발상지에는 예외 없이 그들만의 고유한 기수법이 발견된다. 인도, 이집트, 바빌로니아, 마야, 로마 등의 지역은 아주 오래 전부터 그들만의 방식으로 수를 표기해왔는데, 그 가운데 인도, 바빌로니아, 마야지역에서는 수를 쓴 위치에 따라 수의 가치가 달라지는 위치적 기수법을 사용하였다. 인도의 10진법, 바빌로니아의 60진법, 마야의 20진법이 그 예이다.

가보기 numeration system

basic facts
수구구

가보기 arithmetic facts

basic operations
기본 연산, 사칙 연산

수학에서의 기본 연산은 덧셈, 뺄셈, 곱셈, 나눗셈 네 가지이다.

가보기 operation

benchmark
기준, 기표, 참조, 벤치마크

어떤 값을 어림할 때, 도움을 받거나 참조할 수 있는 기준

보 기 (1) 계산을 위한 benchmark

8+19를 계산함에 있어 8을 10으로, 19를 20으로 생각하여 어림한다면, 이 때 10과 20이 각각 벤치마크가 된다. 10, 20, 30 등과 같은 10의 배수는 계산을 편리하게 하기 때문에 벤치마크로 자주 활용된다.

(2) 측정을 위한 benchmark

손톱이 대략 1cm이므로, 이것을 이용해 길이를 가늠하거나, 우유팩이나 음료수 병이 1리터인 것을 이용해 부피를 가늠하는 경우가 있다. 이 때 손톱이나 우유팩, 음료수 병 등이 벤치마크로 사용된 것이다.

billion
10억

million(백만)의 1,000배인 수(10^9)

1,000,000,000

유 래 billion에서 bi는 2를 뜻하는 말로, 1,000 옆에 1,000이 두 번 붙어 있다는 의미이다.

가보기 decimal numeration system, million

B

bisect
이등분(二等分)

선분이나 각을 똑 같은 두 부분으로 나누다.

보 기 (1) Point M bisects the line segment $AB(\overline{AB})$.
(점 M은 선분 AB의 길이를 반으로 나눈다.)

(2) Ray $BD(\overrightarrow{BD})$ bisects the angle ABC.
(반직선 BD는 각ABC의 크기를 반으로 나눈다.)

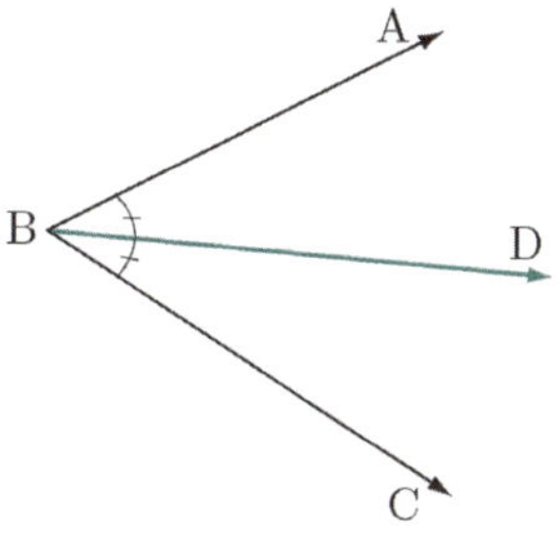

가보기 bisector

bisector
이등분선

선분의 길이나 각도 등을 똑같이 둘로 나누는 선

(1) line bisector

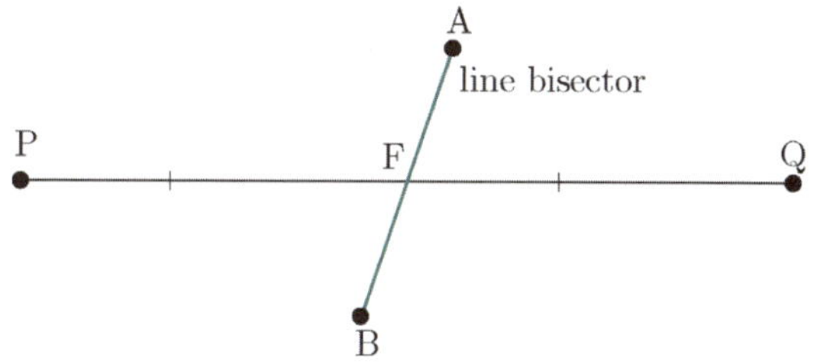

(2) angle bisector

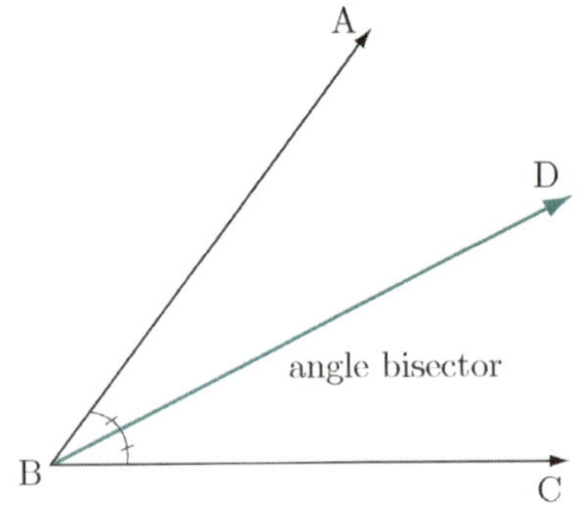

가보기 bisect

brace
중괄호({ })

$\{1, 2, 3\}$, $\{A, B, C, D\}$ 등과 같이 집합을 나타내거나, 소괄호와 함께 계산식에서 계산 순서를 나타내기도 한다.

Note

중괄호({ })가 집합을 나타낼 때는 set brace라 부르기도 한다. 중괄호가 소괄호와 함께 계산식에 사용되면, 계산순서는 소괄호, 중괄호 순이다.

가보기 bracket, parenthesis

bracket
대괄호([ ])

소괄호(( )), 중괄호({ })와 함께 계산식에서 계산 순서를 나타내기 위해 사용하는 기호

보 기 계산식에서 소괄호, 중괄호, 대괄호가 모두 사용된 경우 계산순서는 소괄호→중괄호→대괄호 순이다. 예를 들어 $[\{(1+2)\times 3\}-3]\div 5$의 계산순서는 ①→②→③→④이다.

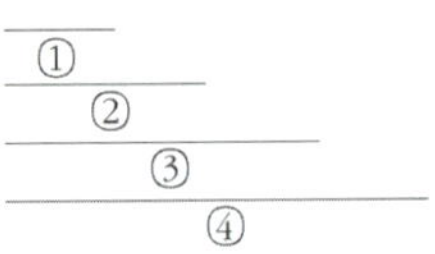

가보기 brace, parenthesis

C

calculate
계산하다

유의어 computate

calculator
계산기

계산을 빠르고 정확하게 하기 위하여 사용하는 도구

가보기 calculate

calibrate
눈금을 매기다

(측정도구의 정확성을 꾀하기 위해) 눈금을 점진적으로 조정하다. 눈금에 표시하다.

보 기 We need to calibrate the rod to measure the length.
(길이를 측정하기 위해 막대의 눈금을 조정해야 한다.)
My sister calibrates the scale.
(내 여동생은 눈금을 조정한다.)

capacity
들이, 용량, 용적

(1) 물이나 우유처럼 그릇이나 통 등의 용기에 담아야 잴 수 있는 물질의 부피
(2) 어떤 용기가 최대한 담을 수 있는 물질의 부피나 무게

Note

(1) 들이

우리말 '들이'는 물이나 모래와 같이 그릇에 담아야 잴 수 있는 물질의 부피를 의미하기도 하며, 그릇이 담을 수 있는 최대 부피를 의미하기도 한다. 예를 들어 '1L들이 그릇'이라는 표현을 사용할 때는 그 그릇에 최대한 담을 수 있는 부피가 1L임을 의미한다. 또한 물을 그릇에 붓고, 그 안에 얼마나 들어가는지 측정하여 물의 들이를 알아내기도 한다.

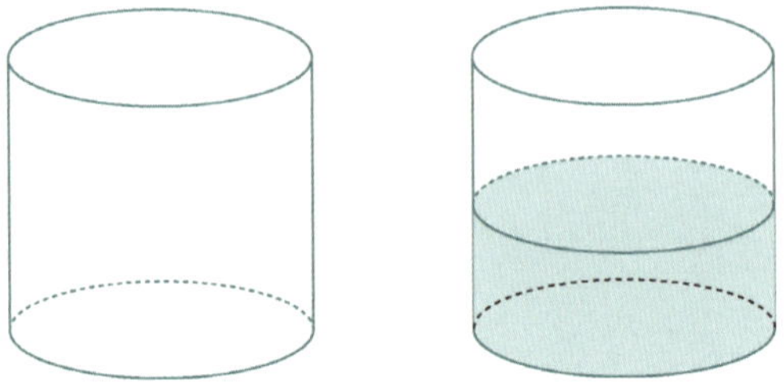

1L들이 그릇 500mL의 물

(2) 들이와 capacity의 다른 점

들이는 전적으로 **부피**와 관련되지만, 영어 capacity는 상황에 따라 부피 이외에도 무게를 의미하기도 한다. 예를 들어, 'The elevator have a capacity of 1,000kg.'이라 하면 capacity는 무게와 관련된 것이다.

(3) 단위

들이를 재는 전통 단위로는 한국에서는 홉, 되, 말 등이 있으며, 서양에서는 gallon, pint, quart 등이 있다. 국제표준단위로는 kiloliter(kL), liter(L), milliliter(mL) 등이 있다.

C

cardinal number

기수(基數), 집합수(集合數), 농도수(濃度數)

집합에 포함된 원소의 개수를 나타내는 수

보 기 '우리 집 식구는 5명이다.', '축구팀은 11명이다.', '한 상자에 초콜릿이 10개 들어 있다.' 등에서 5, 11, 10은 각각 한 집합에 포함된 원소의 수를 나타낸다. 이와 같은 수를 cardinal number라고 한다.

Note

집합을 구성하는 원소를 셀 때, 보통은 마지막으로 센 수가 그 집합의 농도가 된다. 가령 바둑돌 다섯 개가 있을 때, '하나, 둘, 셋, 넷, 다섯'이라고 센다면 마지막으로 센 수, 즉 다섯이 그 집합의 농도인 셈이다. 그러나 이러한 원리를 깨우치지 못한 아동들에게 집합의 개수를 묻는 질문을 반복하면 아동들은 이를 처음부터 다시 세라는 신호로 받아들여 수세기를 반복할 가능성이 높다.

가보기 ordinal number

Cartesian coordinate system
데카르트 좌표계

평면 위에서 수직으로 만나는 두 개의 직선(축)을 기준으로 위치가 결정되는 좌표 체계

Note

Cartesian coordinate system은 17세기 프랑스의 유명한 철학자이며 수학자인 Descartes(데카르트)에 의해 만들어졌다. 어느 날 그가 아파서 침대에 누워 있는데, 천장에 파리 한 마리가 이리 저리 날아다녔고, 이것을 유심히 관찰 한 후, 평면에서의 위치를 두 개의 축으로 나타낼 수 있는 좌표계를 만들었다. 그 후 세 개의 축을 기준으로 공간에서의 위치를 나타낼 수 있는 좌표계로 확장되었다.

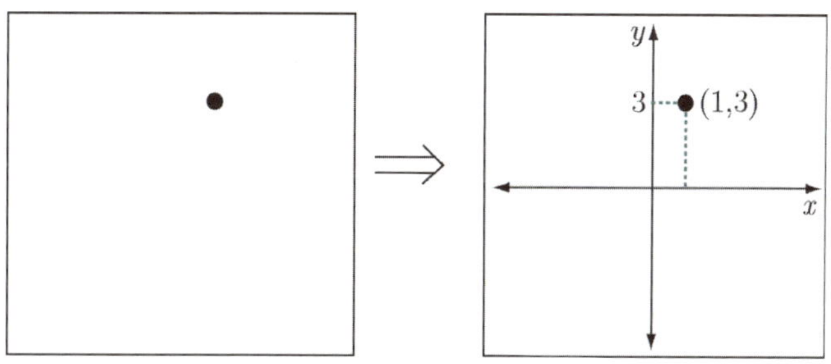

평면 위에 놓인 한 점의 위치를 어떻게 나타낼 수 있을까?

x축과 y축을 도입하면 점의 위치를 (1, 3)으로 나타낼 수 있다.

유의어 rectangular coordinate system

가보기 axis, coordinate system

Celsius temperature scale

(℃)
섭씨온도 척도

미터법에서 온도를 재기 위해 사용되는 척도로, 1기압에서 물의 어는점을 0°로, 물의 끓는점을 100°로 설정하여 만들어진 온도 체계이다.

유 래 섭씨온도는 1742년 스웨덴의 천문학자 Anders Celsius(안데르스 셀시우스)가 처음 제안하였다. 영어권에서는 제안자의 이름을 따 '셀시어스'로 부르지만, 동양권에서는 '섭씨'라 부른다. 섭씨는 셀시우스의 중국어 표기 방식 '섭이수(攝爾修)'에서 유래되었다.

Note

Celsius temperature scale(섭씨온도 척도)은 Fahrenheit temperature scale(화씨온도 척도)과 종종 비교된다. Fahrenheit temperature scale은 1기압에서 물의 어는 점을 32°, 끓는 점을 212°로 설정한 온도체계이다.

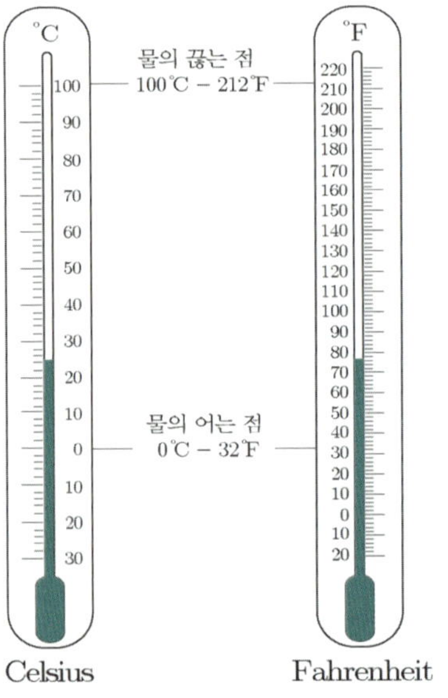

섭씨온도를 화씨온도로 바꾸는 방법은 다음과 같다.

$$\text{화씨}(F°) = 1.8 \times \text{섭씨}(C°) + 32$$

예를 들어 섭씨 20°를 화씨로 바꾸면 68°(1.8×20+32)이다.

유의어 Celsius scale, centigrade scale

가보기 Fahrenheit temperature scale

census

(1) 전수조사

연구대상 전체를 대상으로 실시하는 조사

(2) 인구총조사

한 나라의 인구 상황을 파악하기 위해 전국 규모로 실시하는 전체조사

유 래 census는 라틴어인 'censere'에서 나온 말로, 과거 로마시대에 국가가 주민들에게 세금을 걷거나 병사를 차출하기 위한 목적으로 5년마다 실시한 인구조사가 그 기원이다. 그러나 오늘날의 census는 인구뿐만 아니라 각종 사회 · 경제 문제 등을 아울러 조사하여 국가의 정책을 결정하기 위한 기초 자료로 삼고 있다.

C

cent

센트

미국에서 사용되는 동전의 하나로 1달러의 $\frac{1}{100}$에 해당한다.

100 cents = 1 dollar

유 래 cent는 100분의 1을 의미하는 라틴어 'centesimus'에서 유래되었다.

가보기 coin

center of a circle

원의 중심

원의 안쪽에 있는 점으로, 원 위에 있는 모든 점으로부터의 거리가 같다.

가보기 circle

centi−
센티

$\frac{1}{100}$(=0.01)을 뜻하는 접두사

보 기 centi를 접두사로 하는 수학용어에는 다음과 같은 것이 있다.

1 centimeter = 0.01 meter

1 centiliter = 0.01 liter

1 centigram = 0.01 gram

centigrade scale
섭씨온도체계

Celsius(℃) temperature scale의 다른 이름으로, 물의 어는점과 끓는점 사이를 100 단위로 나눈 것에서 비롯된 용어이다.

가보기 Celsius temperature scale, centi−

centigram
(cg)
센티그램

미터법에서 무게의 단위로, $\frac{1}{100}$ 그램(g)에 해당한다.

$$1 \text{ centigram} = \frac{1}{100} \text{ gram}$$

가보기 centi−, gram, metric system of measurement

centiliter
(cL)
센티리터

미터법에서 부피 혹은 들이를 재는 단위로, $\frac{1}{100}$ 리터(L)에 해당한다.

$$1 \text{ centiliter} = \frac{1}{100} \text{ liter}$$

가보기 centi−, liter

centimeter
(cm)
센티미터

미터법에서 길이를 재는 단위로, $\frac{1}{100}$ 미터(m)에 해당한다.

$$\begin{aligned} 1\text{ centimeter} &= 10\text{ millimeter} \\ &= \frac{1}{10}\text{ decimeter} \\ &= \frac{1}{100}\text{ meter} \end{aligned}$$

가보기 centi−, meter

C

century
세기(世紀)

100년을 의미하는 시간 단위

Note

예수 그리스도의 탄생년을 1년으로 삼고, 그로부터 100년 단위로 셈한다. 1년부터 100년까지를 1세기, 101년부터 200년까지를 2세기라 하며, 이와 같은 식으로 셈하면 2001년부터 2100년까지는 21세기가 된다.

chance
가능성, 확률

어떤 사건이 일어나게 될 가능성 혹은 확률, probability의 초등용어

가보기 probability

change−to−less story

셈의 결과가 처음에 주어진 값 보다 작아지는 문장제

보 기 돈을 쓰거나, 물건을 남에게 주거나, 음식을 먹거나 하는 등과 같이 처음의 수나 양이 줄어드는 문장제, "구슬이 10개 있었는데, 6개를 동생에게 주었다. 남은 구슬은 얼마인가?"

가보기 change−to−more story

change−to−more story

셈의 결과가 처음에 주어진 값 보다 커지는 문장제

보 기 저금을 하거나, 돈을 벌거나, 물건을 누구에게 받거나 하는 등과 같이 처음의 수나 양이 늘어나는 문장제, "올 해 내 동

생의 나이가 9살인데, 5년 후에는 몇 살이 되는가?"

가보기 change-to-less story

chart
차트

정보를 어떤 일정한 형식에 맞추어 보기 쉽게 나타낸 것으로, 표나 그래프를 아우르는 말

가보기 graph, table

chord
현

원 위의 두 점을 연결한 선분

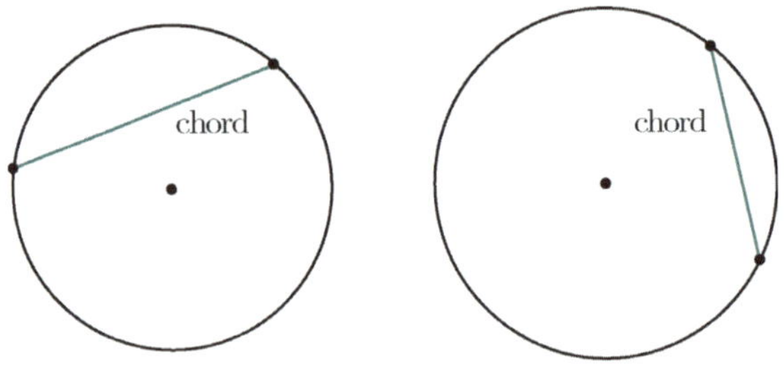

Note

현 중에서 원의 중심을 지나는 것을 diameter(원의 지름)라 하며, 지름의 반을 radius(반지름)라 한다. 따라서 diameter는 현 중에서 가장 길다.

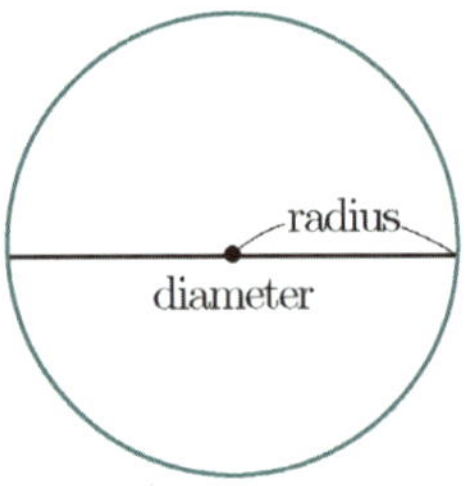

가보기 diameter

circle
원

평면 위의 한 점으로부터 같은 거리에 있는 점들의 집합

Note

원의 내부는 원이 아니다. 원과 원의 내부를 합하여 'disk(원반)' 또는 'circular region'이라 한다.

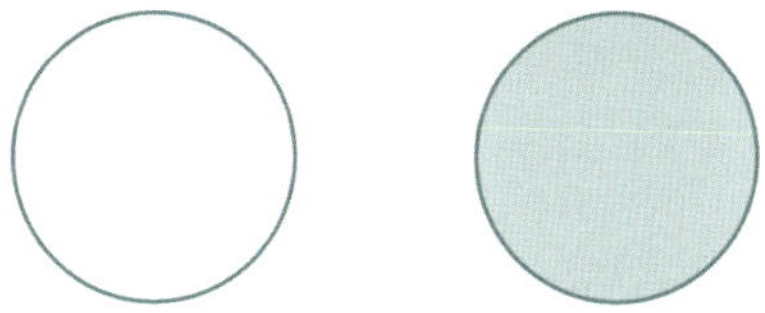

circle graph
원 그래프

원 모양의 그래프로, 특정 자료가 전체에서 차지하는 비율에 따라 원을 분할하여 나타내는 비율 그래프의 한 종류

〈에너지 종류별 발전량〉

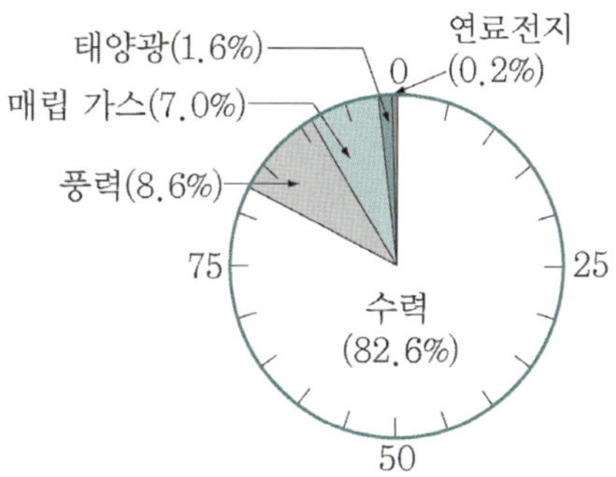

자료 출처 : 에너지 관리 공단

가보기 pie graph, pie chart

circumference
원의 둘레, 원주

원주, 원의 둘레

Note

원의 지름을 이용해 원주를 구할 수 있을까?
원은 그 크기에 상관없이 원주가 지름의 약 3배이다. 따라서 지름을 알면, 그것에 3배를 하여 원주를 얻을 수 있다. 예를 들어 지름이 2이면 원

주는 약 6이며, 지름이 3이면 원주는 약 9이다. 이와 같은 식으로 원은 크기에 상관없이, 원의 지름과 원주는 항상 일정한 비를 가지는데, 그 정확한 값은 3.141592…이며, 이를 파이(pi)라고 부른다. 그러나 이 수가 무한소수이기 때문에 간단히 3.14로 쓰기도 한다.

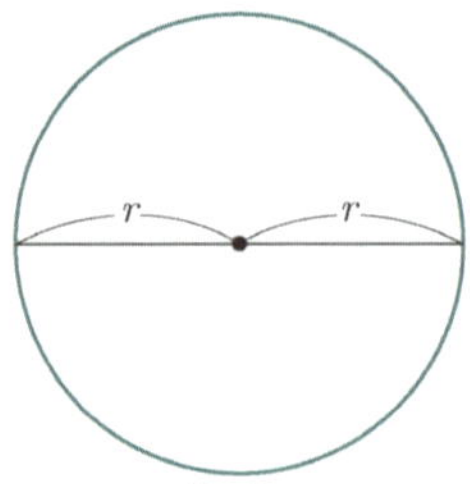

$C=2\pi r$

원의 둘레 = 지름 × 원주율(π)
= 2 × 반지름 × 원주율(π)

가보기 perimeter, pi

clockwise rotation
시계방향 회전

아날로그 시계의 바늘이 움직이는 방향

clockwise rotation

가보기 counterclockwise rotation

clustering
집단화

여러 개의 자료를 유사성이 있는 것 끼리 묶어 분류하는 것으로, 자료가 수치인 경우는 비슷한 수끼리 묶어 대표되는 하나의 수로 처리하는 방법을 의미한다.

보 기 문방구에서 학용품을 샀다. 구입한 학용품의 총액은 대략 얼마인가?

공책 980원, 파일 1050원, 샤프 950원, 지우개 450원

이 경우 980, 1050, 950은 모두 1000 근처에 있는 수들이므로, 이 세 수의 합은 대략 3000이다. 여기에 450원을 추

가하면 학용품의 총액은 대략 3450원임을 알 수 있다. 이처럼 980, 1050, 950과 같이 유사한 수를 한데 묶어 계산하는 방법을 clustering이라 한다.

coin
동전

Note

미국은 1달러, 50센트, 25센트, 10센트, 5센트, 1센트 등 모두 6종류의 동전이 있다. 그러나 주로 사용되는 동전은 25센트(quarter), 10센트(dime), 5센트(nickel), 1센트(penny)이다.

Half dollor　one dollor　25 cents　5 cents　1 cent　10 cents

C

column
열

배열이나 표에 있어 세로 줄을 의미한다.

보 기 다음 정열은 4행(row), 3열(column)이다.

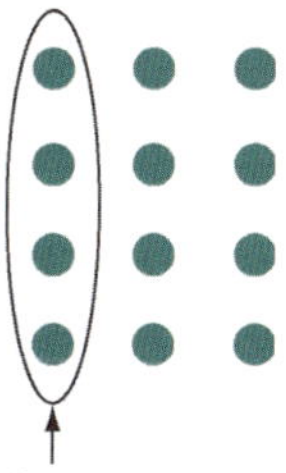

가보기 array, row, table

column addition method
세로 덧셈법

덧셈을 할 때 수를 세로로 정렬한 후, 자릿값이 같은 수끼리 더하여 계산해 나가는 방식

보 기 27 + 46을 column addition method로 해결하기 위한 절차는 다음과 같다.

첫째, 더해야할 두 수를 자릿값에 따라 세로로 정렬한다.
둘째, 일의 자리 수끼리 더한다.
셋째, 십의 자리 수끼리 더한다.
넷째, 일의 자리 수끼리 더한 값이 10보다 큰 경우, 십의 자리 수끼리 더하여 나온 결과에 1을 더한다.

	10의 자리	1의 자리
	2	7
+	4	6
	6	13
↳	7	3

Note

column addition method는 덧셈 이외에도 뺄셈과 곱셈에서 사용된다. 이 방법은 계산 알고리즘 가운데 가장 대표적인 것으로, 한국 초등학교 교육과정에서도 채택하고 있다.

combination
조합

여러 개의 항목에서 몇 개를 뽑아 순서에 관계없이 한 조로 만드는 방법

보 기 영은, 기선, 동민 세 명의 어린이 가운데 두 명을 뽑아 학급 대표를 시키려고 한다. 이때 가능한 조합은 다음과 같이 모두 3가지이다.

(영은, 기선), (영은, 동민), (기선, 동민)

common denominator
공통 분모

둘 혹은 그 이상의 분수가 있을 때, 각 분모들의 공배수

보 기 $\frac{1}{4}$과 $\frac{1}{6}$의 common denominator(공통분모)가 될 수 있는 수는 12, 24, 36, … 등이다. 그 중에서 제일 작은 수는 12이며, 이것을 least common denominator(최소 공통 분모)라고 한다.

가보기 common multiple, denominator, least common denominator

common factor
공약수

둘 이상의 수에 공통인 약수

보 기 16과 24의 common factor(공약수)를 구하는 절차는 다음과 같다.

16의 약수 : 1, 2, 4, 8, 16
24의 약수 : 1, 2, 3, 4, 6, 8, 12, 24
16와 24의 공약수 : 1, 2, 4, 8

가보기 factor

common fraction

분모와 분자가 정수로 되어 있는 분수

Note

$\frac{3}{5}$, $\frac{7}{2}$, $\frac{9}{11}$, … 등은 common fraction이지만, $\frac{0.5}{6}$, $\frac{1.5}{0.9}$, $\frac{\frac{1}{2}}{5}$ 등과 같은 분수는 common fraction이 아니다.

가보기 fraction

common multiple
공배수

둘 이상의 수에 공통이 되는 배수

보 기 2와 3의 공배수를 구하는 절차는 다음과 같다.

2의 배수 : 2, 4, 6, 8, 10, 12, 14, 16, 18, 20, …
3의 배수 : 3, 6, 9, 12, 15, 18, 21, …
2와 3의 공배수 : 6, 12, 18, …

가보기 multiple

commutative property
교환법칙

계산의 순서를 바꾸어도 계산의 결과가 바뀌지 않는 법칙

보 기

- 덧셈의 교환법칙(commutative property of addition)

$$3+5 = 5+3 = 8$$

- 곱셈의 교환법칙(commutative property of multiplication)

$$4\times6 = 6\times4 = 24$$

Note

자연수, 분수, 소수는 덧셈과 곱셈에 대해서 교환법칙이 성립하지만, 뺄셈과 나눗셈에 대해서는 교환법칙이 성립하지 않는다.

$$7-3=4,\ \text{그러나}\ 3-7=-4$$

$$12\div 6=2,\ \text{그러나}\ 6\div 12=\frac{1}{2}$$

C

유의어 order property, turn-around rule

comparison story

둘 이상의 양이나 수를 비교하는 문장제

보 기 "엄마 나이는 38살, 내 나이는 9살이다. 엄마와 나는 몇 살 차이인가?", "파란 풍선은 3개, 노란 풍선은 7개이다. 파란 풍선은 노란 풍선 보다 몇 개 적은가?" 등과 같은 식으로 두 양이나 두 수를 비교하도록 요구하는 문장제

가보기 parts-and-total number story

compass

(1) 컴퍼스

원이나 호를 그리거나 선분을 옮길 때 사용하는 도구

(2) 나침반

동서남북 방향을 찾기 위해 사용하는 도구

compatible numbers

어울리는 수, 친화수

같이 계산하면 계산을 쉽게 만드는 수들

보 기 (1) '빵 6개를 만드는 데 설탕 53.5그램이 들어갔다. 빵 1개에 약 몇 그램의 설탕이 들어갔나?'와 같은 문제를 해결

해야할 때, 54는 6의 배수이므로 53.5대신 그것과 매우 가까운 54로 계산하는 것이 편리하다. 54÷6=9이므로, 빵 1개에 약 9그램의 설탕이 들어갔음을 알 수 있다. 이때 6과 54는 compatible numbers(어울리는 수)이다.

(2) '(234+234+234+234)×25=?'와 같은 문제는 언뜻 보기에 복잡해 보이지만, 4와 25를 곱하면 100이 된다는 성질을 이용하면 매우 쉽게 해결된다. 이 경우 4와 25는 compatible numbers(어울리는 수)이다.

$$\begin{aligned}(234+234+234+234)\times25 &= (234\times4)\times25\\ &= 234\times(4\times25)\\ &= 234\times100\\ &= 23400\end{aligned}$$

composite number
합성수

1과 자신 이외의 약수를 가지는 수

보 기 12는 1, 2, 3, 4, 6, 12를 약수로 갖는 composite number(합성수)이다. 반면 2, 3, 5, 7, 11, …등은 1과 자신 이외에 약수를 갖지 않는 수로, 이러한 수를 prime number(소수)라고 한다.

Note

어떤 수가 **2개 이상**의 **직사각형 배열로 표현되면** composite number(합성수)이다. 예를 들면 12는 1행12열, 2행6열, 3행4열 등 3개의 직사각형 배열로 표현되므로 합성수이다.

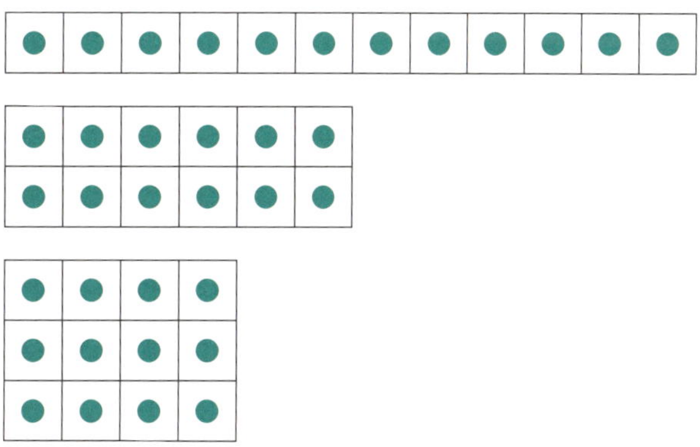

가보기 prime number

computation
계산

문제를 풀기 위해 필요한 산술 연산을 수행하는 것

유의어 calculation

concave polygon
오목 다각형

하나 혹은 그 이상의 꼭짓점이 오목하게 들어간 모양을 한 다각형

Note

오목다각형을 수학적으로 엄밀하게 정의하면, **도형의 외부를 통과하는 선분**을 구성할 수 있는 점이 도형의 내부에 적어도 한 쌍 이상 존재하는 다각형을 의미한다. 오목 다각형에서 선분 AB는 점 C와 점 D사이에서 도형의 외부에 놓이게 된다. 반면 볼록다각형은 도형 내부의 두 점을 연결했을 때 도형 외부에 놓이게 되도록 만들 수 없다.

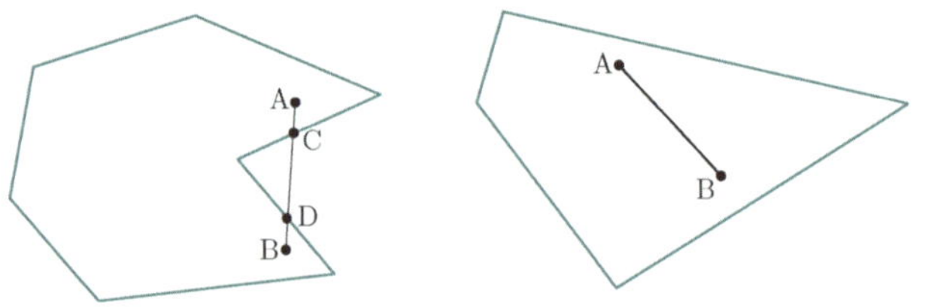

concave polygon　　convex polygon

한국 초등학교 교육과정에서 제시되는 다각형은 모두 볼록 다각형으로, 오목 다각형은 다루지 않는다.

유의어 nonconvex polygon

가보기 convex polygon, polygon

concentric circles
동심원

중심이 같고 반지름이 다른 원들

보 기 다음 세 원은 모두 점 A를 중심으로 하는 동심원이다.

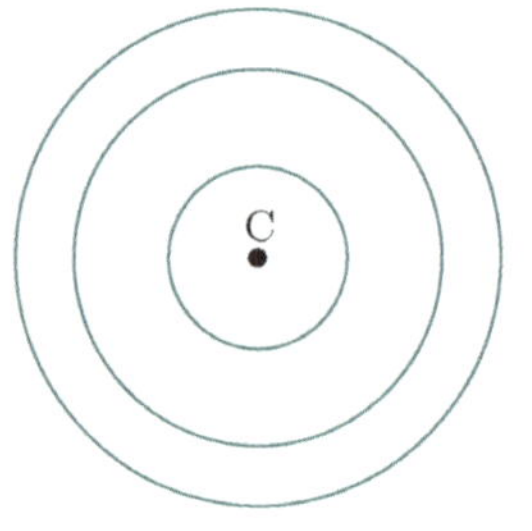

cone
원뿔

밑면이 원이고, 밑면을 포함하는 평면 이외의 공간에서 하나의 정점을 갖는 입체 도형

보 기

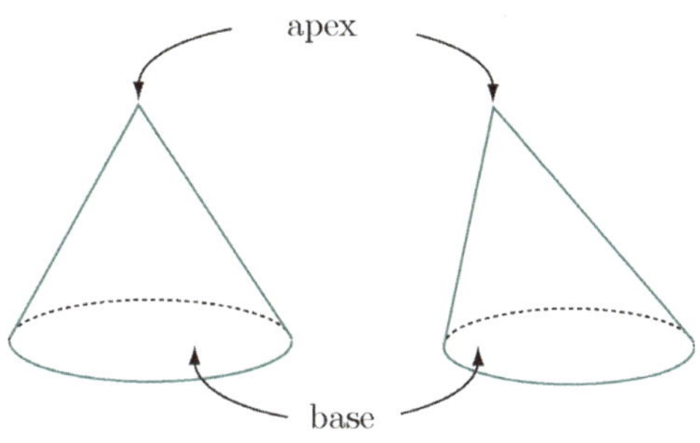

Note

직각삼각형의 한 변을 축으로 360도 회전하여 생긴 입체를 right cone(직원뿔)이라 한다. 한국 초등학교 교육과정에서는 원뿔을 도입할 때 직원뿔로 제한하고 있다.

가보기 right cone

congruent figures
(≅)
합동 도형

모양과 크기가 같은 도형

보 기 삼각형ABC와 삼각형DEF는 세 변의 길이와 세 각의 크기가 같은 합동 삼각형이다. 이것을 기호로 나타내면 삼각형ABC ≅ 삼각형DEF이다.

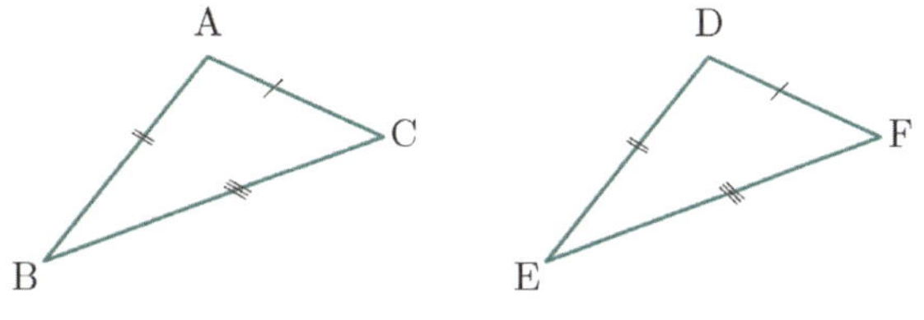

construction
작도

눈금이 없는 곧은 자와 컴퍼스만을 이용해 도형을 그리는 것

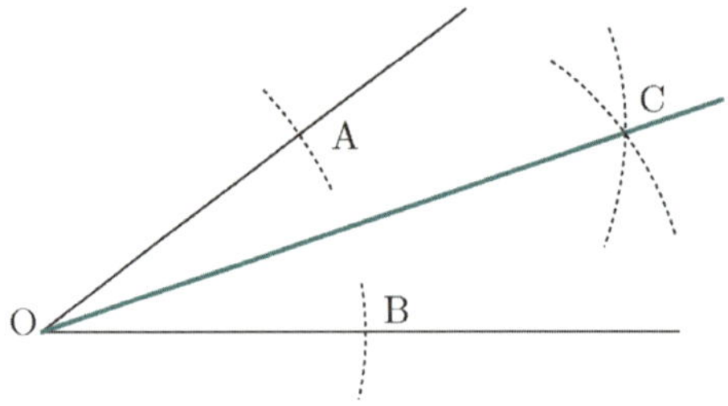

가보기 compass, straightedge

convex polygon
볼록 다각형

다각형 가운데 오목한 부분이 한 곳도 없는 볼록한 다각형

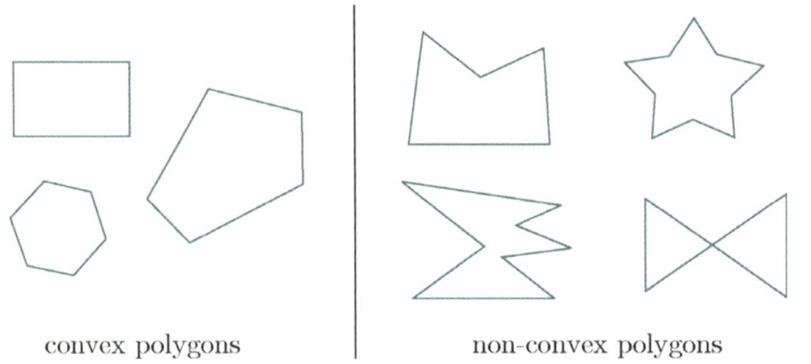

Note

convex polygon(볼록 다각형)을 수학적으로 정의하면, 도형의 외부를 통과하는 선분을 잇는 점을 도형 내부에서 찾을 수 없는 다각형을 뜻한다. 볼록 다각형의 모든 내각은 180도 보다 작기 때문에, 그러한 선분을 그을 수 없다.

가보기 concave polygon, polygon

coordinate
좌표

(1) 일차원인 경우, 수직선 위에 있는 수 혹은 원점으로부터의 거리

보 기

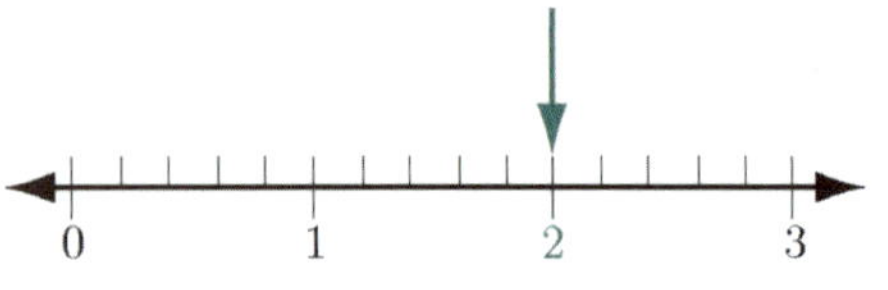

2는 0으로부터 2만큼 떨어져있다는 것을 의미한다.

(2) 이차원인 경우, 평면에서의 위치를 뜻하는 두 수로 이루어진 순서쌍

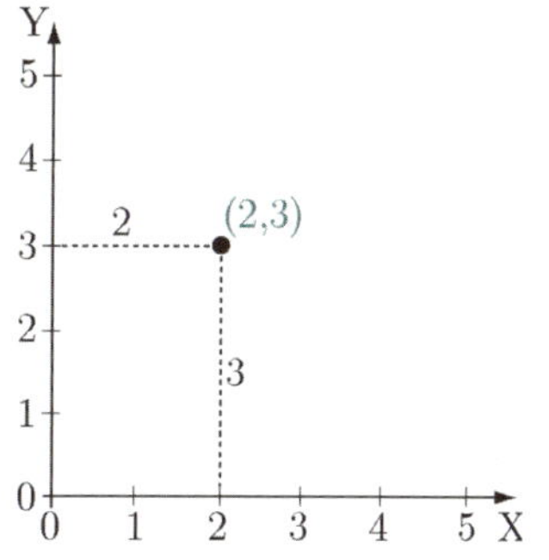

(2, 3)은 원점(0,0)으로부터 X축으로 2만큼, Y축으로 3만큼 떨어져있다는 것을 의미한다.

(3) 삼차원인 경우, 공간에서의 위치를 뜻하는 세 수로 이루어진 순서쌍

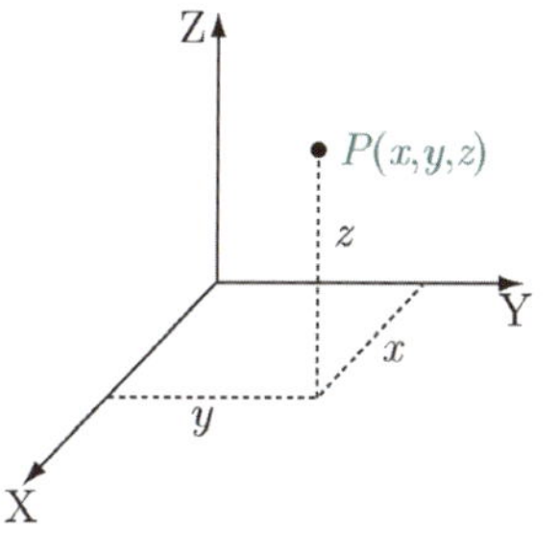

(x, y, z)는 원점(0,0,0)으로부터 X축으로 x만큼, Y축으로 y만큼, Z축으로 z만큼 떨어져있다는 것을 의미한다.

가보기 coordinate system

coordinate grid
좌표 격자, 좌표 모눈

직교좌표계를 이용해 평면 위의 점들을 나타내기 위한 격자, 모눈

C

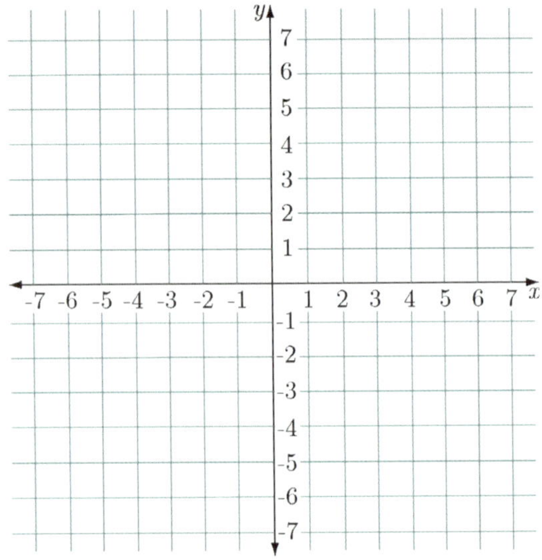

가보기 coordinate, coordinate system, grid

coordinate system
좌표계

공간에 있는 점의 위치를 나타낼 때 사용되는 방식으로, Cartesian coordinate(직교좌표계), polar coordinate(극좌표계), cylindrical coordinate 등이 있다.

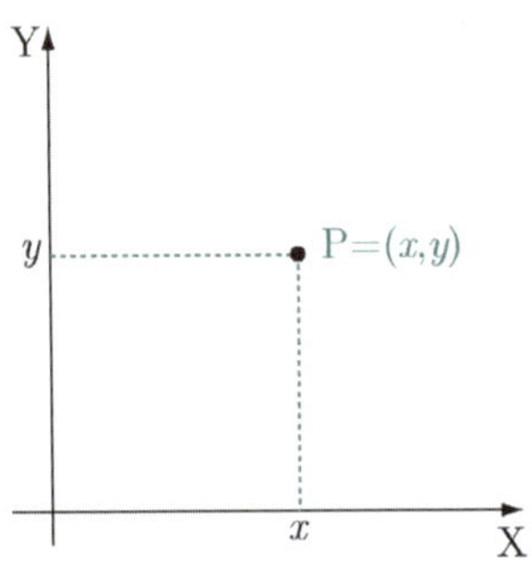

Cartesian coordinates

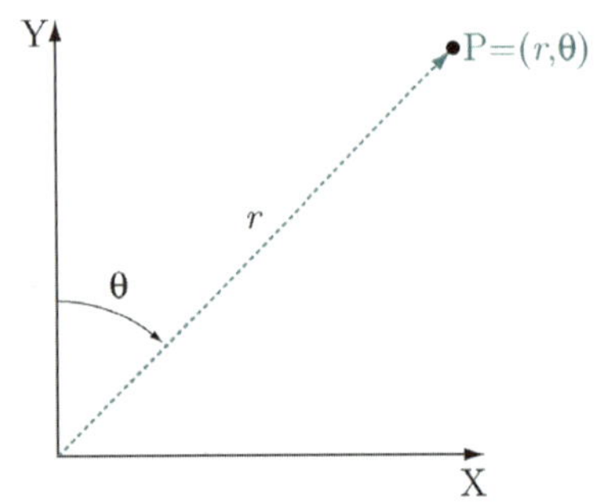

polar coordinates

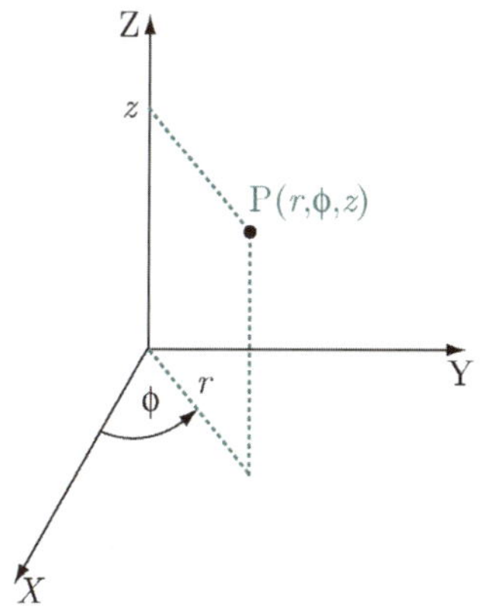

cylindrical coordinates

가보기 Cartesian coordinate system

corner
꼭짓점(도형의)

vertex의 초등용어

Note

일상생활에서 사용하는 corner의 의미는 **구석**이라는 뜻이다. 그러나 초등학교 저학년에서는 corner가 꼭짓점이란 의미로 vertex를 대신하여 사용되기도 한다.

가보기 vertex

counter clockwise rotation
반시계 방향 회전

아날로그 시계의 비늘이 움직이는 것과 반대방향

가보기 clockwise rotation

counting numbers
셈수

사물을 셀 때 사용하는 수로 $\{1, 2, 3, \cdots\}$과 같이 자연수를 의미하지만, 드물게 0을 포함시키는 경우도 있다.

cube
(1) 정육면체, 입방체

크기가 같은 6개의 정사각형으로 둘러싸인 입체도형

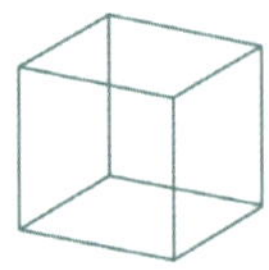

(2) 세제곱, 삼승

같은 수를 세 번 연이어 곱하는 것

$4\times4\times4=4^3$ (four cubed)

$2\times2\times2=2^3$ (two cubed)

가보기 square

cubic centimeter
(cm^3)
세제곱 센티미터

가로, 세로, 높이가 모두 1cm인 정육면체의 부피에 해당하는 부피의 표준단위

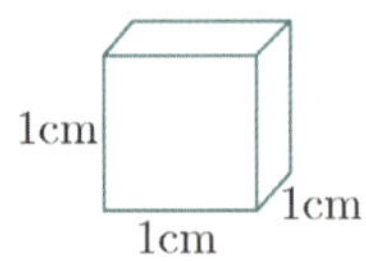

가보기 centimeter, cubic unit

cubic decimeter
(dm^3)
세제곱 데시미터

한 변의 길이가 1 데시미터(decimeter)인 정육면체의 부피에 해당하는 부피의 표준단위

가보기 cubic unit, decimeter

cubic foot
(ft^3, cu ft)
세제곱 풋

한 변의 길이가 1 피트(foot)인 정육면체의 부피에 해당하는 부피의 관습단위

가보기 cubic unit, foot

cubic inch
(in^3)
세제곱 인치

한 변의 길이가 1 인치(inch)인 정육면체의 부피에 해당하는 부피의 관습단위

가보기 cubic unit, inch

cubic meter
(m^3)
세제곱 미터

한 변의 길이가 1 미터(meter)인 정육면체의 부피에 해당하는 부피의 표준단위

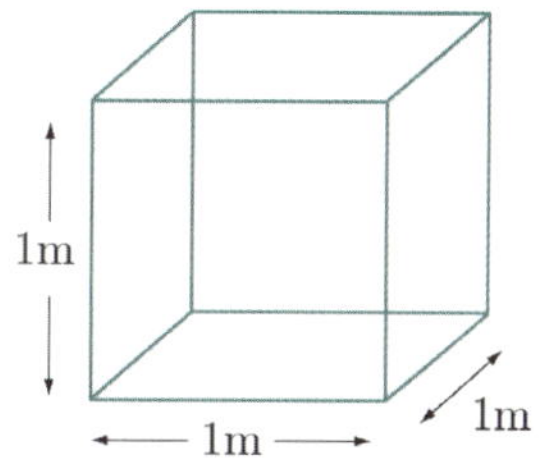

$1m^3$=1,000L

가보기 cubic unit, meter

cubic unit
세제곱 단위, 입방 단위

부피나 용량을 측정하는 데 사용되는 단위로, 한 변의 길이가 1인 정육면체 모양을 기본단위로 한다.

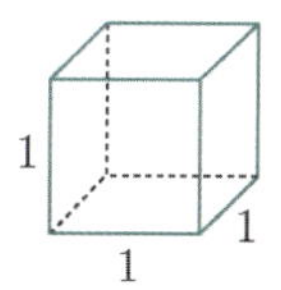

보 기 cubic unit에는 m^3, in^3, cm^3 등이 있다.

가보기 volume

cubic yard
(yd^3)
세제곱 야드

한 변의 길이가 1 야드(yard)인 정육면체의 부피에 해당하는 부피의 관습단위

가보기 cubic unit, yard

cubit
큐빗

18~22인치(혹은 46~56센티미터) 정도의 길이를 나타내는 고대 단위로, 팔꿈치에서 가운데 손가락까지의 길이를 의미한다.

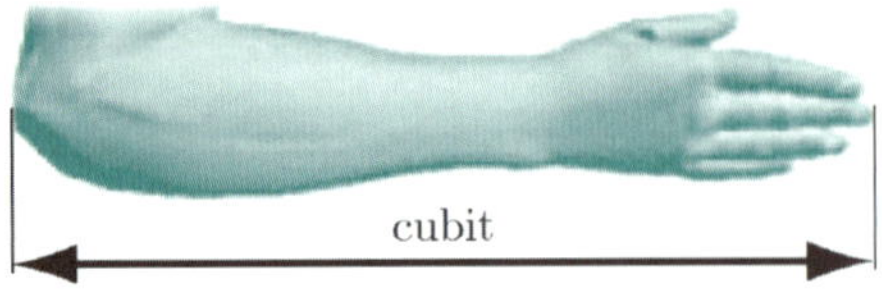

cuboid
직육면체

모든 면이 직사각형인 각기둥

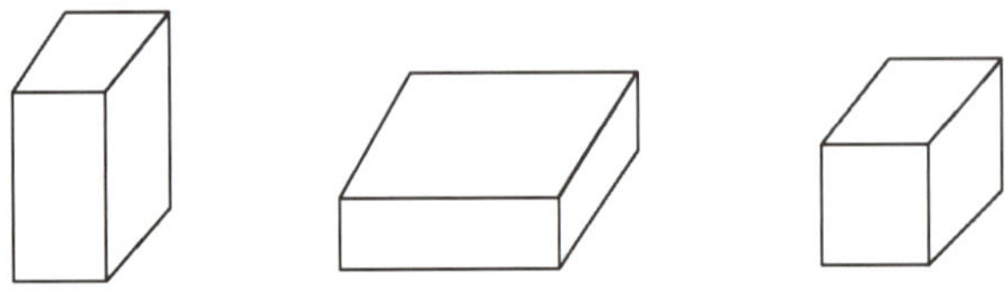

유의어 right rectangular prism, rectangular parallelopiped

가보기 right prism

Cuisenaire rod
퀴즈네르 막대

자연수와 분수의 간단한 사칙계산이나 동치비 등을 지도할 때 사용되는 수학교구로, 1cm부터 10cm까지 길이와 색이 다른 10개의 막대를 기본구성으로 한다.

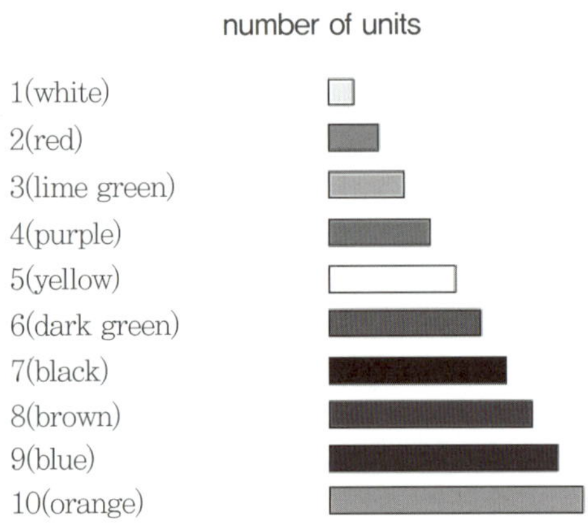

보 기 $\frac{7}{8}-\frac{1}{2}$을 퀴즈네르 막대를 이용해 계산해 보자.

우선, 길이가 8인 갈색막대를 전체(whole)로 놓으면, 길이가 4인 보라막대는 $\frac{1}{2}$이고, 길이가 7인 검정막대는 $\frac{7}{8}$이 된다. 검정막대($\frac{7}{8}$)에서 보라막대($\frac{1}{2}$)를 뺀 만큼의 길이는 흰막대($\frac{1}{8}$) 세 개의 길이이다. 따라서 $\frac{7}{8}-\frac{1}{2}=\frac{3}{8}$이다.

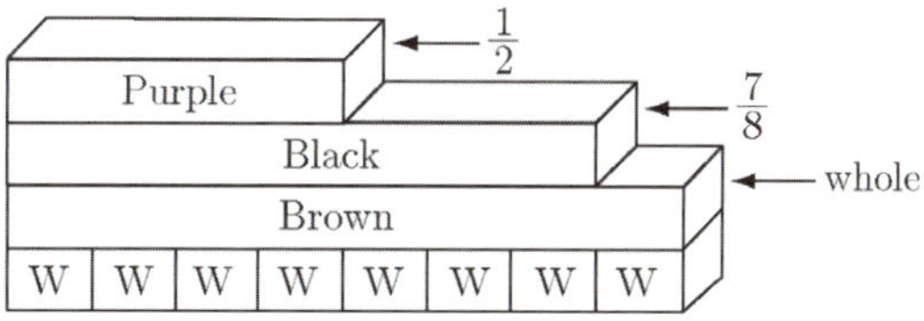

유 래 벨기에 초등학교 교사인 Georges Cuisenaire(1891–1975)가 1930년대 초반에 처음으로 개발하였지만, 영국의 수학자이며 교육자인 Caleb Gattegno가 1950년 초반부터 교육현장에 폭넓게 보급하였다.

cup
(C)
컵

8온스(ounce)에 해당하는 부피를 나타내는 미국의 관습단위

$$1 \text{ cup} = 8 \text{ fluid ounces}$$
$$= \frac{1}{2} \text{ pint}$$

가보기 capacity, customary system of measurement, fluid ounce

curved surface
곡면

평면이 아닌 굽은 면

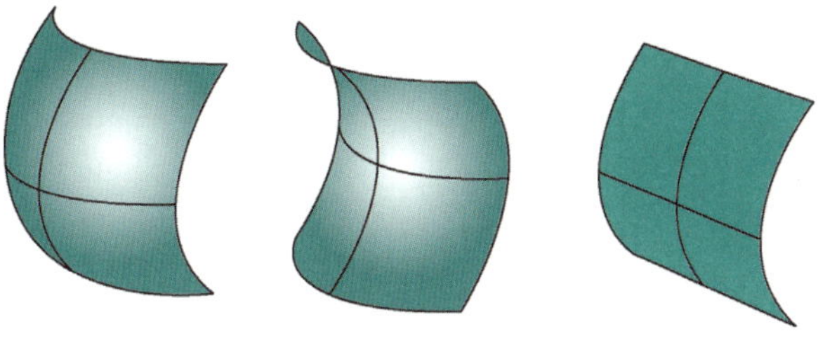

가보기 flat surface

customary system of measurement
관습단위

길이, 무게, 용량, 면적, 부피, 온도 등을 잴 때 사용되는, 예로부터 전해 내려오는 단위

보 기 다음은 미국에서 사용되는 관습단위이다.

길이 1 feet(ft) = 12 inch(in.)
1 yard(yd) = 3 ft
1 mile(mi) = 5280 ft = 1760 yd

무게 1 pound(lb) = 16 ounce(oz)
1 ton(T) = 2,000 lb

용량 1 tablespoon(T) = 3 teaspoon(t)
1 quart(qt) = 2 pint(pt)
1 cup(C) = 16 T
1 gallon(gal) = 4 qt
1 pt = 2 C
1 fluid ounce(fl oz) = 2T

Note

나폴레옹은 우리에게 키가 작은 영웅으로 알려져 있다. 그의 키는 프랑스식 야드파운드법으로 5피에(pied) 2푸스(2pouce)인데, 영국인들이 이것을 자기 나라 척도로 계산하여 5피트 2인치, 즉 157cm로 생각했다. 그러나 프랑스 인치는 잉글랜드 인치의 1.06배(2.69 cm)이므로, 5피에 2푸스를 영국인치로 바꾸면 5피트 7인치 즉, 약 170 cm이다. 이처럼 나라마다 다른 단위를 사용하면 여러 가지 오해가 발생할 수밖에 없다. 전 세계적으로 미터법에 근간을 둔 표준단위를 사용하는 추세이지만 미국과 영국에서는 여전히 관습단위가 많이 사용된다.

유의어 customary unit

가보기 metric system of measurement

cylinder
원기둥

(1) 합동이고 평행한 두 원을 밑면으로 하는 입체도형

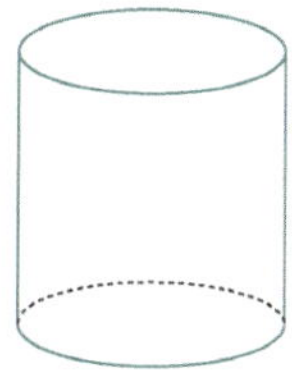

right cylinder
(직원기둥)

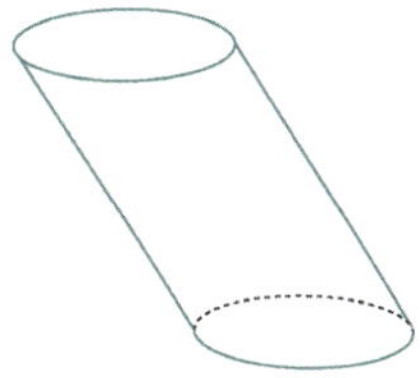

oblique cylinder
(빗원기둥)

Note

cylinder(원기둥)는 right cylinder(직원기둥)와 oblique cylinder(빗원기둥) 두 가지가 있다. 이 중 전개도를 그렸을 때 옆면이 직사각형인 것은 right cylinder이다. 한국 초등학교 교육과정에서는 원기둥을 도입할 때 직원기둥으로 제한하고 있다.

유의어 circular cylinder

(2) 밑면을 원에 한정시키지 않고 타원이나 기타 둥근 모양까지 허용하는 포괄적인 입체도형이다. 밑면이 원임을 강조할 경우 cylinder 앞에 circular를 붙여 circular cylinder라 하고, 밑면이 타원인 경우는 elliptic cylinder라고 한다.

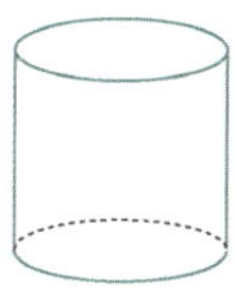

circular cylinder

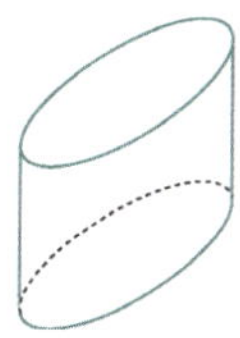

elliptic cylinder

가보기 circle, ellipse

D

data
자료

세거나, 측정하거나, 질문하거나 관찰하기를 통해 얻을 수 있는 정보

> **Note**
> data는 datum의 복수형이지만, 단수형으로 쓰이는 경우가 많다.

deca-
데카

10을 의미하는 접두사로, deka로 쓰기도 한다.

가보기 deka

decade
10년

10년에 해당하는 시간 단위

decagon
10각형

변이 10개인 다각형

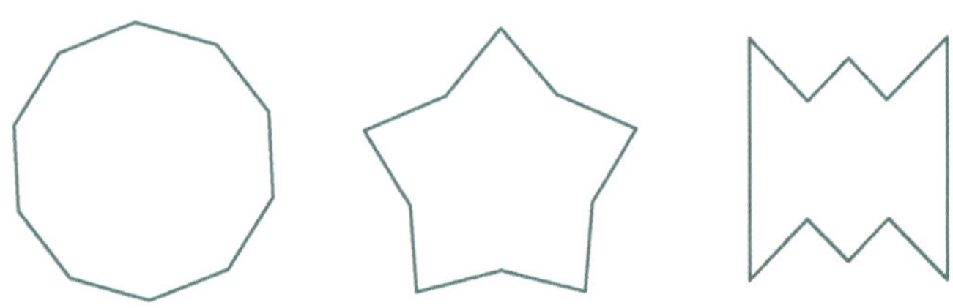

deci-
데시

$\frac{1}{10}$을 의미하는 접두사

decigram
(dg)
데시그램

1그램(g)의 $\frac{1}{10}$

1 decigram = $\frac{1}{10}$ gram

가보기 gram

deciliter
(dL)
데시리터

1리터(L)의 $\frac{1}{10}$

1 deciliter = $\frac{1}{10}$ liter

가보기 liter

decimal fraction
십진분수

십진분수(분모가 10 혹은 10의 거듭제곱인 분수), 혹은 그와 동치인 소수나 퍼센트

보 기 $\frac{1}{10}$ 또는 0.1, $\frac{1}{100}$ 또는 0.01, $\frac{7}{10}$ 또는 0.7 등이 모두 decimal fraction이다. 그러나 $\frac{2}{50}$나 $\frac{7}{30}$ 등과 같이 분모가 10의 배수인 수는 decimal fraction이 아니다.

Note

fraction은 분수를 뜻하지만, **fractional number**는 **분수, 소수, 퍼센트** 등을 모두 아우르는 말이다. decimal fraction은 fractional number의 일종으로 특히 분모가 10 혹은 10의 거듭제곱인 분수, 혹은 그에 상응하는 소수나 백분율을 의미한다. 따라서 fraction이라는 용어가 들어가 있어도 분수로만 해석해서는 안 된다.

가보기 fractional number

decimal mixed number
혼소수

자연수 부분과 소수 부분으로 구성되어 있는 소수

보 기 3.5는 3과 0.5로 구성되어 있다. 7.05는 7과 0.05로 구성되어 있다. 모든 혼소수는 1보다 크다.

가보기 decimal fraction, decimal number

decimal number
소수

소수점(decimal point)을 이용해 나타내는 수

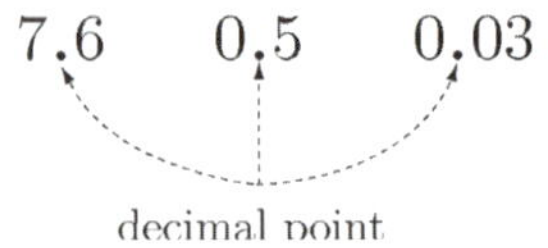

유의어 decimal

가보기 decimal point

decimal numeration system
십진기수법

10씩 묶기에 근간을 둔 수 표기체계로, 왼쪽으로 한 칸 이동할 때마다 자리값이 10배 증가한다. 마찬가지 원리로 오른쪽으로 한 칸 이동할 때 마다 자리값이 $\frac{1}{10}$로 줄어든다. 주로 자연수나 소수를 표기할 때 사용된다.

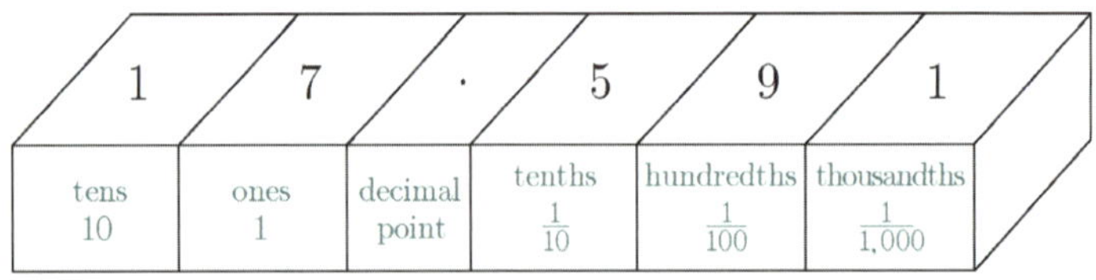

유의어 base-ten numeration system, Hindu-Arabic numeration system

가보기 base-ten numeration system

decimal point
소수점

소수의 표기에서 일(1)의 자리와 십분의 일($\frac{1}{10}$)의 자리를 구분하기 위해 사용되는 표시

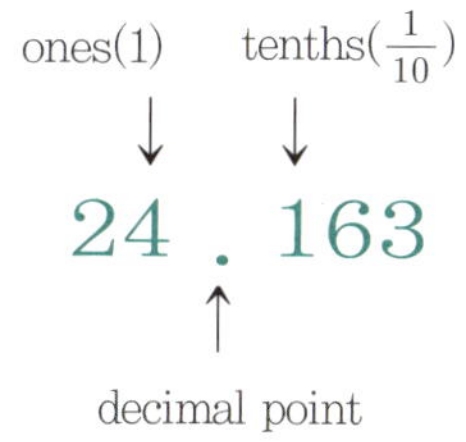

Note

소수점으로 미국에서는 마침표(.)를 사용하지만, 유럽에서는 쉼표(,)를 사용한다. 예를 들어 $3+\frac{2}{10}$의 미국식 표기는 3.2이지만, 유럽식 표기는 3,2이다.

가보기 decimal number

decimeter
(dm)
데시미터

1미터의 $\frac{1}{10}$

$$1 \text{ decimeter} = \frac{1}{10} \text{ meter}$$
$$= 10 \text{ cetimeter}$$

가보기 meter

degree
(°)
도

(1) 각도를 재는 단위로, 한 원의 중심각은 360° 이고, 반원은 180° 이다.

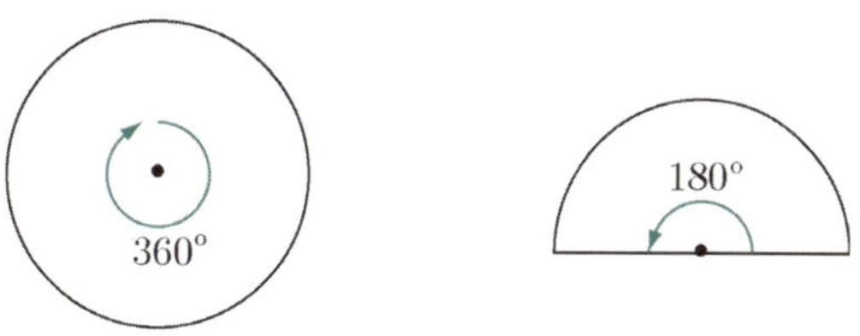

circle　　semi-circle

(2) 온도를 재는 단위로, 섭씨(Celsius)와 화씨(Fahrenheit)가 있다.

가보기 angle, Celsius temperature scale, Fahrenheit temperature scale

deka-
데카

10을 의미하는 접두사

보 기 1 dekagram(dag) = 10 grams
1 dekaliter(daL) = 10 liters
1 dekameter(dam) = 10 meters

유의어 deca

denominator
분모

분수 $\frac{a}{b}$에서 b, 혹은 $a \div b$에서 제수 b

보 기 $\frac{3}{8}$에서 8, $\frac{9}{2}$에서 2가 각 분수의 분모이다.

가보기 numerator

dependent event
종속사건

사건의 결과가 바로 전에 발생한 사건의 결과에 영향을 받는 사건

보 기 두 자매가 옷을 같이 입는 경우, 언니가 아침에 어떤 옷을 입고 나가느냐에 따라, 동생이 선택할 수 있는 옷의 종류와 가짓수가 달라진다. 이와 같이 처음 사건이 다음 사건에 영향을 미치는 것을 종속사건이라 한다.

가보기 independent event

diagonal
대각선

다각형의 한 꼭짓점과 그 꼭짓점에 이웃하지 않은 다른 꼭짓점을 연결한 선분, 혹은 다면체의 한 꼭짓점과 그 꼭짓점과 같은 면에 있지 않은 다른 꼭짓점을 연결한 선분

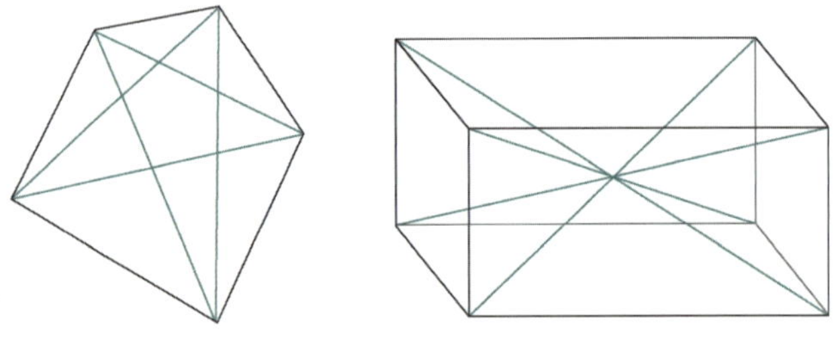

Note

n–각형의 대각선의 개수는 $(n-3)\times n\div 2$ 또는 $\frac{(n-3)\times n}{2}$이다. n–각형의 한 점에서 그을 수 있는 대각선의 개수는 n–3이다. n에서 3을 빼는 이유는 자기 자신과 이웃한 두 점을 빼야 되기 때문이다. 이와 같은 식으로 n개의 꼭짓점에서 대각선을 그으면 대각선의 갯수는 $(n-3)\times n$이 되지만, 한 대각선이 양 끝점에서 두 번 그려지게 되므로 2로 나누어야 한다. 이 공식에 의하면 삼각형의 대각선은 0개($\frac{(3-3)\times 3}{2}$), 사각형의 대각선은 2개($\frac{(4-3)\times 4}{2}$), 오각형의 대각선은 5개($\frac{(5-3)\times 5}{2}$)이다.

diameter
지름, 직경(원 또는 구의)

(1) 원의 지름은 원주 위의 두 점을 양끝점으로 하고 원의 중심을 지나는 선분이다.

(2) 구의 지름은 구 표면 위의 두 점을 양끝점으로 하고 구의 중심을 지나는 선분이다.

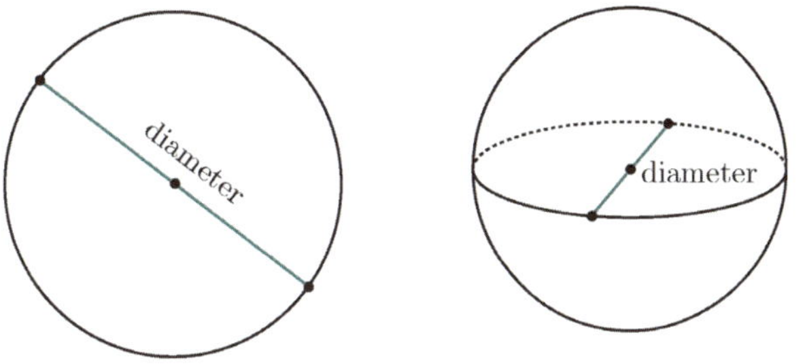

Note

원과 구는 무수히 많은 지름을 가지고 있다.

가보기 circle

difference
차

뺄셈의 결과

보 기 The difference of 12 and 5 is 7. (12–5=7)
(12와 5의 차는 7이다.)

가보기 minuend, subtrahend, sum

D

digit

(1) 숫자

십진기수법체계에서 0부터 9까지의 숫자 중의 하나

보 기 세 자리 수 234는 숫자 2, 3, 4로 만들어졌다.

유 래 digit은 손가락 혹은 발가락의 의미로, 예전에 손가락과 발가락을 이용하여 간단한 수를 센 것에서 유래한다.

유의어 figure

(2) 자리의 수(기수법에서)

5는 1 digit number(한 자리 수), 34는 2 digit number(두 자리 수), 970은 3 digit number(세 자리 수)이다.

dime

다임

미국과 캐나다에서 사용되는 10센트짜리 동전

가보기 cent

dimension

(1) 차원

가보기 two dimension, three dimension

(2) 넓이, 면적, 영역

유의어 area

disk

원반

원과 원의 내부를 합한 것

Note

disk는 주로 미국에서, disc는 주로 영국에서 사용된다.

유의어 disc

가보기 circle

distributive property
배분법칙, 분배법칙

어떤 연산을 수행할 때, 한 번에 하든 여러 번에 나누어서 수행하든 그 결과는 같다는 법칙이다. 곱셈은 덧셈에 대하여 배분법칙이 성립한다.

보 기 3의 11배를 해야 할 때, 3의 10배와 3의 1배로 나누어 계산한 후 합해도 그 결과는 같다. 또한 11의 3배를 해야 할 때, 11을 10과 1로 나누어 10의 3배, 1의 3배를 각각 구해서 합해도 그 결과는 같다.

$$3\times(10+1)=(3\times10)+(3\times1)$$
$$(10+1)\times3=(10\times3)+(1\times3)$$

Note

나눗셈은 덧셈에 대하여 배분법칙이 성립하지 않는다.

$$(12+8)\div4=(12\div4)+(8\div4)$$
$$24\div(6+2)\neq(24\div6)+(24\div2)$$

유의어 distributing rule

divide
나누다

가보기 dividend, division

dividend
피젯수

나눗셈에서 나누어지는 수

보 기 56÷14=4에서 56은 피젯수(dividend), 14는 제수(divisor), 4는 몫(quotient)이다.

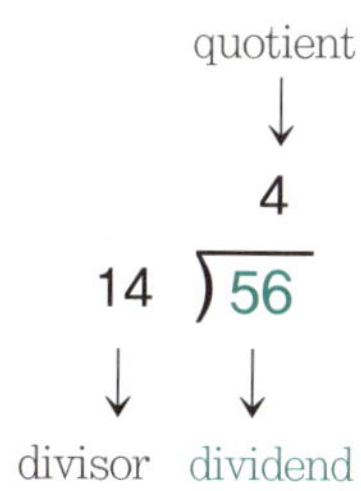

divisibility rule
가분성 법칙

어떤 자연수가 다른 자연수에 의해 나누어떨어지는지를 나눗셈을 하지 않고 빨리 결정할 수 있는 방법이다. 예를 들어 일의 자리가 0이나 5이면, 그 수는 5로 나누어떨어진다. 또한 각 자리의 수의 합이 3으로 나누어떨어지면 그 수는 3으로 나누어떨어진다.

가보기 divisibility test

divisibility test
가분성 테스트

어떤 특정 수에 가분성 법칙을 적용해 보는 것을 의미한다.

보 기 divisibility test for 2
일의 자리가 짝수이면, 그 수는 2로 나누어떨어진다.
10984는, 4가 짝수이므로, 2로 나누어떨어진다.

divisibility test for 3
각 자리수의 합이 3으로 나누어떨어지면, 그 수는 3으로 나누어떨어진다.
2019는, 2+0+1+9=12이므로, 3으로 나누어떨어진다.

divisibility test for 4
마지막 두 자리 수가 4로 나누어떨어지면, 그 수는 4로 나누어 떨어진다.
1048은, 48이 4로 나누어 떨어지므로, 4로 나누어 떨어진다.

divisibility test for 5
일의 자리가 0이나 5면, 그 수는 5로 나누어떨어진다.
567895는 일의 자리가 5이므로, 5로 나누어떨어진다.

divisibility test for 6
2로도 3으로도 나누어떨어지면, 그 수는 6으로 나누어 떨어진다.
390은 2로도 3으로도 나누어떨어지므로, 6으로 나누어 떨어진다.

divisibility test for 9
각 자리 수의 합이 9로 나누어떨어지면, 그 수는 9로 나누어떨어진다.
126은 1+2+6=9이므로, 9로 나누어떨어진다.

divisibility test for 10
일의 자리가 0이면, 그 수는 10으로 나누어떨어진다.
560은 일의 자리가 0이므로, 10으로 나누어떨어진다.

divisible
나누어떨어지는

어떤 수를 다른 수로 나눌 때 나머지가 없는 경우를 의미한다.

보 기 28 is divisible by 7. (28은 7로 나누어 떨어진다.)
39 is divisible by 13. (39는 13으로 나누어 떨어진다.)

가보기 remainder

division
나눗셈

Note

나눗셈은 보통 등분제와 포함제로 구분된다. **등분제(partition division)**는 $6 \div 2$를 '6을 똑같이 둘로 나누면 한 부분에 해당하는 값은 얼마인가?'로 해석하는 나눗셈이다. 반면 **포함제(quotition division)**는 $6 \div 2$를 '6에 2가 몇 번 포함되는가?'로 해석하는 나눗셈이다. 따라서 같은 $6 \div 2$라 해도 이를 나타내는 그림모델은 다르다.

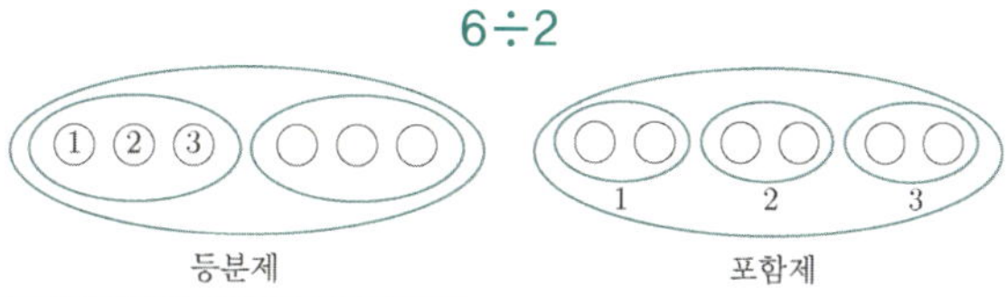

가보기 partition division, quotition division

divisor
제수, 나누는 수

가보기 dividend, quotient

dodecagon
12각형

12개의 선분으로 둘러싸인 다각형

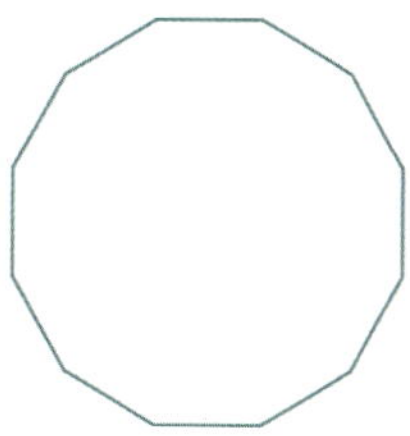

유 래 dodecagon에서 'do'는 2를, 'deca'는 10을 의미한다.

dodeca-hedron
12면체

12개의 다각형으로 둘러싸인 입체도형

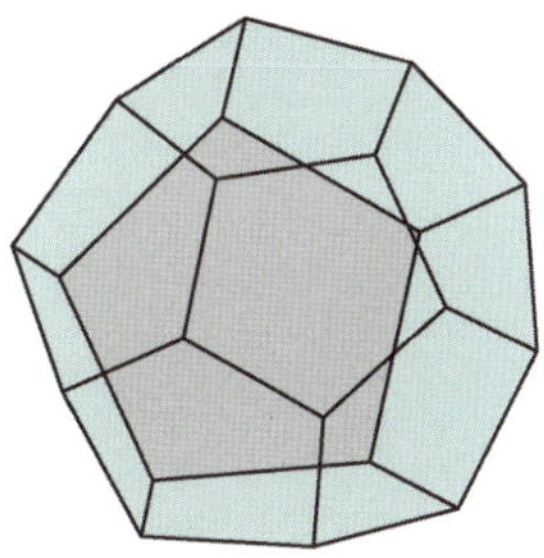

Note

각 면이 합동인 정오각형으로 둘러싸인 12면체는 5개의 정다면체(regular polyhedron) 중 하나이다.

가보기 dodecagon, regular polyhedron

D

dollar
달러

미국 화폐 단위로 100센트에 해당한다.

가보기 cent

dollar-and-cent notation
달러와 센트 표기법

달러와 센트를 소수점을 이용해 나타내는 미국의 표기 방식

보 기

$ 5.34

(five dollars and thirty four cents)

dot paper
점종이

도형을 그리는데 도움이 되도록 점이 일정한 간격으로 그려있는 종이

보 기 점종이는 기본 단위가 정사각형 모양인 것과 정삼각형 모양인 것이 있다. 점의 간격은 보통 1cm가 많이 사용되지만, 필요에 따라 간격을 조정할 수 있다.

기본단위가 정사각형인 점종이

기본단위가 정삼각형인 점종이

> **Note**
>
> 보통 정사각형 점종이가 많이 사용되지만, 정삼각형이나 입체도형을 표현할 때는 정삼각형 점종이를 사용하는 것이 편리하다.
>
> 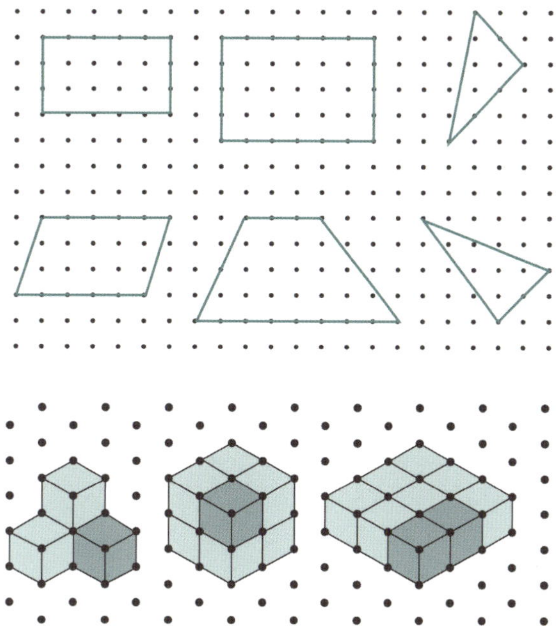

double bar graph
이중막대 그래프

가보기 bar graph

double fact

한 자리 수의 중복 덧셈 구구 혹은 중복 곱셈 구구

보 기 1+1=2, 2+2=4, 3+3=6, … 등과 같은 덧셈 구구(addition fact), 1×1=1, 2×2=4, 3×3=9, … 등과 같은 곱셈 구구(multiplication fact)

> **Note**
>
> 합이나 곱이 큰 경우라 해도, double fact는 다른 구구에 비해 어린 학생들이 쉽게 익힌다. 일반적으로 어린학생들은 5+7=11보다는 6+6=12를 더 쉽게 익힌다고 한다.

가보기 addition fact, arithmetic fact, multiplication fact

double-stem and leaf plot

(1) 줄기-잎 그래프의 일종으로, 두 집단의 자료를 비교할 때 중앙에 stem을 놓고, stem 양쪽에 leaf에 해당하는 수치를 기록하는 방식이다. 예를 들어 아래 자료에서 색으로 처리된 수치는 boy가 153, girl이 154를 뜻한다.

girls		boys
5	14	
7, 5, 5, 5, 4	15	3, 8, 9
8, 4, 2, 1, 0	16	2, 5, 7, 7, 7, 8, 8, 9
9, 8, 7, 6, 6, 4, 2, 1, 1, 0, 0	17	0, 2, 3, 6, 6, 7, 7
	18	0, 1, 4, 5

D

유의어 back to back stem and leaf plots, two sided stem and leaf plots

(2) 줄기-잎 그래프에서 각 줄기에 놓인 자료를 일의 자리가 0-4로 끝나는 자료와 5-9로 끝나는 자료로 구분하여 두 줄로 배열하는 방법으로, 줄기 부분에 동일한 숫자가 두 번 적힌다.
예를 들어 자료가 42, 44, 45, 48, 49가 있을 때 40~44의 범위에 있는 자료(42, 44)와 45~49의 범위에 있는 자료(45, 48, 49)를 구분하여 두 줄로 기록하는 방식이다.

줄기(십의 자리)	잎(일의 자리)
4	2 4
4	5 8 9
5	0 1 1 1 3 3 4
5	5 5 6 6 8
6	2 3 4
6	5 5 8 8 8 9
7	0 0 0 0 1 4
7	6 6 6 7 8 9
8	1 1 2 2 2
8	7 8 9 9

가보기 stem-and-leaf plot

dozen
다스

12개를 묶어 세는 단위

Note

과거 서양에서는 빵가게 주인들이 12개를 사는 손님들에게 덤으로 하나를 얹어 주었다고 한다. 그래서 'baker's dozen'은 13개를 의미한다.

D

E

edge
모서리

다면체를 구성하는 다각형의 변

입체도형을 구성하는 두 개의 면이 만나서 생기는 선분 또는 곡선

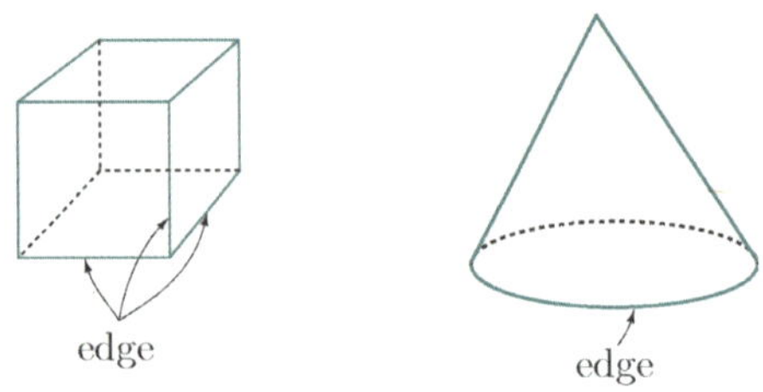

elapsed time
경과 시간, 소요 시간

어떤 일을 시작해서 마무리하기까지 걸리는 시간

보 기 8 hours have **elapsed** between 9 A.M. and 5 P.M..(오전 9시와 오후 5시 사이에 8시간이 **경과**했다.)

The **elapsed time** from 11:30 A.M. to 12:15 P.M. is 45minutes.(오전 11시 30분부터 오후 12시 15분까지 **경과된 시간**은 45분이다.)

element
원소(집합의)

보 기 3 is an **element** of the set {1, 2, 3, 4, 5, 6}. (3은 집합 {1, 2, 3, 4, 5, 6}의 **원소**이다.)

가보기 set

ellipse
타원

보 기 그림과 같이 타원은 직교하는 두 축에 대해 대칭이다. 원(circle)도 타원에 속한다.

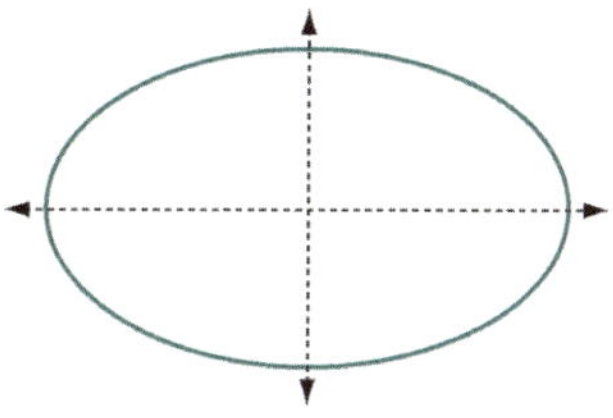

가보기 circle

empty set
(∅)
공집합

원소가 하나도 없는 집합

보 기 '5보다 작고 8보다 큰 수들의 집합', '0을 곱하면 5가 되는 수들의 집합'과 같이 주어진 조건을 만족하는 원소가 존재하지 않을 때, 그 집합은 공집합이다.

가보기 element, set

endpoint
끝점

선분, 반직선, 호 등의 끝에 있는 점

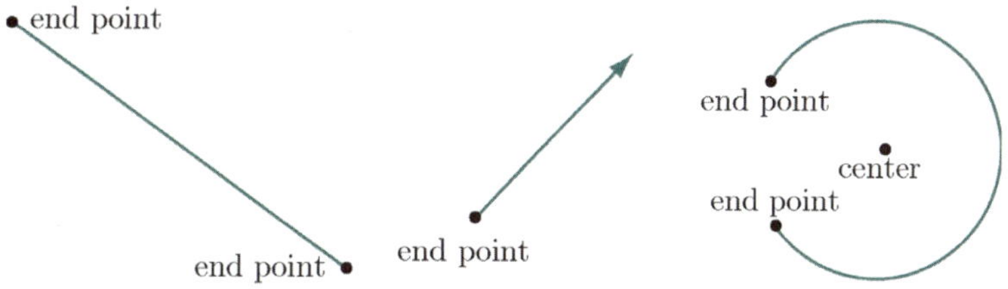

Note

선분, 반직선, 호 등의 이름을 붙일 때, 주로 끝점을 이용한다. 예를 들면 선분의 끝점이 A와 B이면 '선분 AB' 혹은 '선분 BA'로 부른다.

가보기 arc, line segment, ray

equal
(=)
같은, 동치인

유의어 equivalent

equal-grouping story

포함제의 의미를 담고 있는 문장제, 즉 전체를 동일한 양으로 나누면 몇 개의 부분이 되는지를 묻는 문장제

보 기 '18개의 공을 한 상자에 3개씩 나누어 담으려고 한다. 상자는 몇 개 필요한가?'와 같은 문제가 포함제이다. 이 문제는 3+3+3+3+3+3=18 혹은 18-3-3-3-3-3-3=0의 과정을 통해 18안에 3이 몇 번 포함되는 지를 세면된다.

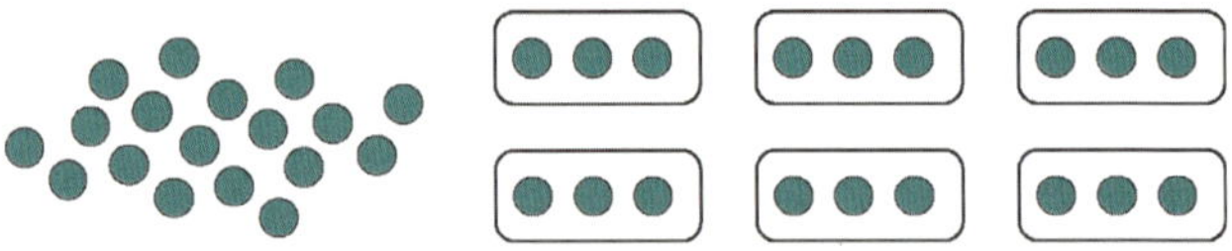

가보기 quotition division, equal-sharing story

equally likely outcomes

일어날 확률이 같은 경우나 사건

보 기 동전을 한 번 던져 앞면이 나오는 경우와 뒷면이 나오는 경우는 일어날 가능성이 같다. 또한 주사위를 던져 홀수의 눈이 나오는 경우와 짝수의 눈이 나오는 경우 역시 일어날 가능성이 같다. 사건이 일어날 가능성이 같으면, 두 사건의 확률은 같다.

가보기 probability

equal parts

등분했을 때의 부분, 즉 전체를 똑같은 크기로 나누었을 때의 부분

보 기 원을 네 조각으로 나누더라도 (가)는 등분이고, (나)는 등분이 아니다. 등분은 모양과 관계없이 넓이만 같으면 되지만, (나)는 각 부분의 넓이가 확연히 다르다.

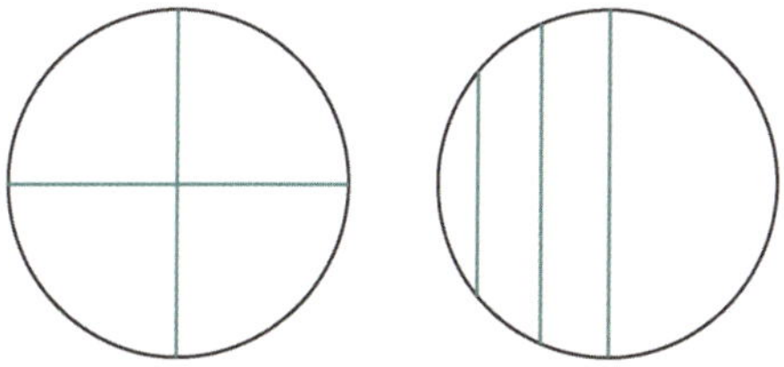

(가) (나)

Note

분수나 나눗셈에서 주어진 전체를 '**똑같이 나누기(등분)**'는 매우 중요한 활동이다. 가령 $\frac{1}{2}$은 전체를 크기가 같은 두 조각으로 나누었을 때의 한 조각을 의미한다. 즉 전체를 크기가 다른 두 조각으로 나누었을 때는 분수를 말할 수 없다. 마찬가지로 8÷2는 8개의 사탕을 2명이 똑같이 나누어 가지는 방법과 관련된 것이다. 8개의 사탕을 2명이 나누어 가지는 방법은 많지만, **나눗셈**은 그 중에서 **똑같이 나누는 것**과 관련된다.

E

equal ratio
동치비(同値比)

비의 값이 같은 둘 이상의 비

보 기 1:2, 2:4, 3:6은 비의 값이 $\frac{1}{2}$인 동치비이다.

$1:2 = 2:4 = 3:6$

가보기 ratio, eguivalent fractions

equal-sharing story

등분제의 의미를 담고 있는 문장제, 즉 전체를 몇 개의 부분으로 똑같이 분할하였을 때, 한 부분에 해당하는 값을 묻는 문장제

보 기 18개의 공이 있다. 이것을 3개의 상자에 똑같이 나누어 담으려면 한 상자에 몇 개의 공이 들어가겠는가?

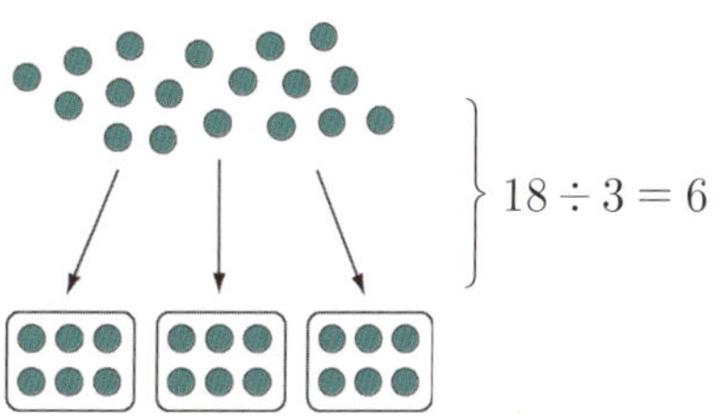

가보기 partition division, equal-grouping story

equal sign
(=)
등호

좌변과 우변이 같음을 나타내는 기호

$$7 + 2 = 10 - 1$$

↑ equal sign

가보기 equal, equation

equation
등식

등호(=)를 이용해 좌변과 우변이 같음을 나타낸 식

보 기 equation은 다음 두 가지가 있다.

(1) 12+8=20, 9−3=6 등과 같이 왼쪽과 오른쪽의 값이 같다는 것을 나타내는 수식

(2) y+5=13, m+2n=s+t 등과 같이 문자가 포함되어 있는 방정식

Note

equation은 **한국**에서 주로 **방정식**으로 번역되지만, **미국**에서는 방정식과 수식을 포함하는 **등식**의 의미로 사용된다.

가보기 equal sign, variable

equiangular polygon

모든 각의 크기가 같은 다각형

보 기 equiangular polygon에는 직사각형과 정다각형 등이 있다.

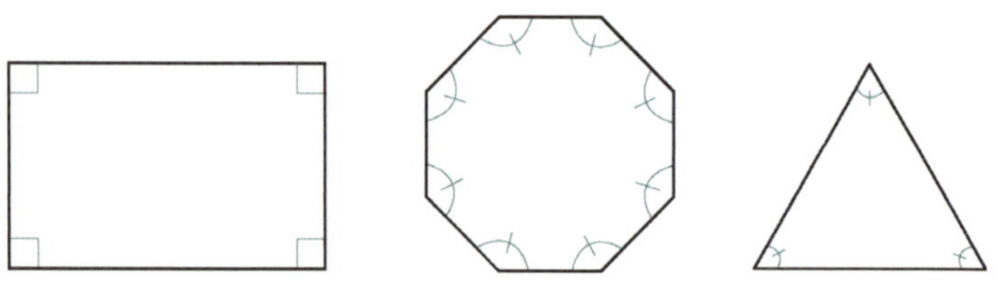

rectangle　　equiangular octagon　　equiangular triangle

유 래 equiangular에서 'equi'는 '같다'를 뜻하며, 'angular'는 '각(angle)'을 뜻한다. 즉, '모든 각의 크기가 같은'을 의미한다.

가보기 equilateral polygon, regular polygon

equilateral polygon

모든 변의 길이가 같은 다각형

보 기 equilateral polygon에는 마름모와 정다각형 등이 있다.

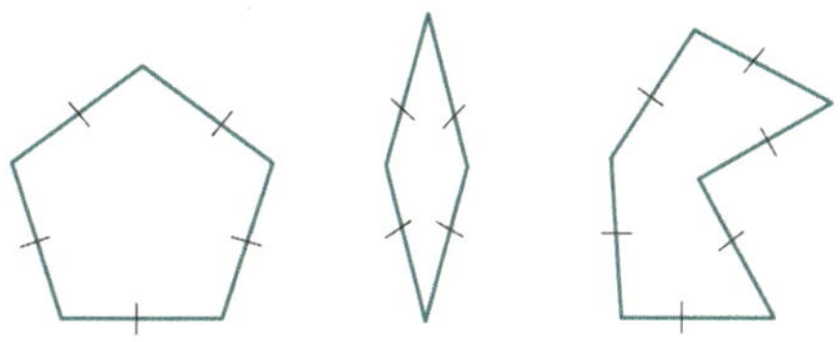

유 래 equilateral에서 'equi'는 '같다'를 뜻하며, 'lateral'은 '변'을 뜻한다. 즉, '모든 변의 길이가 같은'을 의미한다.

가보기 equiangular polygon, regular polygon

equilateral triangle
정삼각형

세 변의 길이가 같은 삼각형

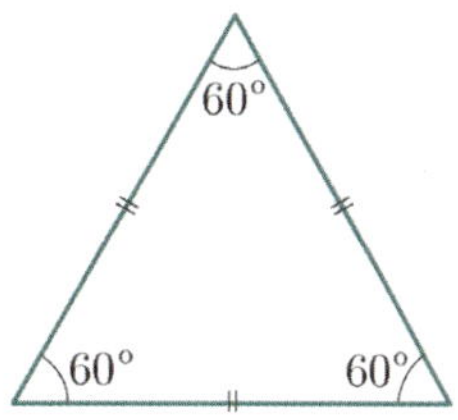

Note

삼각형은 세 변의 길이가 같으면 세 각의 크기도 같게 되므로, 세 변의 길이가 같은 삼각형은 정삼각형이다. 그러나 사각형은 네 변의 길이가 같아도 네 각의 크기가 같은 것을 보장하지 못하므로, 네 변의 길이가 같은 사각형은 정사각형이라 말할 수 없다.

유의어 equiangular triangle

가보기 equilateral polygon

equivalent fractions
동치분수

분모는 다르지만, 전체 값이 같은 분수

보 기 $\frac{1}{2}$, $\frac{2}{4}$, $\frac{4}{8}$는 동치분수이다.

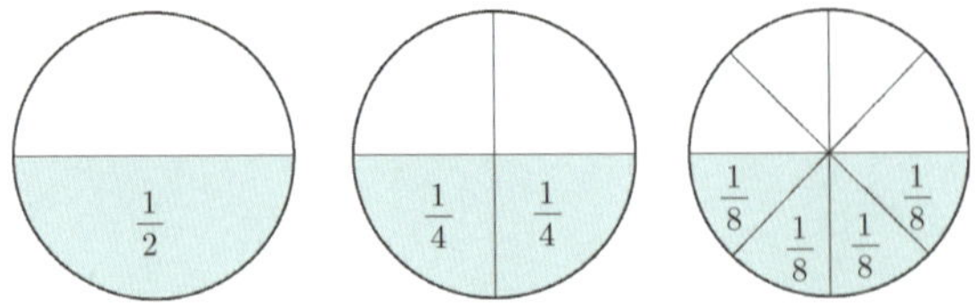

$$\frac{1}{2} = \frac{2}{4} = \frac{4}{8}$$

$\frac{1}{3}$, $\frac{2}{6}$, $\frac{4}{12}$는 동치분수이다.

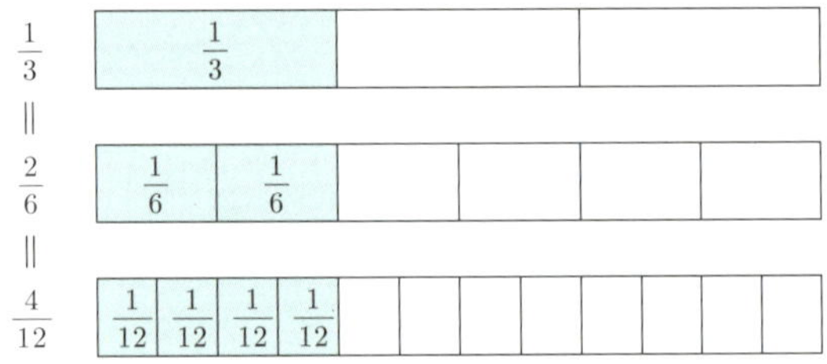

가보기 equal ratio, fraction

estimate
(1) 근사값
(2) 어림하다. 추정하다.

가보기 estimation strategy

estimation strategy
어림 전략

보 기 어림 전략으로 다음과 같은 것들이 있다.

(1) clustering(집단화하기)
이 방법은 자료가 특정한 값 근처에 무리지어 있을 때 사용한다. 우선 자료의 평균을 어림한 후, 자료의 수만큼 곱하면 된다. 예를 들면 (82, 87, 90, 97, 94)와 같은 자료는 90근처에 몰려있다. 따라서 이 다섯 수치의 합을 $90 \times 5=450$과 같은 식으로 어림할 수 있다.

(2) compatible numbers(어울리는 수 이용하기)
계산하기 쉬운 수들을 어울리는 수라 한다. 예를 들면

74.5÷3의 계산에서 74.5보다는 75가 3에 더 잘 어울린다. 왜냐하면 75÷3은 직관적으로 25임을 알기 쉽기 때문이다.

(3) front-end estimation(앞 자릿수로 어림하기)

이 방법은 앞 자릿수, 즉 가장 큰 자릿값을 지닌 수를 이용해 어림하는 것이다.

예를 들면 1050+2003을 1000+2000=3000과 같은 식으로 앞 자릿수만 이용해서 계산하는 방법이다.

(4) rounding(반올림하기)

43×88을 계산할 때, 38대신 40을, 88대신 90을 사용하면 40×90=3600으로 쉽게 계산된다.

(5) finding a range(범위 구하기)

47+196을 계산할 때, 40+190=230과 같이 버림을 이용하거나 50+200=250과 같이 올림을 이용해서 47+196는 230에서 250사이에 있는 수로 어림하는 방법이다.

(6) adjusting and compensating(조절과 보정)

이 방법은 앞 자릿수로 어림할 때, 초기의 어림이 좀 많거나 적다고 느껴지거나, 보다 근사하게 어림해야하는 경우 초기의 어림값을 조절하는 것이다. 예를 들어 다음과 같은 음식값의 경우 앞자리로 어림한 후 조절과 보정을 거쳐야 한다. (햄버거 2190원, 음료수 1090원, 커피 1100원)의 경우, 앞 자릿수로 어림하면 4000원이다. 그러나 뒤에 붙은 수를 보면 각각 200, 100, 100을 더하여 4400정도로 보다 가깝게 어림하는 것이 현명하다.

even number
짝수

2로 나누어떨어지는 정수 또는 2로 나누어떨어지는 자연수

Note

짝수는 넓게는 −6, −4, −2, 0, 2, 4, 6, … 등과 같이 2n 꼴의 **정수**를 의미하며, 좁게는 2, 4, 6, … 등과 같이 2의 배수인 **자연수**이다. 또는 0, 2, 4, … 등과 같이 **0을 포함한 자연수 집합**에서 짝수를 정의하기도 한다. 그러나 보통 초등학교 교육과정에서는 2, 4, 6, … 등과 같이 0을 뺀 자연수 집합에서 짝수를 도입한다.

가보기 odd number

event
사건

확률 실험으로 나올 수 있는 결과

보 기 주사위를 던지면 짝수의 눈이 나올 사건, 4보다 큰 수가 나올 사건, 6이 나올 사건 등 다양한 사건을 생각해 볼 수 있다.

가보기 experiment

expanded form
전개식

가보기 expanded notation

E

expanded notation
전개식

각 자릿수의 가치를 나타내는 식으로 수를 표현하는 방식

보 기 234에서 2는 200을, 3은 30을, 4는 4를 의미한다. 따라서 234=200+30+4로 나타낼 수 있다. 뿐만 아니라 234를 다음과 같이 여러 가지 방법으로 나타낼 수 있다.

$$
\begin{aligned}
234 &= 200 + 30 + 4 \\
&= (2\times100)+(3\times10)+(4\times1) \\
&= (2\times10^2)+(3\times10^1)+(4\times10^0) \\
&= (2\times10^2)+(3\times10)+(4\times1)
\end{aligned}
$$

유의어 expanded form

experiment
확률실험

둘 혹은 그 이상의 결과를 만들어내는 활동

보 기 동전을 던지면 앞면 혹은 뒷면이 나온다. 주사위를 던지면 1부터 6까지의 수 중 하나가 나온다. 이때 동전을 던지거나 주사위를 던지는 것을 확률실험이라 한다.

exponent
지수

a^b에서 b

보 기 3이 5번 곱해져있다는 것을 간단히 나타내면 3^5이다. 이때 3을 base(밑), 5를 exponent(지수)라고 한다.

$$3\times3\times3\times3\times3=3^5$$

가보기 base(4)

exponential notation
멱, 거듭제곱

같은 수 또는 같은 문자를 몇 번 곱한 것을 지수를 이용해 나타내는 방법

$$4^5,\ n^3,\ 6^m$$

Note

4^5은 4를 5번 곱했다는 의미이다. 즉 $4^5=4\times4\times4\times4\times4$이다. 마찬가지로 n^3은 n을 3번 곱했다는 뜻이며, 6^m은 6을 m번 곱했다는 뜻이다.

유의어 power

가보기 exponent

expression
식

숫자, 문자, 연산 기호, 집합기호 등을 이용해 표현된 수학적 문구

보 기 expression은 3+5, 4m, A∪B 등과 같이 관계기호(=, ≦, ≧)를 사용하지 않은 수학적 표현이다. 따라서 방정식이나 등식, 부등식의 어느 한 변(좌변 혹은 우변)은 expression이지만, 방정식이나 등식, 부등식 그 자체는 expression이 아니다.

$$\overbrace{4x-7}^{\text{expression}}\underbrace{=5}_{}$$

$$\underbrace{4x-7=5}_{\text{equation}}$$

Note

한국에서는 expression을 '식(式)'으로 번역하지만, 식은 방정식이나 등식, 부등식도 포함하는 넓은 개념이므로 미국에서 사용되는 expression과는 의미가 다소 다르다.

가보기 number sentence, term(4)

extended facts

기본 셈 구구(basic facts)의 확장으로 기본 셈 구구에 10배, 혹은 100배해서 만들어진 셈 구구

basic facts	extended facts
4+5=9	40+50=90
$3\times5=15$	$30\times5=150$
$42\div6=7$	$420\div6=70$
3+4=7	300+400=700

가보기 arithmetic facts

E

F

face
면(도형의)

입체의 표면으로, 좁게는 다면체와 같은 평면만을 의미하며, 넓게는 원기둥의 옆면과 같은 곡면까지도 포함한다.

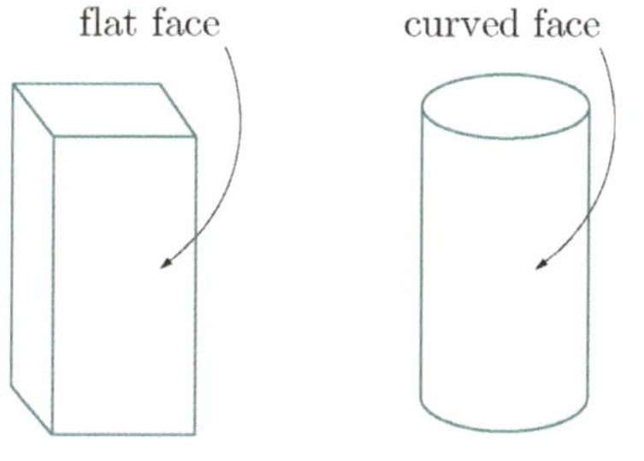

fact family

역연산 관계로 연결된 간단한 수 구구들(arithmetic facts)의 집합

보 기 3+4=7, 4+3=7, 7−4=3, 7−3=4는 덧셈과 뺄셈에 관련된 fact family이다.
2×7=14, 7×2=14, 14÷2=7, 14÷7=2는 곱셈과 나눗셈과 관련된 fact family이다.

가보기 arithmetic facts, number family

factor
(1) 인수

어떤 수 a에 대해 a=b×c를 만족시키는 두 수 b, c를 a의 인수라고 한다.

보기 $2\times6=12$에서 2와 6은 곱 12의 인수이다. 그러나 경우에 따라 정수의 범위를 벗어나는 수도 인수라고 부른다. 예를 들어, $1.2\times5=6$에서 1.2와 5는 곱 6의 인수로 불리기도 한다.

(2) 약수

0이 아닌 어떤 정수를 나누어떨어지게 하는 정수를 약수라 한다. 음의 정수도 약수가 되지만, 일반적으로 양의 정수만 약수라 한다. 예를 들어 1, 2, 3, 4, 6, 12는 12의 약수이다.

factor pair

곱해서 주어진 곱이 나오게 하는 두 수

보기 1과 24, 2와 12, 3과 8, 4와 6을 곱하면 24가 나온다. (1, 24), (2, 12), (3, 8), (4, 6)은 24의 factor pair이다.

가보기 factor, factor rainbow

F

factor rainbow

어떤 수의 모든 factor pair를 무지개 모양으로 나타내는 방법

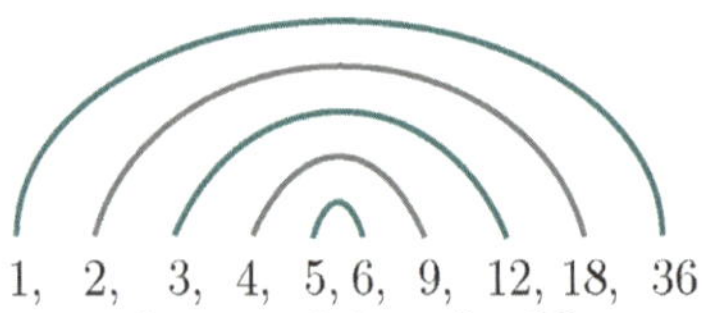

factor rainbow for 36

가보기 factor, factor pair

factor string

자연수를 1보다 큰 자연수들의 곱으로 나타낸 것

보기 24는 다음과 같은 다양한 방식의 factor string을 가진다.

Factor string of 24	Length
2×12	2
3×8	2
4×6	2
$2\times2\times6$	3
$2\times2\times3\times2$	4

> **Note**
>
> 2×3×4는 24의 factor string이다. 그러나 1×2×3×4는 factor string이 아니다. 왜냐하면 1이 포함되어 있기 때문이다. factor string은 **2이상의 수들의 곱**이다. 곱해진 수들의 개수를 factor string의 **길이(length)**라고 한다. 2×3×4의 길이는 3이다.

가보기 factor

factor tree

특정 수의 인수들을 나타내는 일종의 수형도
보통은 하단이 소수(prime number)가 나올 때 까지 가지를 계속 만들어 나간다.

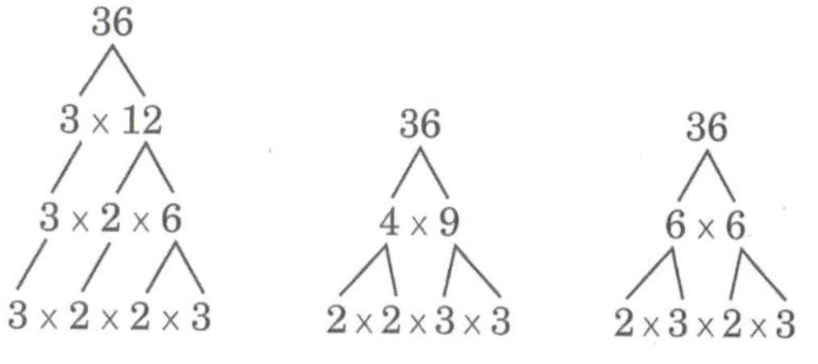

가보기 factor, prime number

Fahrenheit temperature scale
(°F)
화씨 온도 척도

온도를 재는 관습단위로, 1기압에서의 물의 어는점을 32°로, 끓는점을 212°로 설정한 온도 체계

> **Note**
>
> Fahrenheit 온도 척도는 1700년대 초반에 독일의 과학자 Gabriel David Fahrenheit가 만들었으나, 현재는 미국과 일부 영어권 국가를 제외한 대부분의 나라에서 섭씨온도 체계를 사용하고 있다.

가보기 Celsius temperature scale

fathom
패덤

물의 깊이나 줄의 길이를 잴 때 사용하는 길이 단위로, 사람이 양 팔을 벌린 정도의 길이에 해당한다.

1 fathom = 6 feet

= 1.8 meter

Note

미국 개척시대의 증기선은 물의 깊이가 2 fathom은 되어야 안전운행을 할 수 있었다. 따라서 물의 깊이를 재는 것은 선원의 중요 업무 중 하나였다. 우리에게 '톰 소여의 모험'의 저자로 잘 알려진 'Mark Twain'의 필명은 '2를 표시하라'라는 뜻으로, 저자가 선원 생활을 했던 경험에서 비롯되었다.

가보기 arm span

favorable outcome

관심을 둔 사건이 발생하는 경우

보 기 주사위를 던져 짝수의 눈이 나오는 경우는 2, 4, 6이다. 이때 favorable outcomes은 2, 4, 6 세 가지이다.

figurate numbers
도형수

삼각수, 사각수, 오각수, 육각수 등과 같이 다각형 모양의 배열로 표현되는 수들

보 기 triangular numbers(삼각수)

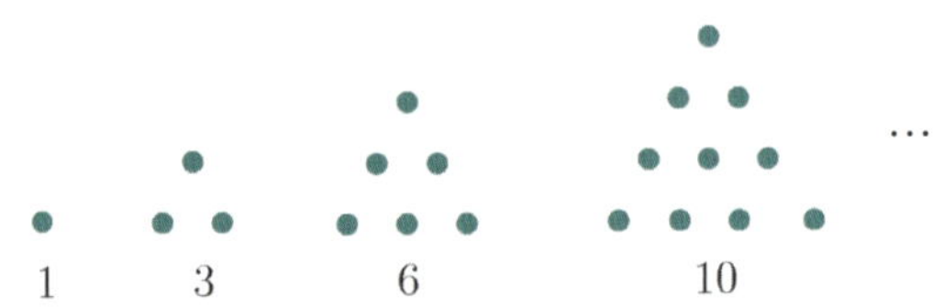

square numbers(사각수)

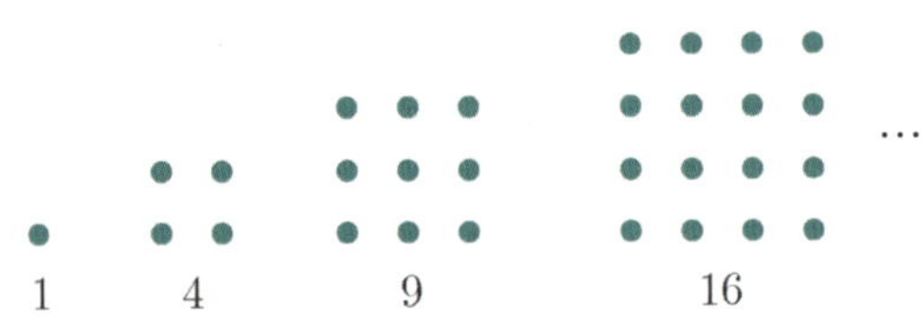

pentagonal numbers(오각수)

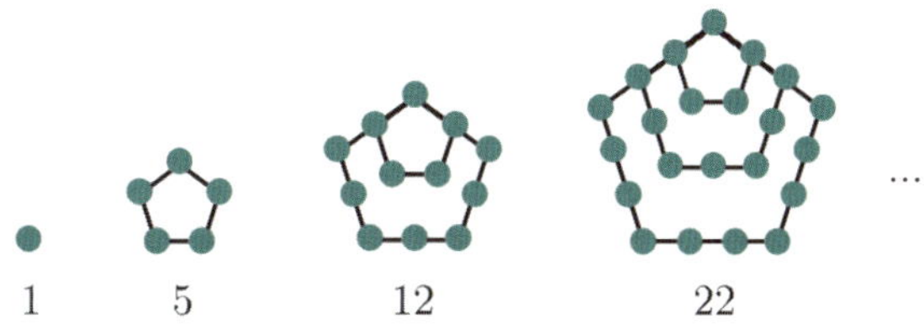

hexagonal numbers(육각수)

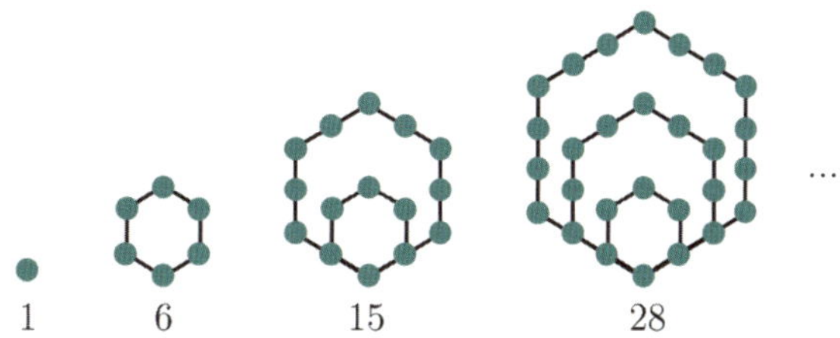

유의어 polygonal numbers

flat surface
평면

굽어진 부분이 없는 평평한 면

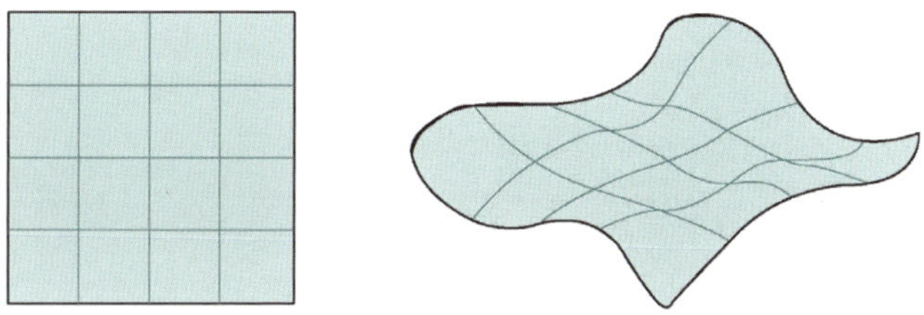

flat surface　　curved surface

가보기 curved surface

flip
뒤집기, 반사

reflection의 초등용어

가보기 reflection

fluid ounce
(fl oz)
액량 온스

부피를 재는 미국의 관습단위

$$1 \text{ fluid ounce} = \frac{1}{8} \text{ cup}$$

가보기 capacity, customary system of measurement, ounce

foot
(복수 feet)(ft)
피트

길이를 나타내는 미국의 관습단위

$$1 \text{ foot} = 12 \text{ inches}$$
$$= \frac{1}{3} \text{ yard}$$

Note

feet(피트)는 foot의 복수형이지만, 한국에서는 단수와 복수를 구분하지 않고 무조건 feet를 사용한다. 미국에서는 1 foot이라 쓰지만 한국에서는 1 feet이라 쓴다.

F

foot span

가보기 span

formula
공식

원리, 관계, 규칙 등을 나타낸 식

보 기 직사각형의 넓이 = 가로 × 세로
평행사변형의 넓이 = 밑변 × 높이

fraction
분수

$\frac{a}{b}$ 꼴로 표현되는 수(단, b는 0이 아닌 수)

보 기 분수의 유형

(1) proper fraction (진분수) : 분자가 분모보다 작은 분수
예를 들어 $\frac{2}{3}$, $\frac{1}{4}$, $\frac{8}{11}$, …

(2) improper fraction (가분수) : 분자가 분모보다 크거나 같은 분수
예를 들어 $\frac{3}{3}$, $\frac{5}{2}$, $\frac{12}{11}$, …

(3) mixed fraction (대분수) : 자연수와 진분수로 구성된 분수

예를 들어 $1\frac{1}{5}$, $4\frac{5}{7}$, $9\frac{2}{3}$, …

(4) complex fraction (번분수) : 분자나 분모 중 적어도 한 쪽이 분수로 되어 있는 분수

예를 들어 $\frac{\frac{1}{2}}{5}$, $\frac{4}{\frac{3}{2}}$, $\frac{\frac{2}{5}}{\frac{3}{8}}$, …

가보기 common fraction

fractional number

전체나 특정 집합의 일부분을 분수, 소수, 백분율 등으로 나타낸 수

보 기 $\frac{1}{4}$, 0.25, 25%는 전체를 넷으로 나눈 것의 한 부분을 나타내는 수치이다.

가보기 decimal fraction, fraction, percent

fractional part

(1) 전체의 부분

보 기 210의 $\frac{4}{7}$는 120이다. 따라서 120은 210의 fractional part이다.

(2)

실수에서 정수부분을 떼어내고 내고 남은 부분

보 기 3.5는 3+0.5이므로, whole number part는 3이고, fractional part는 0.5이다. −2.4와 같이 음수인 경우는 −2.4=−2+(−0.4)로 분리하지 않고, −2.4=−3+0.6으로 분리하여 whole number part(−3)와 fractional part(0.6)를 얻는다. 이처럼 fractional part는 0에서 1사이의 양수이다.

$$3.5 = 3 + 0.5$$
$$-2.4 = -3 + 0.6$$

F

fraction bar

(1) 분수막대

분수 $\frac{b}{a}$에서 a와 b 사이에 있는 막대

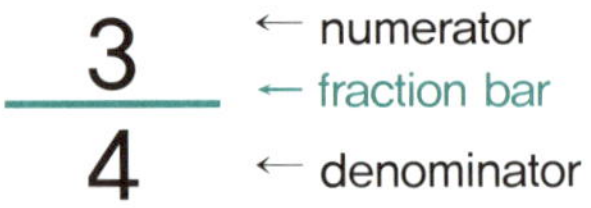

(2) 분수모델

막대를 이용한 분수모델

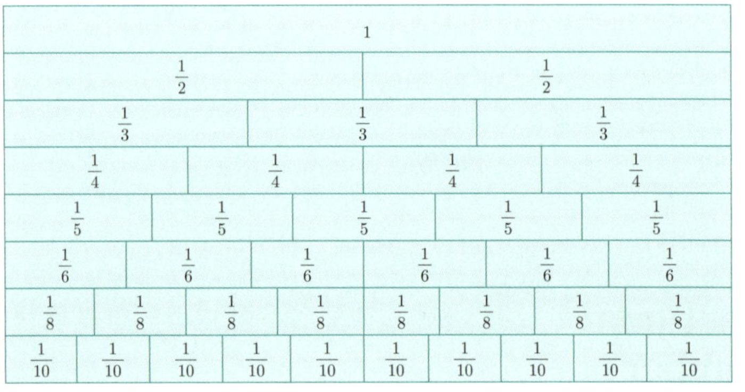

가보기 fraction

frequency

도수, 빈도

어떤 기간 동안 특정 사건이 발생한 횟수 또는 어떤 자료에서 특정 항목이 발생한 횟수

보 기 일 년 동안 비가 온 날의 수, 한 달 동안 아침을 먹은 횟수, 우리 반에서 키가 120cm 이상인 학생의 수, 우리 가족 중 생일이 1월 달인 사람의 수 등이 모두 frequency에 해당된다.

frequency table

빈도표, 도수분포표

빈도나 도수를 정리해 놓은 표

Type of Pet	Tally	Frequency
dog	|||||||||| ||	12
cat	||||| ||	7
goldfish	||||| |	6
budgie	|||	3
homster	||	2
lizard	|	1
snake	|	1
rabbit	|||	3

가보기 frequency

front-end digit

여러 자리 수에서 맨 왼쪽자리에 있는 수

보 기 219에서 2, 3405에서 3, 4390561377에서 4

front-end estimation

맨 왼쪽자리에 있는 수를 이용해 어림하는 방법

보 기 345+528을 구할 때, 345를 300으로, 528을 500으로 어림하여 계산하는 방법

$$\underline{3}45 + \underline{5}28 = ?$$

$$\downarrow \qquad \downarrow$$

$$300 + 500 = 800$$

가보기 front-end digit

full-circle protractor

원형 각도기, 전원 분도기

원 모양으로 만들어진 각도기

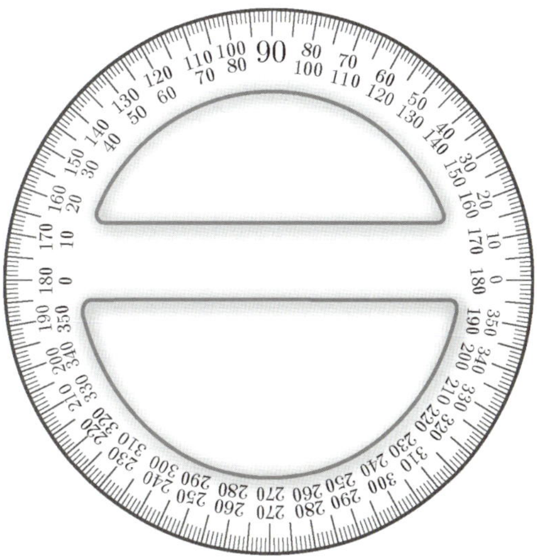

full-circle protractor

가보기 half-circle protractor

F

full turn
한 바퀴 회전, 360°회전

시계방향, 혹은 반시계방향으로 돌아서 처음 위치로 되돌아오는 회전

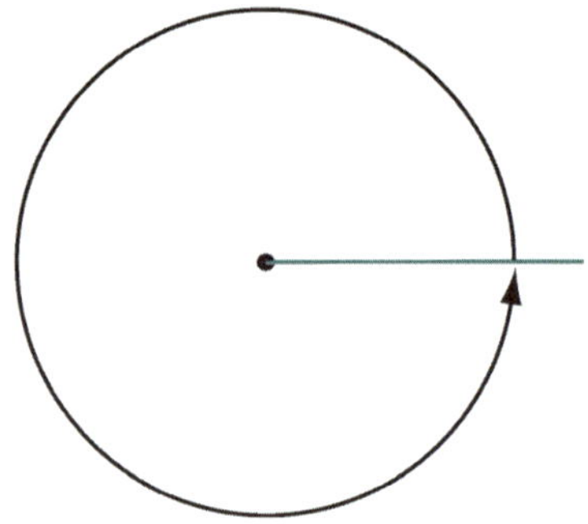

가보기 half-turn

function
함수

어떤 한 집합의 원소가 다른 집합의 원소와 대응되는 관계로, 한 집합의 원소는 다른 집합의 단 하나의 원소와 대응된다.

보 기 우리 반 친구와 나이, 요일별 공부 시간 등은 함수관계의 예이다.

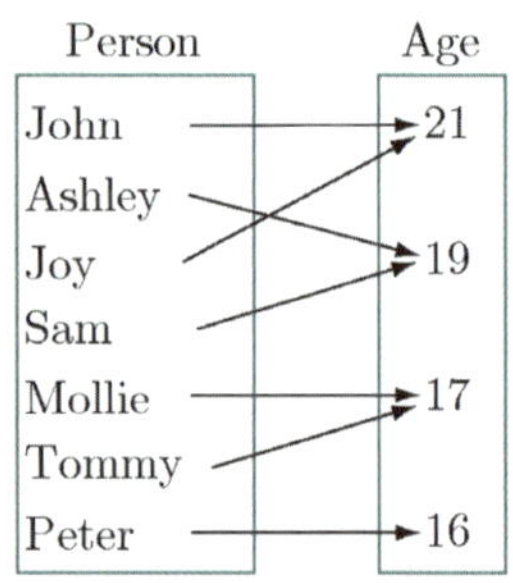

day of week	Hours of studying
Mon	3
Tues	6
Wed	9
Thurs	1
Fri	7
Sat	10
Sun	4

가보기 function machine

function machine
함수 기계

초등수학에서 함수를 투입-산출 모델로 설명할 때 사용하는 방식

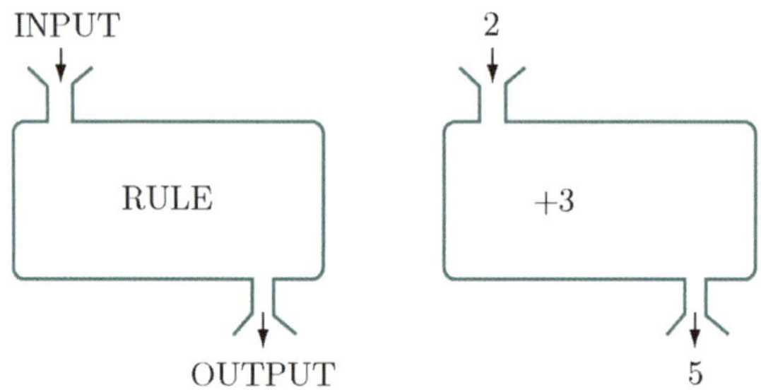

Note

함수기계는 **하나의 투입물(input)**에 대해 **단 하나의 산출물**(output)을 내놓는다. 만약 하나의 투입물에 대해 두 개 이상의 서로 다른 산출물을 내놓는다면 그것은 함수가 아니다.

가보기 function

furlong
펄롱

승마경주의 거리를 측정하는 데 주로 사용되는 길이 단위

$$1 \text{ furlong} = \frac{1}{8} \text{ mile}$$

F

G

gallon
(gal)
갤런

영국, 캐나다를 포함한 다른 국가들에서는 4.5리터, 미국에서는 3.8리터에 해당하는 부피의 관습 단위

1 gallon = 4 quarts

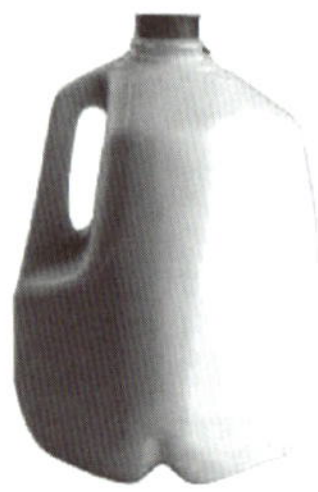

가보기 capacity, customary system of measurement

geoband

기하판 위에 도형을 만들 때 사용하는 고무줄

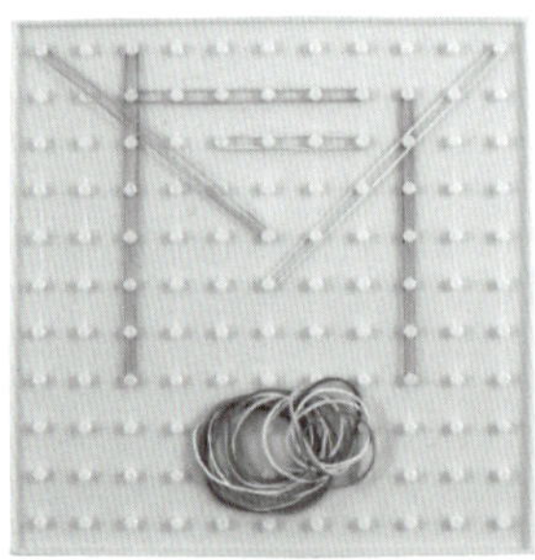

가보기 geoboard

geoboard
기하판, 지오보드

도형의 모양을 고무줄을 이용해 표현할 수 있도록 제작된 교구

가보기 geoband

geometric figure
도형

점, 선분, 직선, 곡선, 각, 다각형, 다면체 등 평면도형과 입체도형을 아우르는 용어

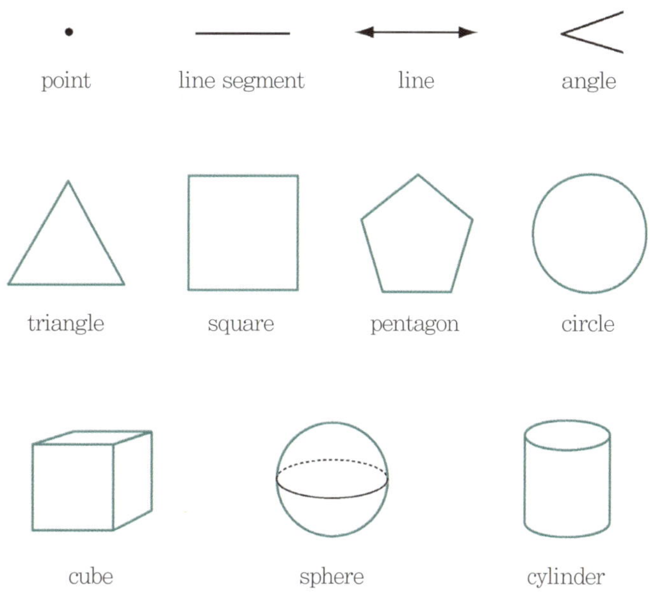

유의어 geometric shape

geometric shape
도형

가보기 geometric figure

geometric solid
입체도형

각기둥, 각뿔, 원기둥, 구 등과 같이 평면도형이 아닌 3차원 입체도형

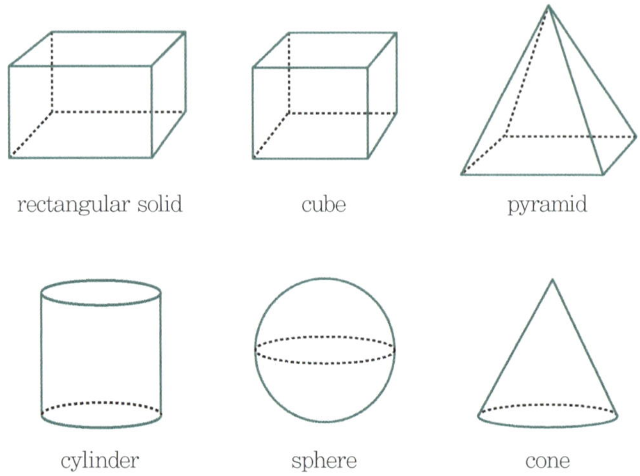

geometry
기하

모양, 크기, 위치 등 도형의 성질을 연구하는 수학의 한 분야

glid reflection

반사이동 후 평행이동을 하거나, 평행이동 후 반사이동을 하는 것과 같이 반사이동과 평행이동이 이 결합된 이동

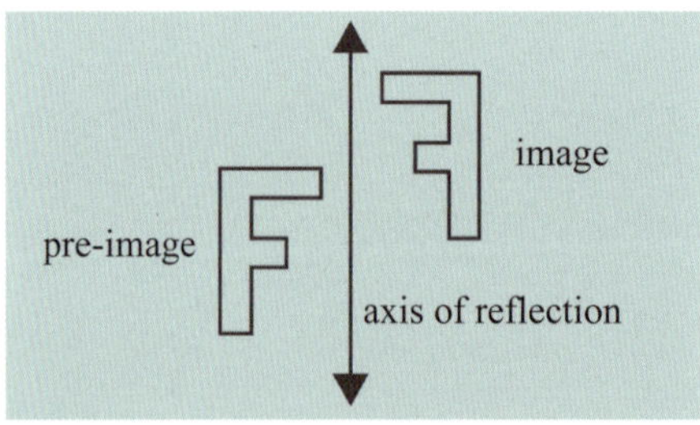

가보기 reflection, translation

golden ratio
황금비

약 1.618에 해당하는 비율

보 기 (긴 변)과 (짧은 변)의 비가 (전체)와 (긴 변)의 비와 같아지도록 선분을 분할하는 것을 황금분할이라고 한다. 아래 그림에서 a : b = a+b : a를 만족하는 것을 뜻하며, b를 1로 놓으면 a는 약 1.618이 나온다.

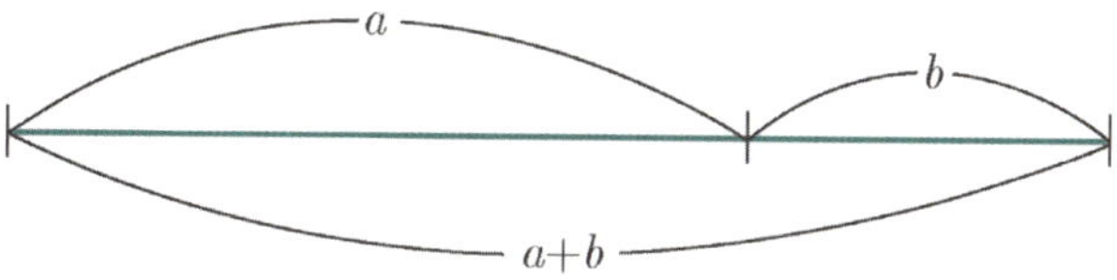

$$\frac{a}{b}=\frac{a+b}{a}=1.618\cdots=\psi$$

Note

황금비는 대략 **8 대 5** 정도 되는 비로, 우리 주변에 아름다운 건축물이나 그림 중에 황금비를 이루는 것이 많다.

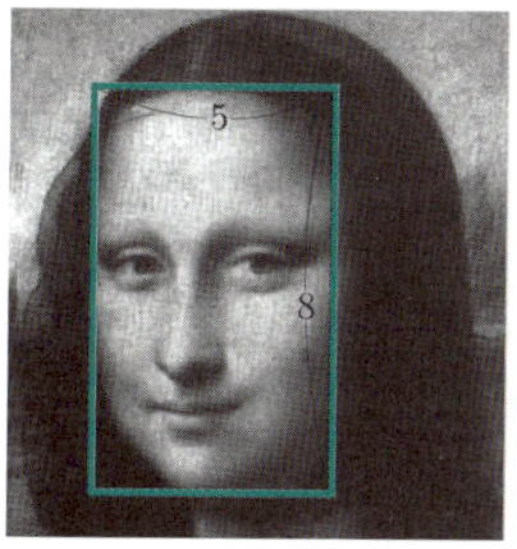

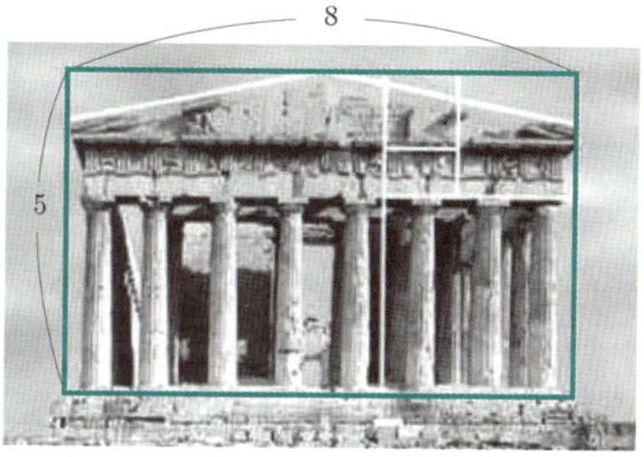

Golden Rectangle
황금직사각형, 황금비 직사각형, 황금사각형

가로와 세로의 비가 황금비를 이루는 직사각형

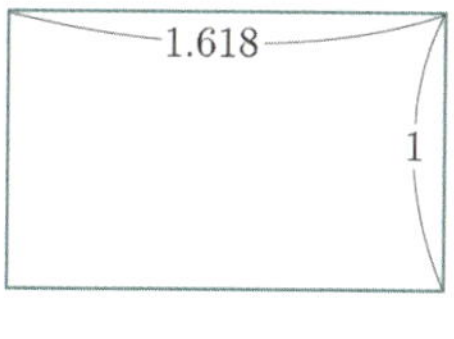

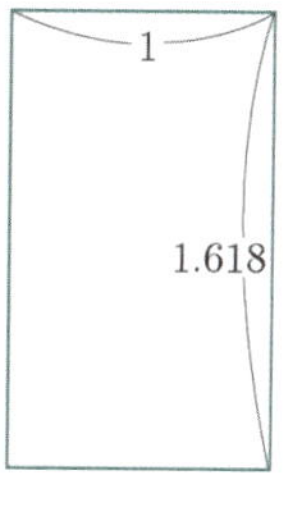

가보기 golden ratio

googol
구골

10의 100제곱

유 래 1930년대 후반, 미국의 수학자 Edward Kasner는 매우 큰 수를 다루는 연구를 하던 중, 당시 9살이었던 조카에게 10^{100}을 무엇이라 부르면 좋을지 물었다. 그의 조카는 googol이라는 이름을 붙였고, 그 후 10^{100}은 모든 사람들에게 googol로 불린다.

$$\mathbf{10^{100}}=\overbrace{10\times10\times10\times\cdots\times10\times10\times10}^{100\text{개}}=10\,000000000\,0000000000\,0000000000\,0000000000\,0000000000\,0000000000\,0000000000\,0000000000\,0000000000\,0000000000$$

googolplex
구골플렉스

10의 구골(googol) 제곱

$$\mathbf{10^{10^{100}}}=\overbrace{10\times10\times10\times\cdots\times10\times10\times10}^{10^{100}\text{ 개}}$$

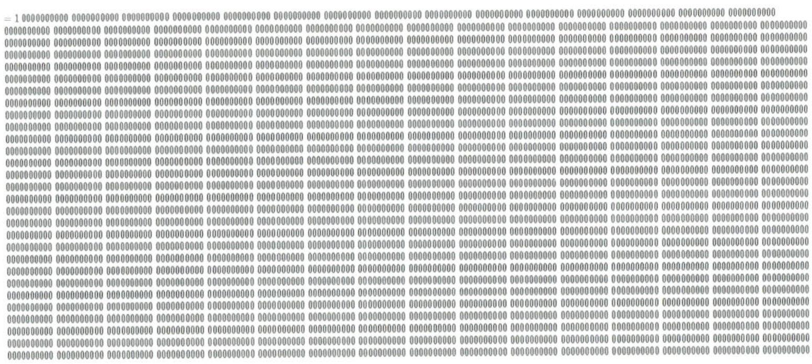

가보기 googol

gram
(g)
그램

무게를 재는 단위

$$1\text{ gram}=\frac{1}{1000}\text{ kilogram}$$

graph
그래프

막대그래프, 꺾은선그래프, 원그래프, 줄기-잎 그림 등 수학적 정보, 아이디어, 관계 등을 나타낸 그림

great circle
대원

구의 지름의 양 끝점을 지나는 원으로, 구 위에 그릴 수 있는 원 중 가장 큰 원

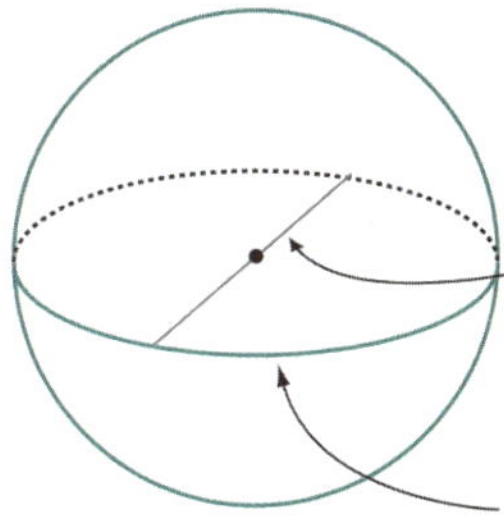

가보기 sphere

greater than
(>)
~보다 큰

보 기 7 is greater than 5. $(7 > 5)$
(7은 5보다 크다.)

greater than or equal to
(≥)
~보다 크거나 같은

보 기 x is greater than or equal to 3. $(x \geq 3)$
(x는 3보다 크거나 같다.)

greatest common factor
(GCF)
최대공약수

둘 이상의 수들의 공약수 가운데 가장 큰 수

보 기 12의 약수 : 1, 2, 3, 4, 6, 12
18의 약수 : 1, 2, 3, 6, 9, 18
24의 약수 : 1, 2, 3, 4, 6, 8, 12, 24
12, 18, 24의 공약수는 2, 3이므로, 최대공약수는 3이다.

가보기 common factor

grid paper
격자 종이

여러 개의 선이 일정한 간격으로 교차하는 모양이 그려져 있는 종이

G

보 기

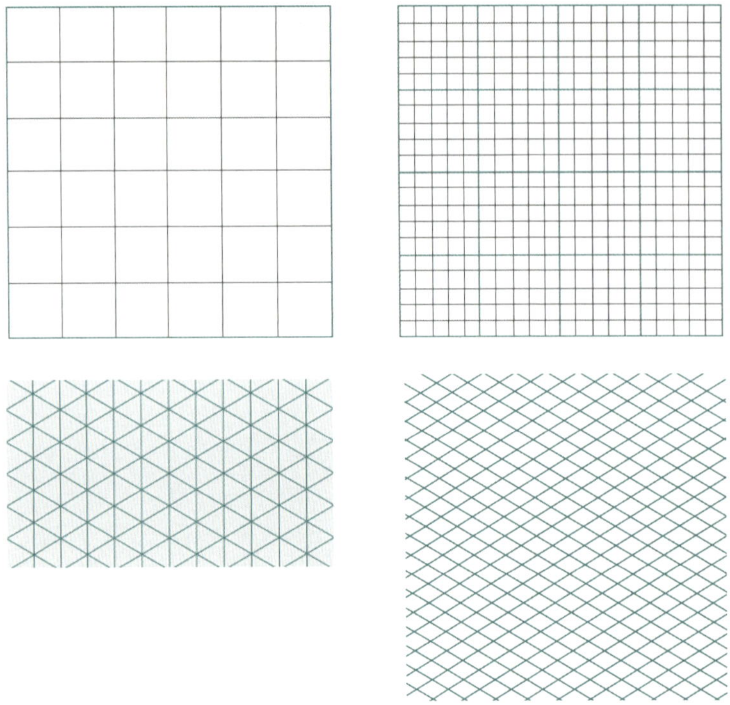

grouping property
결합법칙

가보기 associative property

H

half-circle protractor
반원형 각도기

반원 모양으로 된 각도기

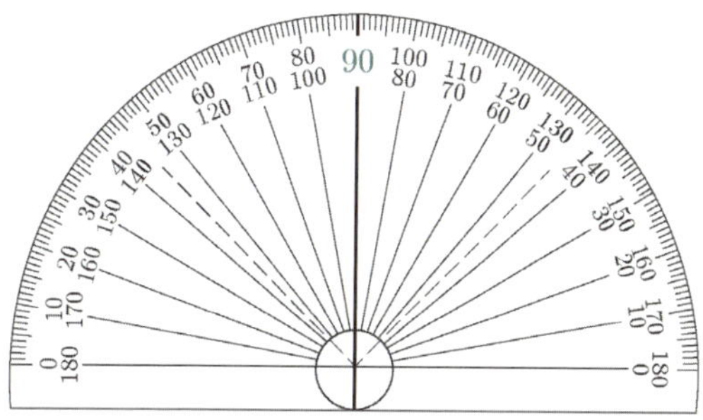

유의어 semi-circle protractor

가보기 full-circle protractor

half-past the hour
~시 30분

보 기 half-past ten : 10시 30분

half-past twelve : 12시 30분

Note

1시간은 60분이므로, 그 반(half)은 30분이다.
past는 '지난'을 뜻하므로 'half past~'는 '~시가 지나고 30분', 즉 '~시 30분'을 뜻한다.

half-turn
반바퀴 회전

보 기 half-turn(반바퀴 회전)은 회전 방향에 따라 clockwise half-turn(시계방향 반회전)과 counterclockwise half-turn (반시계방향 반회전)이 있다.

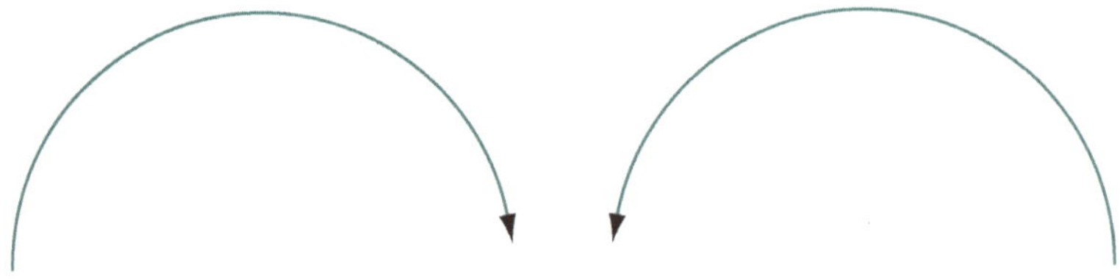

clockwise half-turn　　　　counterclockwise half-turn

가보기 full-turn

hand span
한 뼘

손을 쫙 폈을 때, 엄지에서 새끼손가락까지의 거리

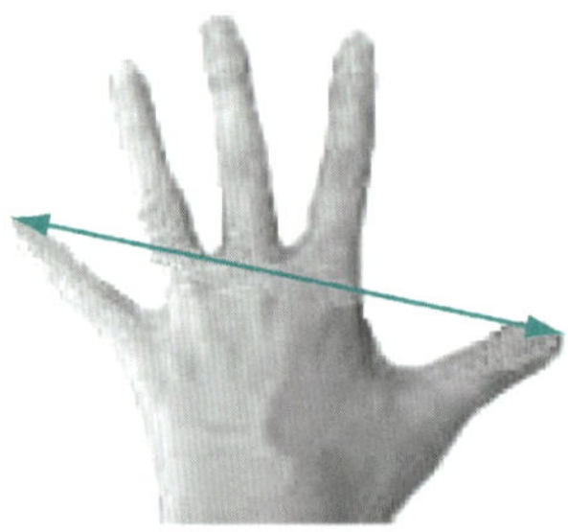

Note

'hand span' 또는 'span'은 '뼘'으로 번역하지만 의미가 완전히 같지는 않다. 'hand span'은 미국에서 엄지에서 새끼손가락까지의 거리를 뜻하지만, 한국의 '뼘'은 엄지에서 새끼손가락까지의 거리만 뜻하는 것이 아니라, 엄지에서 검지 또는 엄지에서 중지나 약지까지의 거리를 뜻하기도 한다.

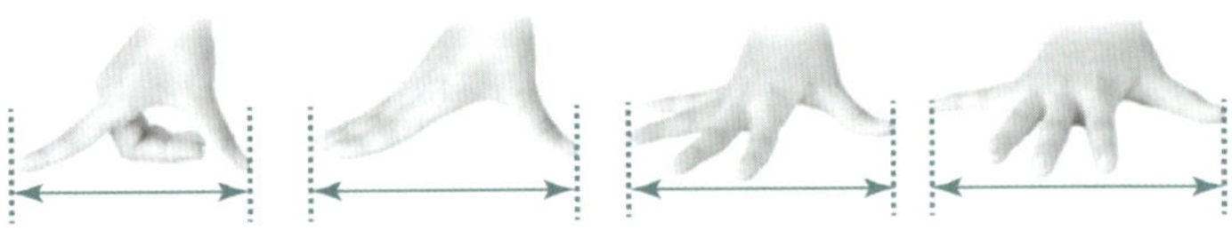

다양한 한 뼘

가보기 span

hecto−
헥토

100을 뜻하는 접두사

hectogram
(hg)
헥토그램

100그램(gram)에 해당하는 무게의 단위

1 hectogram = 100 gram

가보기 gram

hectoliter
(hL)
헥토리터

100리터(liter)에 해당하는 들이의 단위

1 hectoliter = 100 liter

가보기 liter

hectometer
(hm)
헥토미터

100미터(meter)에 해당하는 길이의 단위

1 hectometer = 100 meter

가보기 meter

height
높이

가보기 altitude

H

hemisphere
반구

구의 반쪽에 해당하는 부분

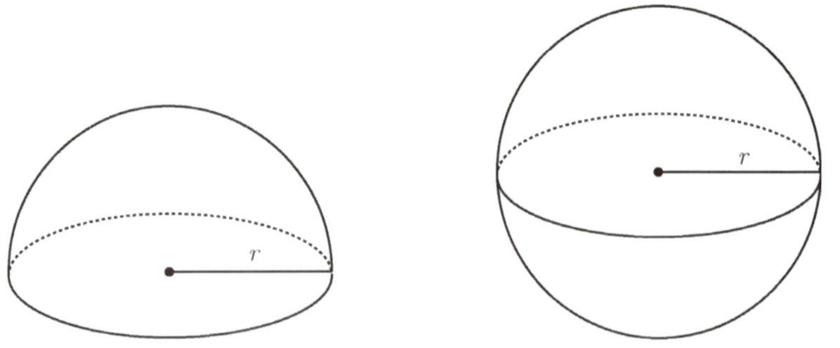

hemisphere   sphere

heptagon
칠각형

7개의 선분으로 둘러싸인 다각형

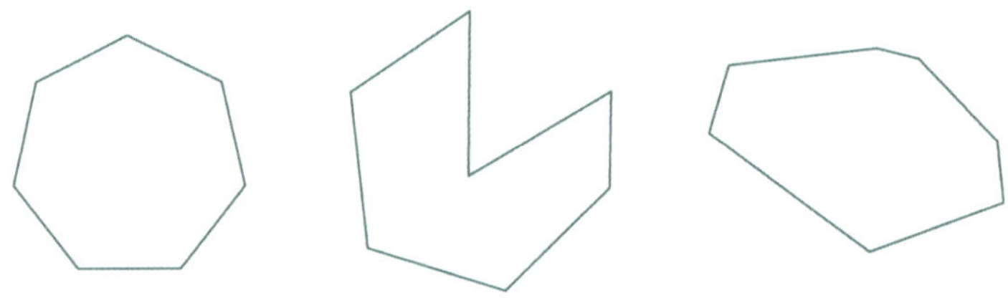

가보기 polygon

hexagon
육각형

6개의 선분으로 둘러싸인 다각형

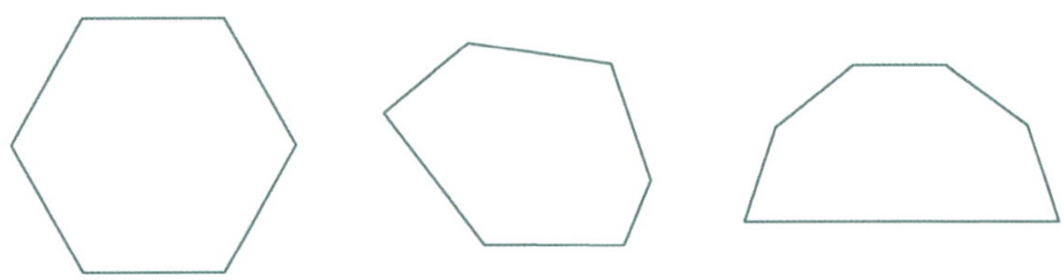

가보기 polygon

hexagonal prism
육각기둥

밑변이 육각형인 각기둥

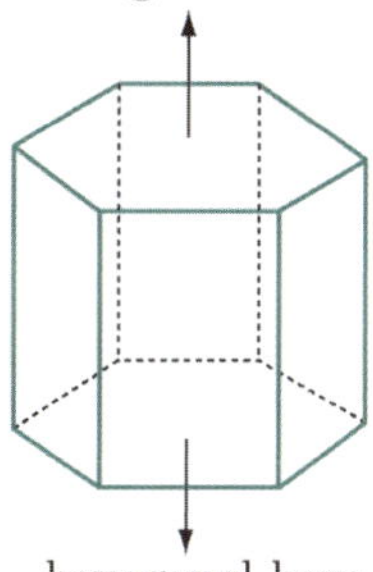

가보기 prism

Hindu-Arabic numeration system
힌두-아라비안 수체계

가보기 decimal numeration system

Hindu-Arabic numerals
힌두-아라비안 숫자

0, 1, 2, 3, 4, 5, 6, 7, 8, 9 등 10개의 숫자

유 래 0부터 9까지 10개의 숫자를 보통 '아라비안 숫자'라고도 하는데, 이는 유럽인들의 오해에서 비롯되었다. 유럽인들이 이 숫자를 아랍인들이 만들었다고 생각한 이유는 아랍인들이 이들 숫자를 이용해서 많은 산술책을 저술했기 때문이다. 그러나 실제로 이 10개의 숫자의 원형이 발명된 지역은 오늘날의 인도라고 한다.

horizontal axis
수평축, x축

직교좌표계에서 수평축, 가로축 또는 x축

H

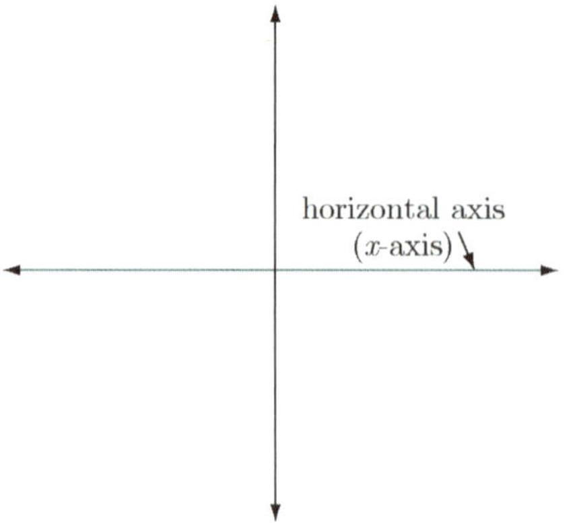

유의어 x−axis

가보기 Cartesian coordinate system, vertical axis

horizontal bar graph

막대가 수평으로 놓여있는 막대그래프

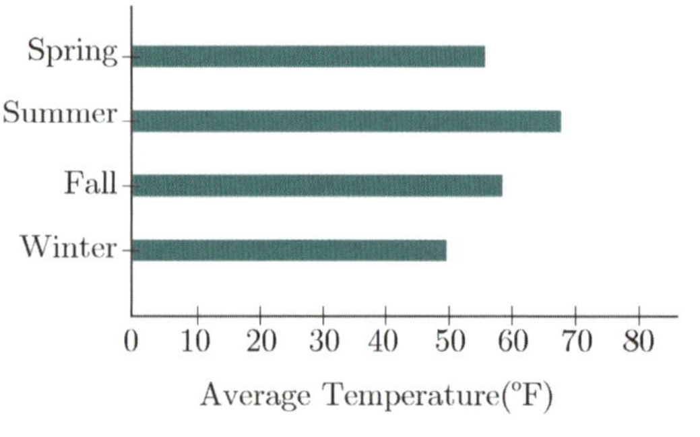

가보기 bar graph, vertical bar graph

H

hour

(hr)
1시간

60분에 해당하는 시간의 단위

1 hour = 60 minutes

hour hand
시계의 시침

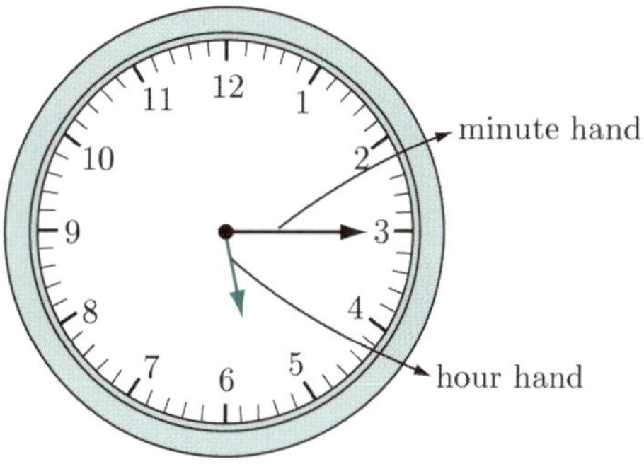

가보기 minute hand

hundred
백, 100

10이 10개인 수

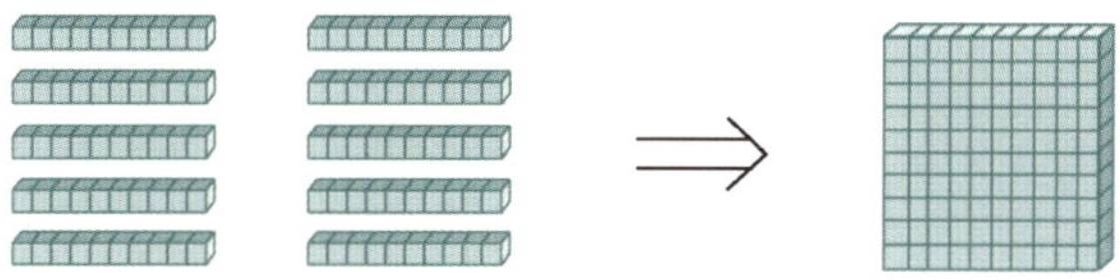

십이 10개 백

hundred place
백의 자리

십진기수법 체계에서 왼쪽에서 세 번째 자리로 백이 몇 개 있는지를 나타낸다.

보 기 357에서 3은 백의 자리 수로, 백이 3개 있음을 뜻한다.

hundreds	tens	ones
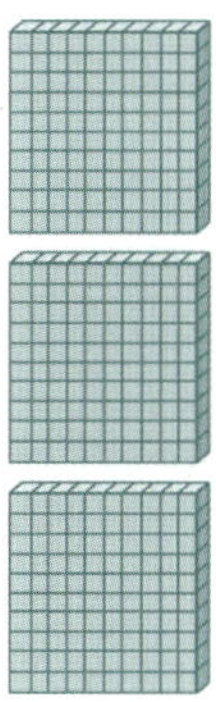	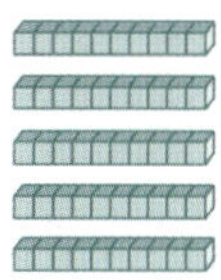	
3	5	7
three hundred and fifty seven		

가보기 base–ten numeration system

hundredth

(1) 100번째

99 다음 번째

(2) $\frac{1}{100}$

100 중의 하나

가보기 hundred

hundredths

(1) $\frac{1}{100}$ 의 자리

십진기수법 체계에서 소수 점 이하 둘째 자리, 즉 $\frac{1}{100}$ 의 자리

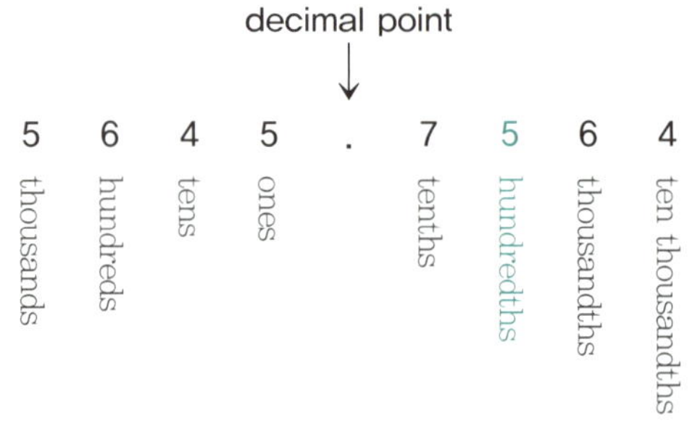

가보기 tenths

(2) $\frac{1}{100}$(hundredth)의 복수

$\frac{2}{100}$, $\frac{3}{100}$, $\frac{4}{100}$, … 등과 같이 $\frac{1}{100}$이 여러 개인 분수나 소수

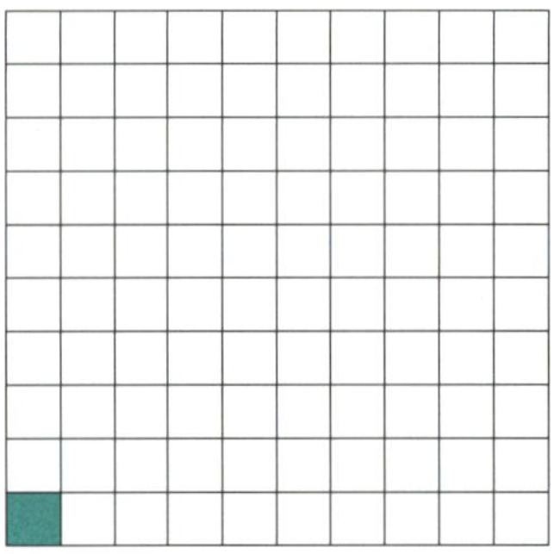

0.01
hundredth

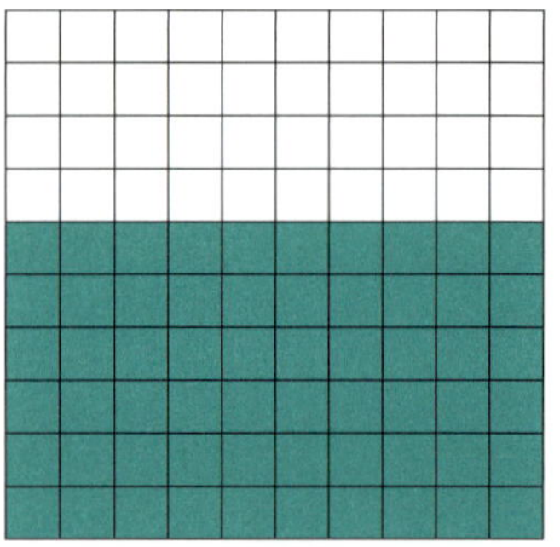

0.60
sixty hundredths

가보기 hundredth(2)

I

icosahedron
20면체

20개의 면을 가진 입체도형

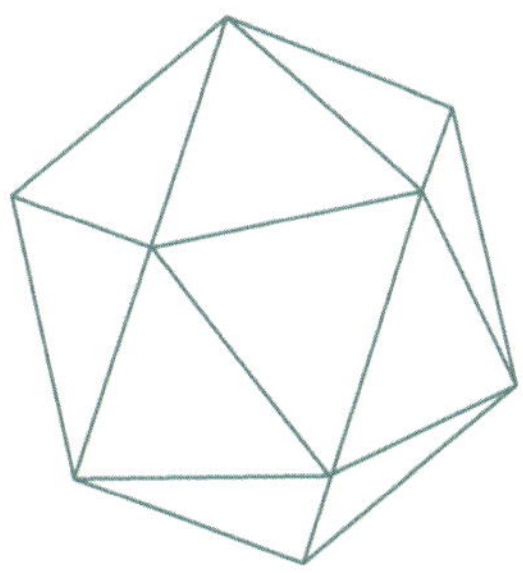

icosahedron

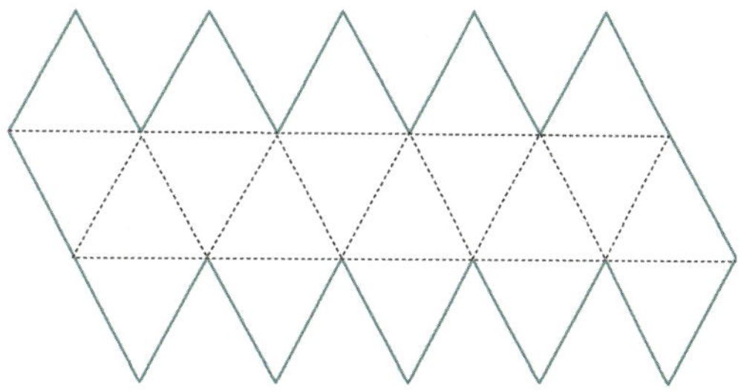

net of icosahedron

가보기 regular polyhedron

identity element
항등원

어떤 수에 연산을 해도 결과가 변하지 않도록 하는 수

(1) identity element of addition(덧셈의 항등원)

7+0=0+7=7에서처럼, 0은 어떤 수에 더해도 계산 결과에 변화를 주지 않는다. 0은 덧셈의 항등원이다.

(2) identity element of multiplication(곱셈의 항등원)

7×1=1×7=7에서처럼, 1은 곱해도 계산 결과에 변화를 주지 않는다. 1은 곱셈의 항등원이다.

가보기 element

improper fraction
가분수

분자가 분모보다 크거나 같은 분수, 또는 1보다 크거나 같은 분수

보 기 $\frac{1}{4}, \frac{2}{4}, \frac{3}{4}$은 proper fraction(진분수)이고, $\frac{4}{4}, \frac{5}{4}, \frac{6}{4}, \cdots$ 등은 improper fraction(가분수)이다.

Note

improper의 일상적 의미는 '부당한', '부적절한', '불합리한' 이므로, improper fraction을 글자그대로 해석하면 '부적절한 분수'가 된다. 그렇다면 가분수를 왜 부적절한 분수라고 이름 붙였을까? 아마도 진정한 분수는 1보다 작아야 한다고 생각했기 때문일 것이다. 따라서 $\frac{2}{3}, \frac{1}{2}, \frac{89}{90}$ 등과 같이 1보다 작은 수는 참된 분수, 즉 proper fraction이지만, $\frac{3}{3}, \frac{5}{2}, \frac{91}{90}$ 등과 같이 1 보다 크거나 같은 수는 거짓 분수, 즉 improper fraction인 것이다.

가보기 proper fraction

inch
(in)
인치

2.54cm에 해당하는 길이의 관습단위

12 inches = 1 foot

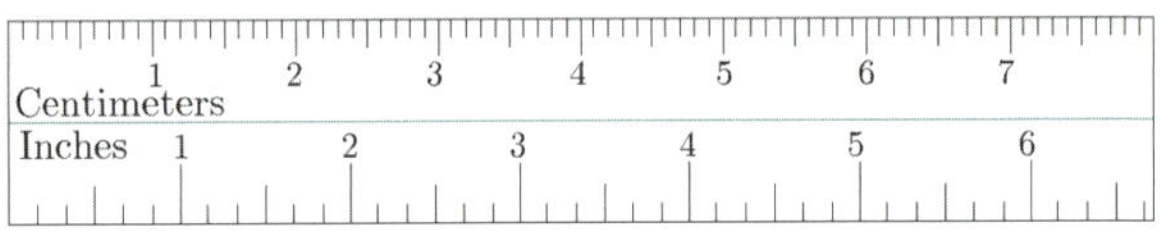

Note

1 인치(inch)는 원래 어른 엄지 손가락의 너비에서 유래되었으나, 오늘날에는 어린이의 **엄지 손가락의 첫마디 길이**로 간주된다.

independent event
독립사건

어떤 사건이 일어날 가능성이 다른 사건이 일어날 가능성에 영향을 미치지 않을 때, 두 사건을 독립사건이라 한다.

보 기 밤에 늦게 자면 아침에 늦게 일어날 가능성이 높다. 따라서 밤에 늦게 자는 것과 아침에 늦게 일어나는 것은 독립사건이 아니다. 반면 밤에 음악을 듣는 것과 아침에 신문이 오는 것은 서로 영향을 미치지 않으므로, 이 두 사건은 독립사건이다.

가보기 dependent event

infinite
무한

끝이 없는 상태

보 기 자연수 집합은 1, 2, 3, … 등과 같이 원소의 개수가 무한한 집합이다. 무한을 뜻하는 수학 기호는 '∞'이며, 원소를 나열할 때는 '…'로 나타낸다.

integers
정수

…−3, −2, −1, 0, 1, 2, 3, … 등과 같은 수로, 음의 정수(negative integers), 0, 양의 정수(positive integers) 부분으로 이루어져있다.

보 기

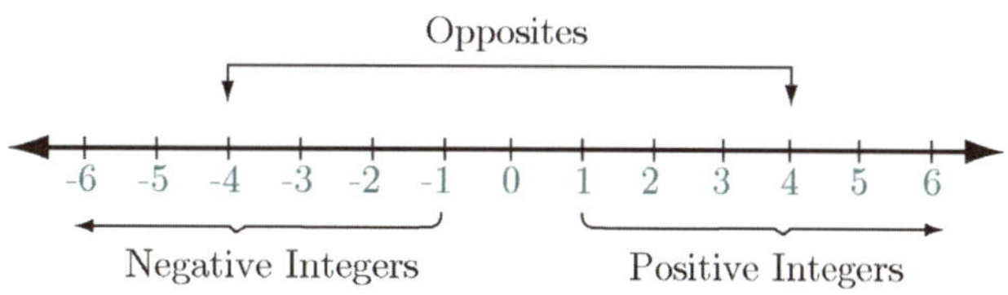

intersect
교차하다. 만나다. 겹치다.

(1) 선분, 직선, 반직선의 경우 : 한 점에서 만나다.

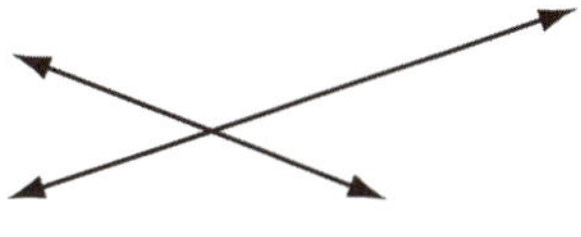

intersecting lines

(2) 두 평면인 경우 : 한 직선에서 만나다.

intersecting planes

(3) 두 집합인 경우 : 공집합이 아닌 교집합을 가진다.

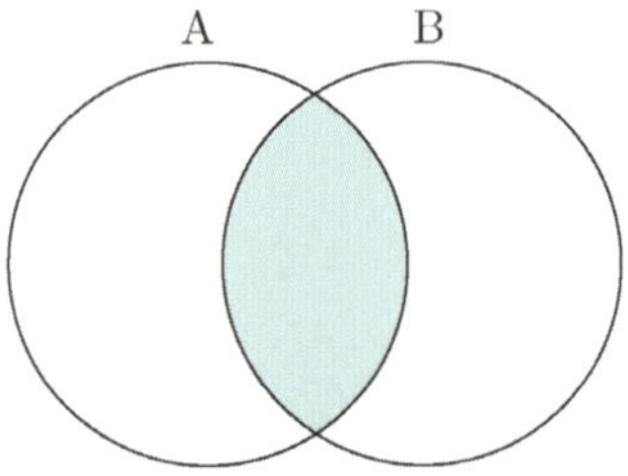

intersecting sets

inverse operation
역연산

연산의 결과를 처음으로 돌려놓는 연산

보 기 덧셈을 하고 뺄셈을 하면 처음으로 돌아온다. 이때 덧셈과 뺄셈은 역연산 관계에 있다. 곱셈과 나눗셈도 역연산 관계이다.

$$5+3-3=5$$
$$5\times3\div3=5$$

유의어 opposite operation

I

irrational number
무리수

정수의 비로 나타낼 수 없는 수, 소수로 바꾸었을 때 무한비순환 소수가 되는 수

보 기 원주율(π), $\sqrt{2}$, $\sqrt{3}$ 등은 무리수이다.

$$\pi=3.14159265358979\cdots$$
$$\sqrt{2}=1.414213562373095\cdots$$
$$\sqrt{3}=1.732050807568877\cdots$$

Note

모든 분수는 소수로 바꿀 수 있지만, 소수 중 무한비순환소수(무리수)는 분수로 나타낼 수 없다.

가보기 rational number

irregular polygon

정다각형이 아닌 다각형

보 기 irregular polygon에는 다음과 같은 것들이 있다.

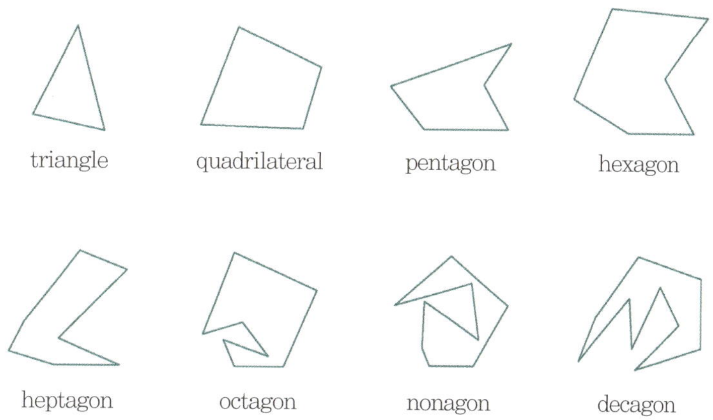

Note

정다각형(regular polygon)은 모든 변의 길이와 모든 각의 크기가 같은 다각형이다. 비정다각형(irregular polygon)은 정다각형이 아닌 모든 다각형을 포함한다.

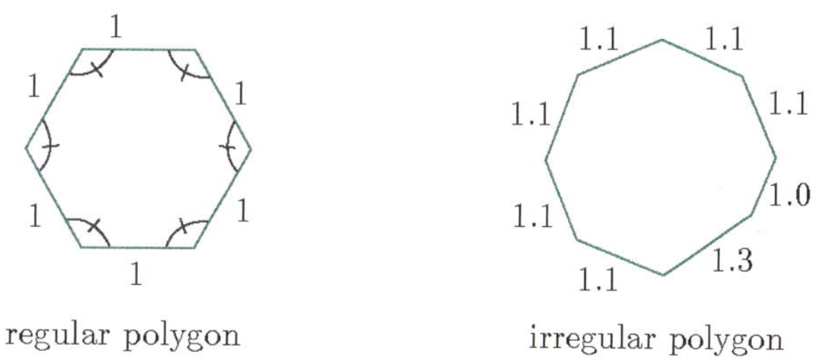

가보기 regular polygon

isometric
같은 치수의

길이, 각, 넓이, 부피 등 측정 치수가 같은

isometric grid paper

기본단위가 정삼각형이나 마름모인 격자 종이

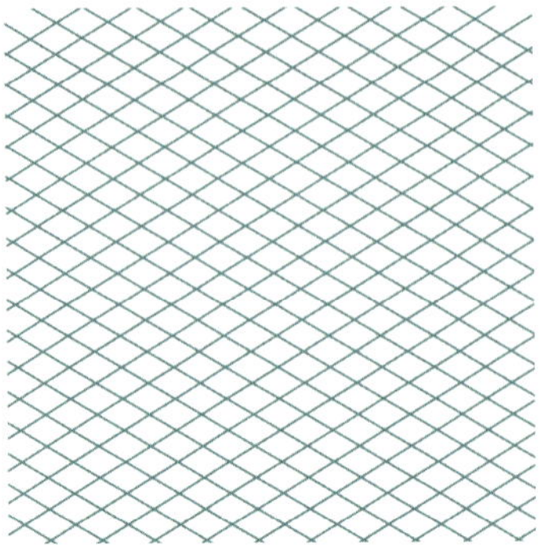

가보기 grid paper

isometry
합동변환

반사, 회전, 평행 이동처럼, 이동 이후에도 거리가 그대로 보존되는 변환

가보기 reflection, rotation, translation

isosceles trapezoid
등변 사다리꼴

사다리꼴의 네 변 가운데 평행이 아닌 두 변의 길이가 같은 사다리꼴

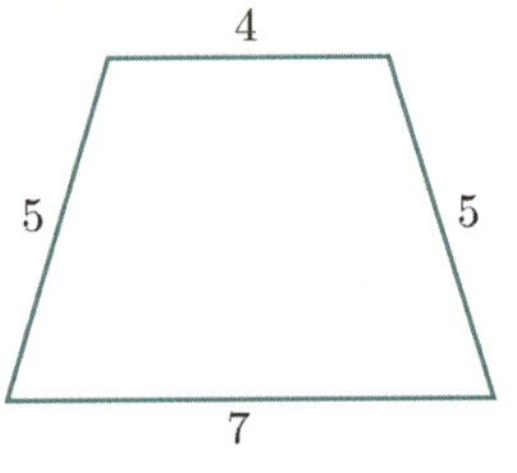

isosceles

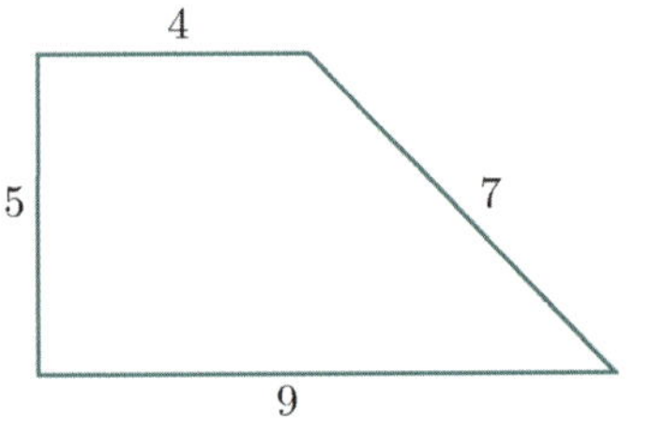

non-isosceles

가보기 trapezoid

isosceles triangle
이등변 삼각형

두 변의 길이가 같은 삼각형

Note

삼각형의 두 변의 길이가 같으면, 두 밑각의 크기도 같다. 반대로 삼각형의 두 밑각의 크기가 같으면, 두 변의 길이도 같다.

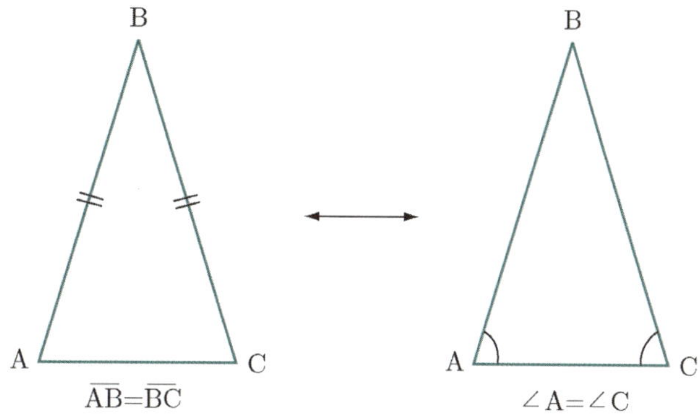

가보기 equilateral triangle, triangle

J

jump strategy
뛰어세기 전략

덧셈이나 뺄셈에서 계산이 편리하도록 10씩 혹은 1씩 나누어 더하거나 빼는 전략

보 기 (1) 46+35를 다음과 같이 10과 1로 나누어 더하면 계산이 편리하다.

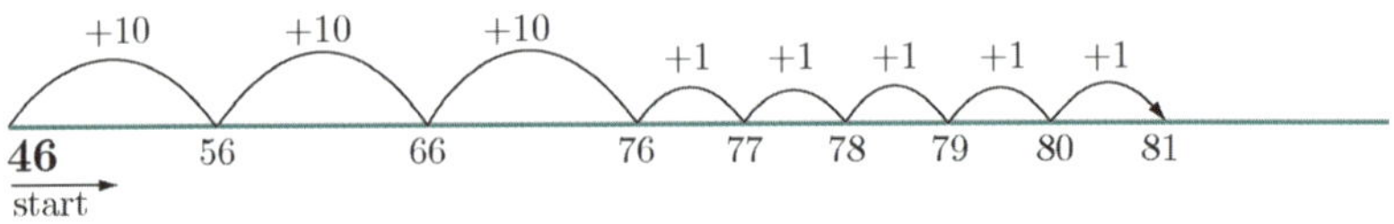

(2) 79−33을 다음과 같이 30과 3으로 나누어 빼면, 계산이 편리하다.

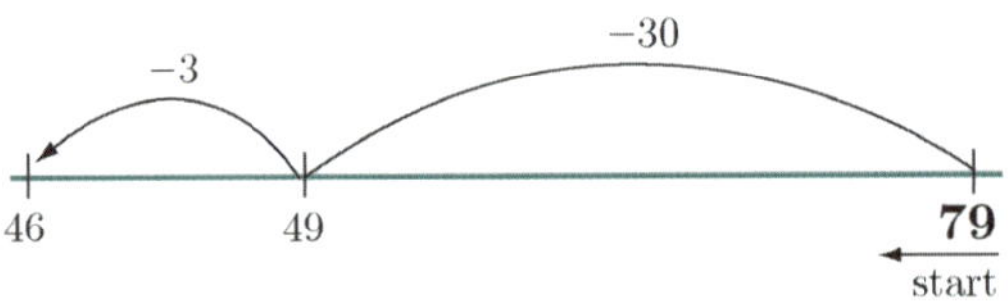

가보기 skip counting

K

kilo-
킬로

천(1,000)을 뜻하는 접두어

kilogram
(kg)
킬로그램

1,000그램(g)에 해당하는 무게 단위

1 kilogram = 1,000 gram

가보기 gram, metric system of measurement

kiloliter
(kL)
킬로리터

1,000리터(L)에 해당하는 들이 단위

1 kiloliter = 1,000 liter

Note

한 변의 길이가 1m인 정육면체의 들이는 1kL이다.

$1m^3$=1,000 liters

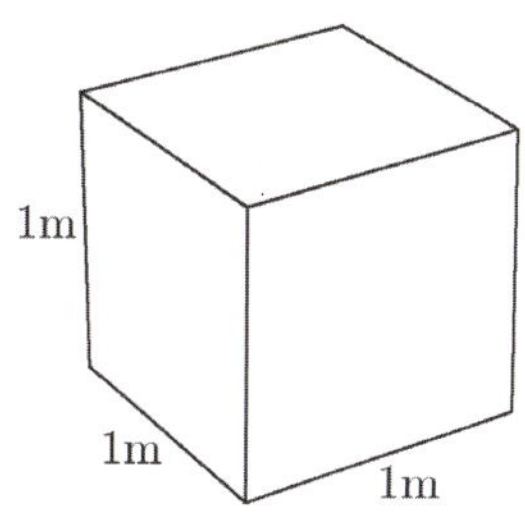

가보기 capacity, liter, metric system of measurement

kilometer
(km)
킬로미터

1,000미터(m)에 해당하는 길이 단위

$$1 \text{ kilometer} = 1{,}000 \text{ meter}$$

가보기 meter, metric system of measurement

kite

이웃하는 두 변의 길이가 같고, 두 대각선이 직교하는 연 모양의 사각형

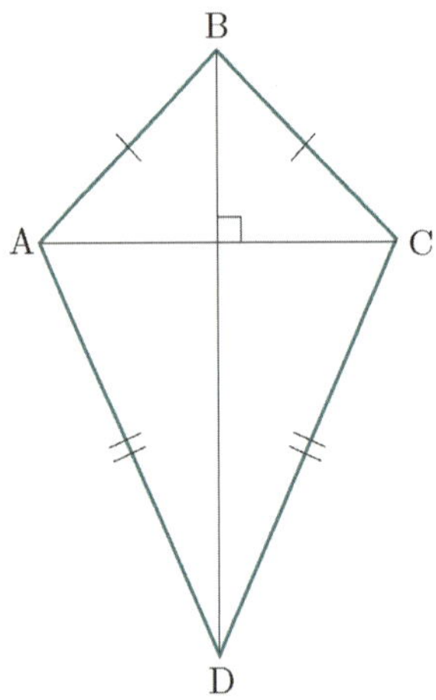

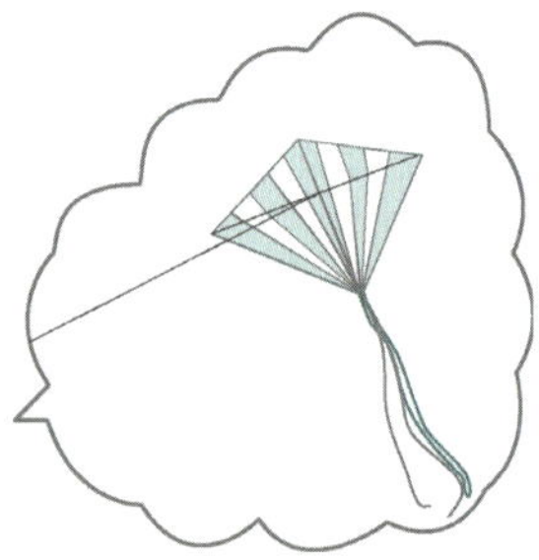

Note

일반적으로 **네 변의 길이가 같은 마름모**는 kite에서 **제외**시킨다. 그러나 수학책에 따라 마름모를 kite의 특별한 경우로 취급하는 경우도 있다.

가보기 rhombus

L

lattice method for multiplication
격자 곱셈법

여러 자리 수끼리의 곱셈을 할 때 격자를 만들어, 한자리수끼리의 곱의 결과를 각 칸에 기록하는 방식으로 셈하는 방법

보 기 247×38을 다음과 같은 격자 곱셈법으로 계산하면, 9386이 나온다.

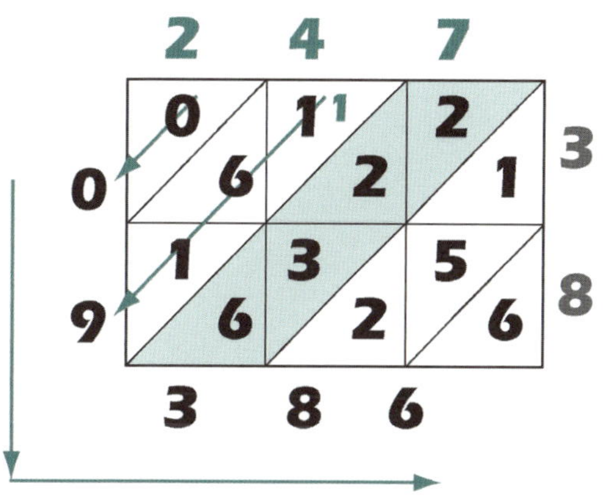

유의어 lattice multiplication

가보기 multiplication

Note

격자 곱셈법은 일부 미국 초등학교에서 채택하고 있는 표준알고리즘이다. 이 방법을 사용하려면 적어도 곱셈구구단을 암기하고 있어야 한다.

L

least common denominator
(LCD)
최소공통분모

둘 이상의 분수에서 분모들의 최소공배수

보 기 3과 6의 최소공배수는 6이다. 따라서 $\frac{1}{3}$과 $\frac{1}{6}$의 최소공통분모는 6이다.

4, 6, 8의 최소공배수는 24이다. 따라서 $\frac{1}{4}$, $\frac{1}{6}$, $\frac{1}{8}$의 최소공통분모는 24이다.

가보기 common denominator, least common multiple

least common multiple
(LCM)
최소공배수

공배수 중에서 가장 작은 수

보 기 (1) 3과 6의 최소공배수 구하기

3의 배수는 3, 6, 9, 12, 15, 18, 21, 24, 27, 30…이다.
6의 배수는 6, 12, 18, 24, 30, …이다.
3과 6의 공배수는 6, 12, 18, 24, 30, …이며, 최소공배수는 6이다.

(2) 4, 6, 8의 최소공배수 구하기

4의 배수는 4, 8, 12, 16, 20, 24, 28, …이다.
6의 배수는 6, 12, 18, 24, 30, 36, …이다.
8의 배수는 8, 16, 24, 32, 40, …이다.
4, 6, 8의 공배수는 24, 48, 72, …이며, 최소공배수는 24이다.

가보기 common multiple, multiple

length
길이

한끝에서 다른 한끝까지의 거리

length of rectangle

직사각형의 가로와 세로 중 긴 쪽

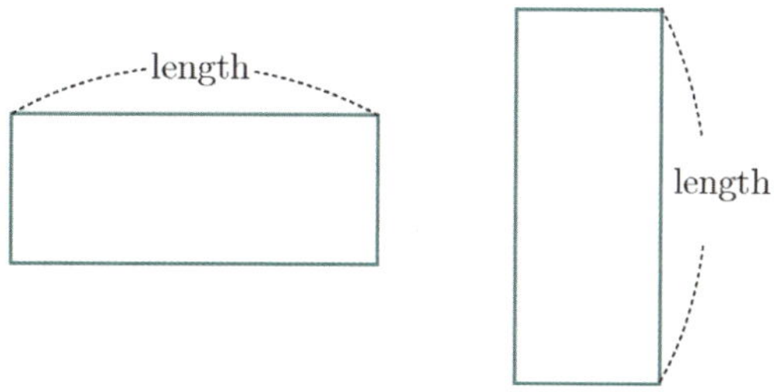

less than
(<)
~보다 작은

보 기 Three is less than five.($3 < 5$, 3은 5 보다 작다.)
0.7 is less than 0.8. ($0.7 < 0.8$, 0.7은 0.8 보다 작다.)

less than or equal to
(≤)
~보다 작거나 같은

보 기 x is less than or equal to 3. ($x \leq 3$, x는 3보다 작거나 같다.)
5 is less than or equal to a+3. ($5 \leq a+3$, 5는 a+3보다 작거나 같다.)

like fractions
동분모 분수

분모가 같은 둘 이상의 분수

보 기 $\frac{2}{4}$와 $\frac{3}{4}$은 분모가 4인 like fraction(동분모 분수)이다.

유의어 similar fraction

가보기 unlike fraction

line
선, 직선

양끝으로 한 없이 늘린 곧은 선

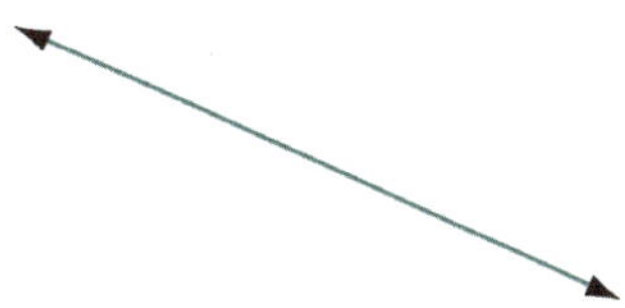

가보기 line segment, ray

L

line graph
꺾은선 그래프

두 점 사이를 선분으로 연결하여, 일정기간 동안의 변화, 경향, 패턴 등을 보여주는 그래프

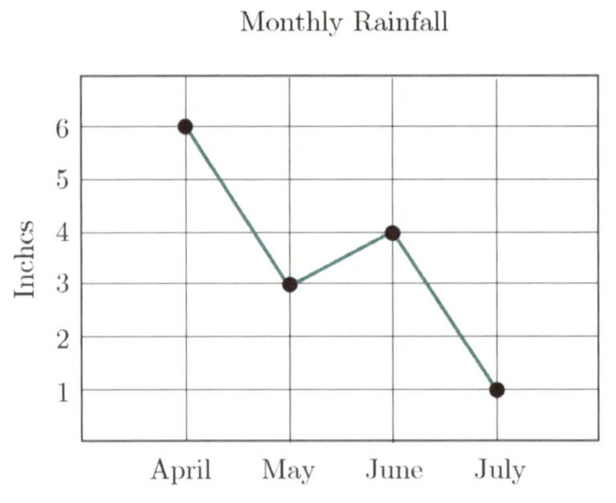

line graph

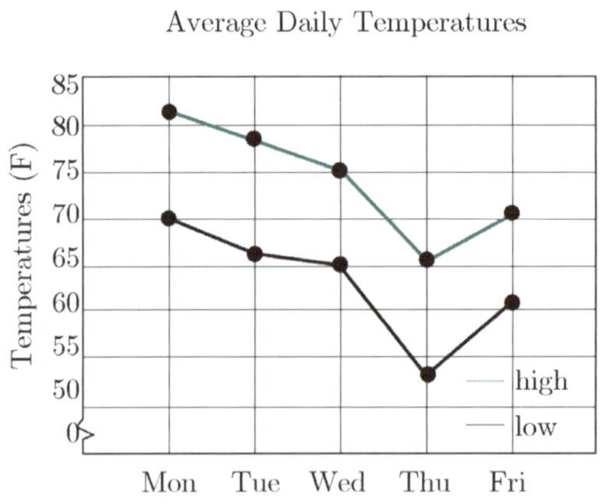

double line graph

line of reflection
대칭축

가보기 line of symmetry

line of symmetry
대칭축

선을 따라 도형을 접었을 때, 도형이 완전히 포개어지게 하는 직선

line of symmetry

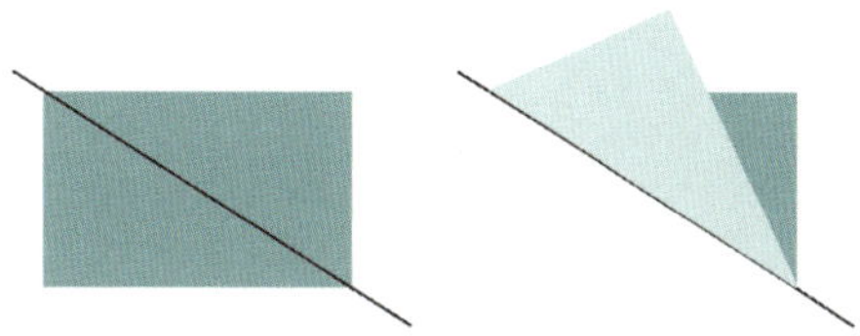

no line of symmetry

Note

선대칭 도형이라 해도 대칭축의 개수는 저마다 다르다. 직사각형은 2개, 정삼각형은 3개, 정사각형은 4개의 대칭축을 가지고 있으며, 원의 대칭축은 무한히 많다.

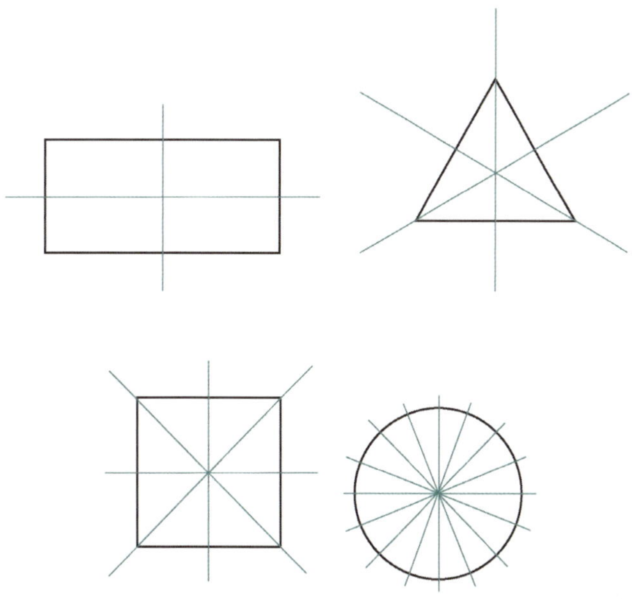

유의어 line of reflection

가보기 line symmetry, symmetry

line plot

수직선 위에 ×나 기타 기호를 이용해 자료의 분포를 표시하는 방법

보 기 다음은 텔레비전 시청 시간을 조사한 것이다. ×의 개수가 빈도를 의미하므로, 0시간은 4명, 1시간은 2명, 2시간은 3명, 5시간은 7명 등과 같이 해석하면 된다.

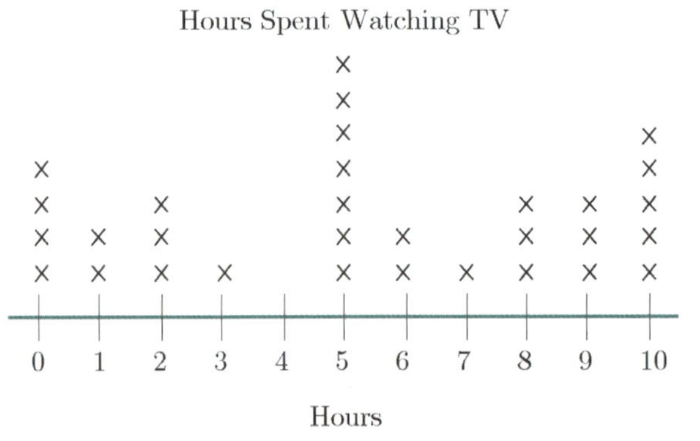

line segment
선분

양 끝점을 곧게 이은 선, 직선(line)의 일부분(segment)

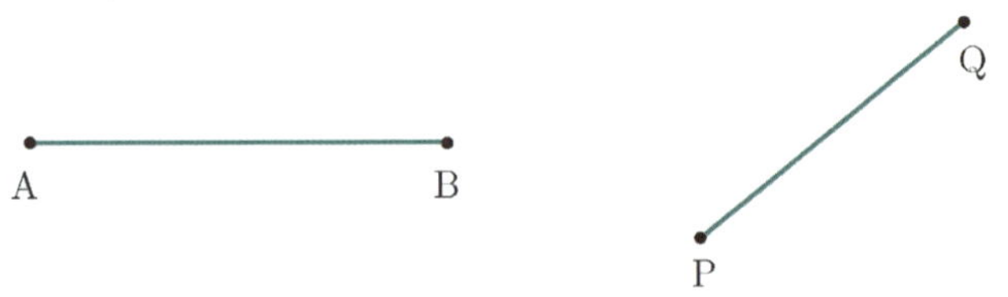

가보기 line

line symmetry
선대칭

직선을 축(대칭축)으로 접었을 때 완전히 포개어 지는 도형의 성질

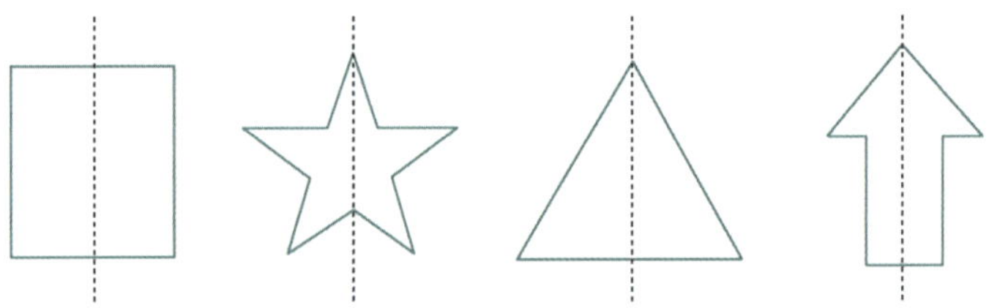

line symmetry

no line symmetry

Note

자연현상이나, 동식물 등에서 line symmetry 성질을 가지는 경우는 매우 흔하다.

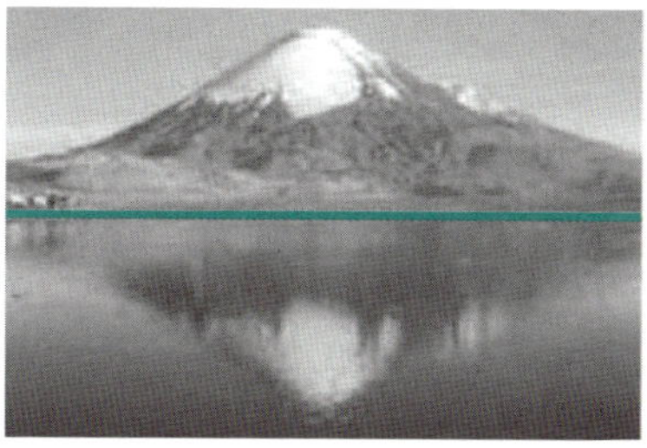

유의어 reflectional symmetry

가보기 line of symmetry, rotational symmetry, symmetry

liquid measure

액체를 담을 수 있는 용기의 크기, 혹은 액체의 양

보 기 cups, pints, quarts, gallons 등이 liquid measure의 관습 단위이며, mililiter, liter 등이 liquid measure의 표준단위이다.

가보기 dry measure, capacity

liter
(L)
리터

한 변의 길이가 10cm인 정육면체의 부피에 해당하는 부피 혹은 들이의 관습 단위

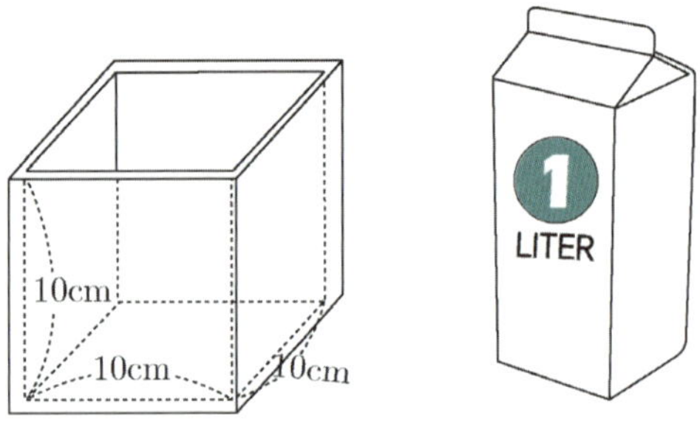

1L=1,000mL=1,000cm^3

Note

물 1리터는 1kg이다.

가보기 metric system of measurement

lowest term

가보기 simplest form

M

MAB
다진수 블록

가보기 Multibase Arithmetic Blocks

maximum
(max)
최고, 최대, 최댓값

주어진 범위에 있는 수나 양에서 가장 큰 값

보 기 어떤 놀이기구가 5세에서 8세까지의 어린이에게만 허용된다면, 이 놀이기구를 탈 수 있는 최대연령(maximum age)은 8세이다. 어떤 고속도로의 제한속도가 100km/h라면, 이 고속도로에서 낼 수 있는 최고속력(maximum speed)은 100km/h이다.

가보기 minimum

mean
평균, 산술평균

자료들의 총합을 자료의 개수로 나눈 값

보 기 이번 주 월요일부터 금요일까지 컴퓨터를 사용한 시간은 3시간, 2시간, 2시간, 2시간, 1시간이다. 이것을 모두 합하면 10시간이고, 이것을 5(일)로 나누면 2가 되므로, 평균 2시간씩 컴퓨터를 사용한 셈이다.

$$\frac{3+2+2+2+1}{5}=2$$

Note

평균은 중앙값, 최빈값과 마찬가지로 자료를 대표하는 값, 즉 average(대푯값)의 한 종류이다.

유의어 arithmetic mean

가보기 average, median, mode

M

measurement
측정, 치수(크기의)

사물을 재는 것, 혹은 잰 결과

길이, 부피, 무게, 넓이, 시간, 온도, 속도 등과 같은 사물의 속성을 그에 맞는 단위를 이용하여 수나 양으로 나타내는 것

가보기 customary system of measurement, metric system of measurement

measurement division
측정제, 포함제

가보기 quotition division

median
중앙값

자료의 값을 크기 순서로 배열했을 때, 중앙에 있는 값

보 기 다섯 명의 키를 재었더니 113cm, 124cm, 105cm, 101cm, 156cm이 나왔다. 이를 이용해 중앙값을 구하려면, 우선 자료를 작거나 큰 순으로 나열한다.

(101, 105, 113, 124, 156) 혹은 (156, 124, 113, 105, 101)

여기서 가운데 순위, 즉 세 번째 있는 수는 모두 113이다. 이것이 중앙값이다.

Note

자료의 개수가 짝수이면, 중앙 순위에 있는 두 수의 평균이 중앙값이다. 예를 들어, 1, 1, 3, 5, 6, 8 과 같이 자료가 6개가 있을 때, 3순위와 4순위에 있는 자료 즉 **3과 5의 평균 4**가 **중앙값**이 된다.

가보기 average, mean, mode

mental computation
암산

계산을 종이와 연필, 계산기 등을 사용하지 않고 머리로만 하는 것

보 기 199 + 34의 값을 구할 때, 199를 200으로 생각해서 34를 더하면 234, 여기에 1을 빼면 233이 나온다. 또한 246×5를 구할 때, 우선 246에 10을 곱하면 2460이고 이것을 반으로 나누면 1230이 된다. 이처럼 복잡한 계산이라도 알고리즘이나 계산기 등을 사용하지 않고 간단하게 계산할 수 있는 경우가 많다.

유의어 mental arithmetic, mental math, mental mathematics

meter
(m)
미터

100cm에 해당하는 길이의 표준 단위

1 meter = 100 centimeters

가보기 length, metric system of measurement

metric system of measurement
미터법

미터(m)를 길이, 그램(g)을 무게, 리터(L)를 부피의 기본 단위량으로 하는 십진법의 국제 단위체계

보 기 미터법이 십진법의 단위체계라는 것은 매 단위의 10배에 해당하는 새로운 단위가 부여되는 방식으로 운영되기 때문이다. 예를 들어 1 밀리미터(mm)의 10배는 1센티미터(cm)이고, 다시 1센티미터(cm)의 10배는 1데시미터(dm)가 된다. 이와 같은 식으로 10배마다 새로운 단위가 만들어지는 것이 미터법의 특징이다.

〈길이〉

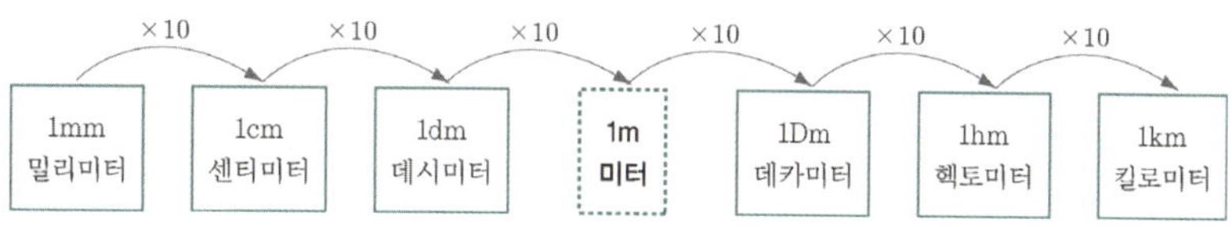

〈무게〉

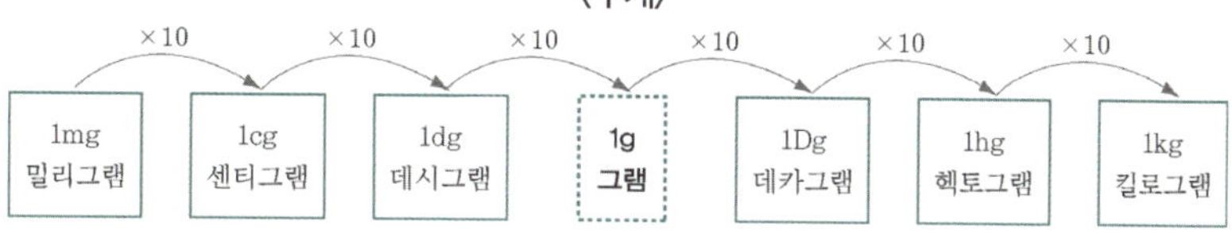

〈부피〉

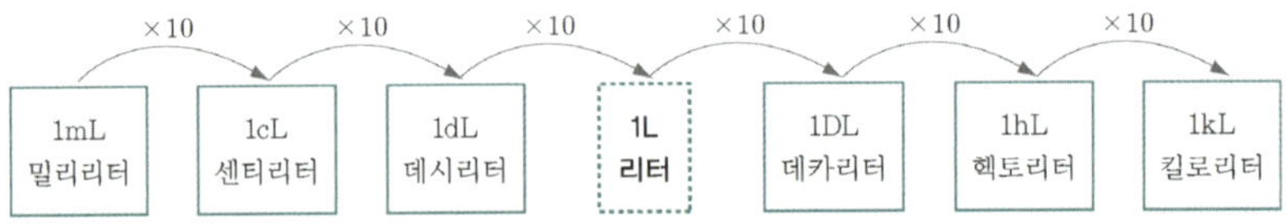

유 래 미터법은 1700년대 후반 프랑스에서 개발된 것으로, 처음에는 저항이 많았으나 오늘날에는 전 세계적으로 널리 사용되고 있다. 한국은 1963년에 미터법 이외의 것을 사용하지 못하도록 법을 제정하여 미터법을 보급하였으나, 미국이나 영국에서는 아직까지도 파운드, 마일, 온스 등의 관습단위가 광범위하게 사용되고 있다.

metric ton
(t)
톤

1,000킬로그램(Kg)에 해당하는 미터법 무게 단위

1 metric ton = 1,000 kilograms

Note

미국에서는 ton(T)과 metric ton(t)이 구분된다. metric ton(t)은 1,000킬로그램(Kg) 즉 약 2,200파운드(lb)에 해당하는 국제단위이지만, ton(T)은 2,000파운드(lb)에 해당하는 관습단위이다.

가보기 metric system of measurement, ton

mid point
중점

선분의 양 끝점으로부터 같은 거리에 있는 점

mile
(mi)
마일

약 1.6km에 해당하는 길이의 관습 단위

1mi = 1,760yd = 5,280ft = 1.609344km

유 래 mile은 로마 시대에 사용된 행군한 거리를 나타내는 기호에서 유래한 것으로 mi 또는 mil로 쓴다.

millennium
(복수 : millenniums 또는 millennia)
천년

천년에 해당하는 시간 단위

1 millennium = 1,000 years

M

milli-
밀리

천분의 일($\frac{1}{1,000}$)을 의미하는 접두사

1 milimeter = 0.001 meter

1 mililiter = 0.001 liter

1 miligram = 0.001 gram

milligram
(mg)
밀리그램

천분의 일($\frac{1}{1,000}$) 그램(g)에 해당하는 무게의 표준 단위

1 milligram = 0.001 gram

가보기 gram

milliliter
(mL)
밀리리터

천분의 일($\frac{1}{1,000}$) 리터(L)에 해당하는 부피의 표준 단위

1 milliliter = 0.001 liter

가보기 liter

millimeter
(mm)
밀리미터

천분의 일($\frac{1}{1,000}$) 미터(m)에 해당하는 길이의 표준 단위

1 millimeter = 0.001 meter

가보기 meter

million
백만

천(thounsand)의 1,000배, 즉 10^6

1,000,000

M

minimum
(min)
최하, 최소, 최솟값

주어진 범위에 있는 수나 양에서 가장 작은 값

보 기 어떤 영화가 '15금(15세 미만 금지)'이라면 이 영화를 볼 수 있는 최소연령(minimum age)은 15세이다. 즉 15세부터 이 영화를 볼 수 있다는 뜻이다.

가보기 maximum

minuend
피감수

빼셈에서 빼지는 수

보 기 6−2에서 6, 28−7에서 28, 0.5−0.2에서 0.5가 minuend(피감수)이다.

가보기 subtrahend, difference

minus
(−)
마이너스, 빼기

(1) 뺄셈 기호

(2) 음수를 나타내는 기호

보 기 5−3은 뺄셈식으로, 이때 '−'는 5에서 3만큼 빼라는 의미를 지니는 뺄셈기호이다. 또한 −1, −2, −3, …은 모두 음수(minus figure, minus number)인데, 이때 숫자 앞에 붙은 '−'는 음수를 의미하는 기호이다.

가보기 plus

minute hand
시계의 분침

가보기 hour hand

mirror image
거울 상

어떤 모양이 거울에 반사되어 좌우가 바뀐 모양, 혹은 선대칭에 의해 만들어진 상

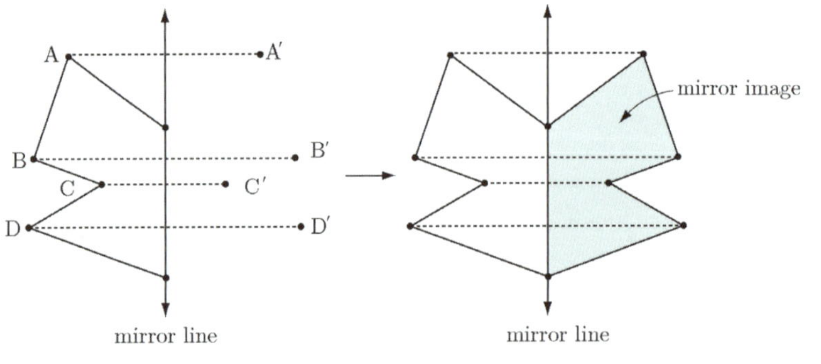

가보기 line symmetry, reflection

mixed number

자연수와 진분수 혹은 자연수와 소수가 결합된 수

보기 $3\frac{2}{5}$, $2\frac{1}{7}$, $43\frac{2}{3}$, 5.07, 1.9

가보기 decimal mixed number

mode
최빈값

자료의 특성을 나타내는 대푯값의 하나로, 주어진 상황에서 가장 많이 관측되는 수, 혹은 주어진 자료에서 가장 자주 나오는 값

보기 예를 들어, 주사위를 열 번 던져 나온 눈을 기록하였더니 1과 2는 각각 한 번, **3은 세 번**, 4와 5는 각각 두 번, 6은 한 번 나왔다면, **최빈값**은 **3**이다.

Note

평균이나 중앙값과 달리 최빈값은 자료에 따라 **구할 수 없거나** 두 개 이상 **여러 개가 존재**할 수 있다. 예를 들어 주사위를 6번 던졌는데 1, 2, 3, 4, 5, 6의 눈이 각각 1회씩 나왔다면 최빈값을 구할 수 없다. 만약 6번 던진 중에 1과 6이 각각 1회, 2와 3이 각각 2회씩 나왔다면 최빈값은 2와 3이다.

가보기 average, mean, median

Multibase Arithmetic Blocks
다진수 블록

2진법, 3진법, 4진법 등 다양한 진법을 표현하기 위해 만들어진 교구를 총칭하는 말

M

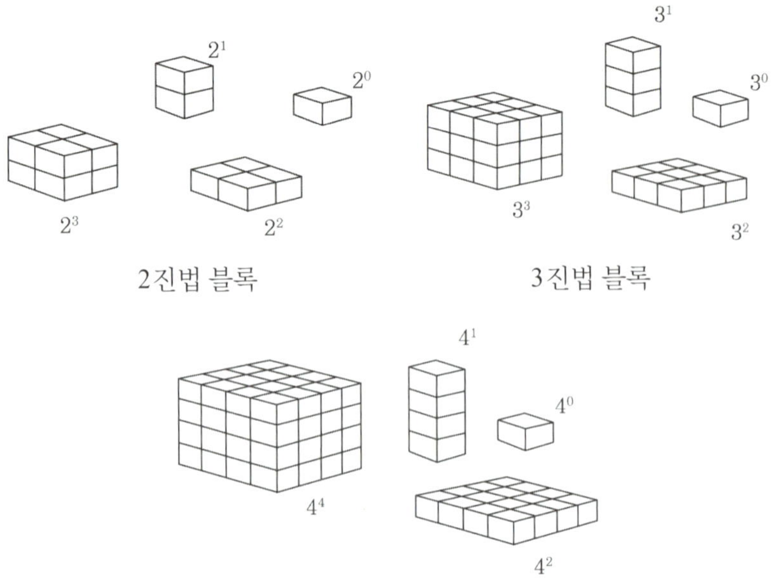

2진법 블록 3진법 블록

4진법 블록

multidigit number
여러 자리의 수

두 자리 이상의 수

보 기 23, 405, 6781, 10324 는 차례로 두 자리, 세 자리, 네 자리, 다섯 자리의 수이다. 이런 수들을 multidigit number라고 한다.

가보기 digit

multiple
배수

어떤 수를 한 배, 두 배, 세 배, … 하여 나온 수

보 기 2의 배수는 2, 4, 6, 8, … 등과 같이 무한히 만들 수 있다.

multiplicand
피승수, 곱해지는 수

보 기 3×4는 '3times of 4'로 해석되므로 '4의 3배'이다. 즉 4에 3을 곱하는 것으로 4가 피승수(multiplicand), 3이 승수(multiplier)가 된다.

Note

미국과 영국을 포함한 **서양권**에서는 3×4를 '3 times of 4(**4의 3배**)'로 해석하기 때문에 $3\times4=4+4+4$로 표현된다. 반면 **한국**에서는 3×4를 '**3의 4배**'로 해석하기 때문에 $3\times4=3+3+3+3$으로 표현되며, 이 때 3이 피승수, 4가 승수가 된다.

한국 : 3(피승수)×4(승수)=3+3+3+3
미국 : 3(승수)×4(피승수)=4+4+4

가보기 multiplier, multiplication

multiplication
곱셈

두 개 이상의 수나 식을 곱하는 계산

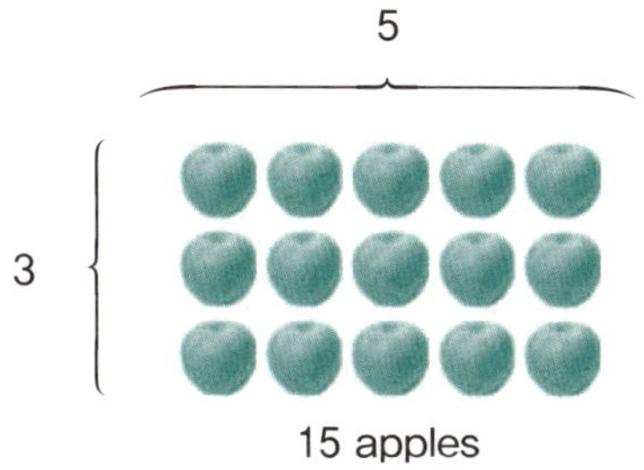

$3\times5=15$

가보기 multiplicand, product

multiplication fact
곱셈 구구, 구구단

한 자리 수끼리의 간단한 곱셈결과

보 기 $0\times0=0,\ 0\times1=0,\ 0\times3=0,\ \cdots,\ 9\times7=63,$
$9\times8=72,\ 9\times9=81$ 등 총 100개
곱셈구구를 암기하고 있으면, 두 자리 수 이상의 곱을 계산하기 편리하다.

가보기 arithmetic facts, multiplication fact table

multiplication sentence
곱셈식

곱셈관계를 나타내는 식

보 기 $3\times4=12$는 '3과 4의 곱은 12와 같다.'를 나타내는 곱셈식이다. 이때 3과 4는 인수(factor), 12는 곱(product)이라고 한다.

가보기 number sentence

M

multiplication fact table
곱셈구구표, 곱셈표

곱셈구구 100개를 정리해 놓은 표

×	0	1	2	3	4	5	6	7	8	9
0	0	0	0	0	0	0	0	0	0	0
1	0	1	2	3	4	5	6	7	8	9
2	0	2	4	6	8	10	12	14	16	18
3	0	3	6	9	12	15	18	21	24	27
4	0	4	8	12	16	20	24	28	32	36
5	0	5	10	15	20	25	30	35	40	45
6	0	6	12	18	24	30	36	42	48	54
7	0	7	14	21	28	35	42	49	56	63
8	0	8	16	24	32	40	48	56	64	72
9	0	9	18	27	36	45	54	63	72	81

가보기 multiplication fact

multiplier
승수, 곱하는 수

가보기 multiplicand

N

natural number
자연수

1, 2, 3, … 등과 같은 수

유의어 counting number

near double
거의 두 배

6+7은 6+6 즉 6의 두 배 보다 1 큰 수이다. 마찬가지로 7+8은 7+7 보다 1 큰 수이다. 이와 같이 어떤 수의 두 배에 가까운 경우를 near double이라 한다.

Note

어린 학생이라 해도 6+6과 같은 double fact는 비교적 쉽게 익히므로, near double 문제는 double fact를 이용하면 도움이 될 수 있다.

Near double		
5 + 5 = 10	→	5 + 6 = 11
6 + 6 = 12	→	6 + 7 = 13
7 + 7 = 14	→	7 + 8 = 15
8 + 8 = 16	→	8 + 9 = 17
9 + 9 = 18	→	9 + 10 = 19
10 + 10 = 20	→	10 + 11 = 21

가보기 double fact

N

nearest centimeter

물건의 길이를 센티미터 자로 잴 때, 가장 가까운 쪽의 센티미터 눈금을 읽는 것

보 기 그림의 클립은 3cm와 4cm 사이에 있지만 3cm쪽에 더 가깝다. 따라서 약 3cm라고 말할 수 있다.

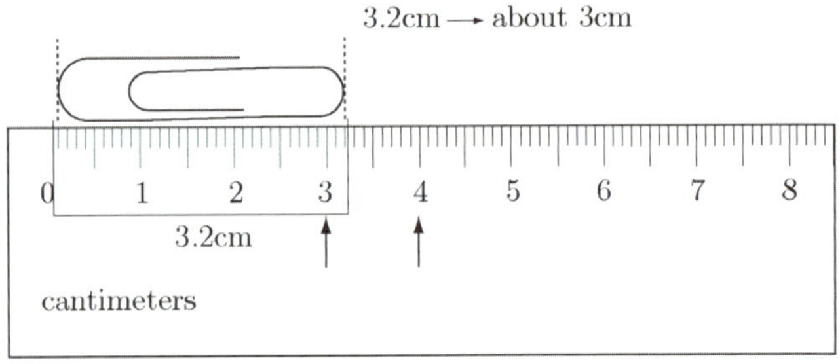

가보기 centimeter, round

negative integer
음의 정수

$-1, -2, -3, \cdots$ 등과 같은 수

가보기 negative number, positive integer

negative number
음수

0보다 작은 모든 수, 즉 수직선 위에서 0의 왼쪽에 위치한 수

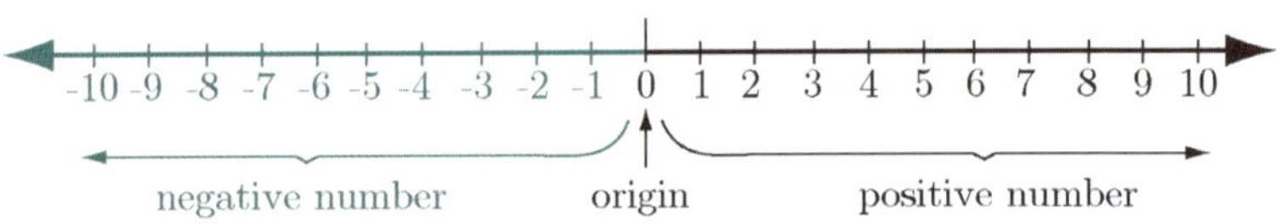

Note

negative integer는 $-1, -2, -3, \cdots$ 등과 같이 자연수에 마이너스(−)를 붙인 수이지만, negative number는 negative integer를 포함하여 -1.5, -3.07, $-\frac{7}{2}$, $-\frac{9}{10}$, 등과 같이 수직선 위에서 0의 왼편에 대응되는 모든 수를 의미한다.

가보기 positive number

nested parentheses
이중괄호

소괄호(( )), 중괄호({ }), 대괄호([ ]) 등 여러 개의 괄호 들이 서로 겹쳐있는 것

보 기 $30-((2+3)\times5)=30-5\times5=30-25=5$

$[2+\{5-(9-7)\}\times3]=[2+\{5-2\}\times3]=[2+9]=11$

Note

여러 개의 괄호를 써야할 경우, 소괄호( ), 중괄호{ }, 대괄호[ ]로 구분하여 쓰기도 하고, 소괄호를 중복해서 쓰기도 한다. 계산의 순서는 가장 안쪽에 있는 괄호부터 바깥 쪽에 있는 괄호로 진행된다.

가보기 brace, bracket, parentheses

net
전개도(입체도형의)

입체도형의 펼친 그림

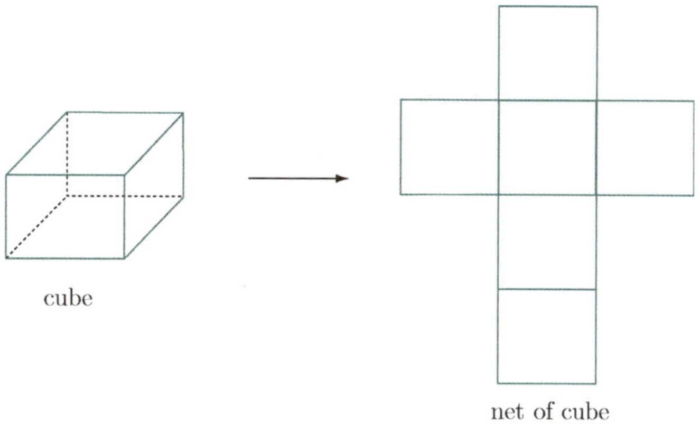

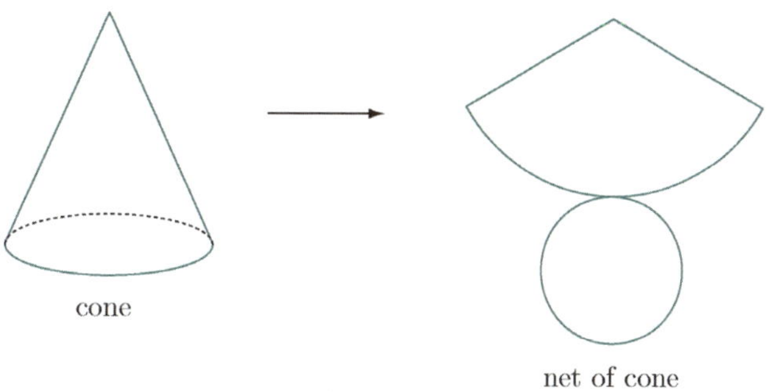

N

n-gon
n각형

n개의 선분으로 둘러싸인 다각형

가보기 polygon

nonagon
구각형

9개의 선분으로 둘러싸인 다각형

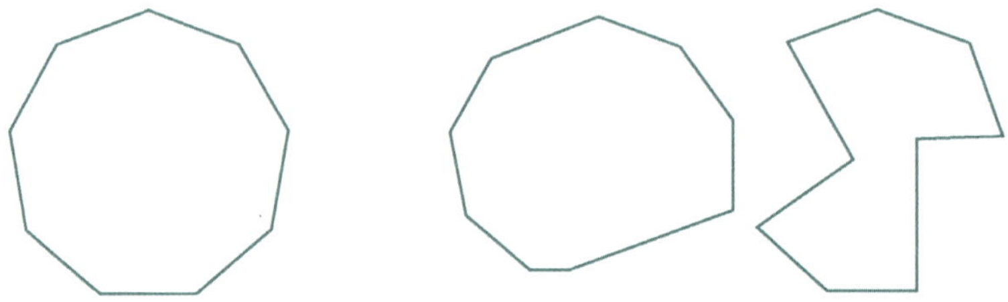

가보기 polygon, regular polygon

nonconvex polygon
오목 다각형

가보기 concave polygon

nonterminating decimal
무한소수

소수점 아래의 숫자가 끝없이 계속되는 소수

보 기 무한소수에는 순환소수와 비순환소수가 있다. $\frac{1}{3}$, 1, $\frac{2}{11}$와 같은 유리수는 소수로 고치면 순환소수가 되며, π, $\sqrt{2}$, $\sqrt{3}$, … 등과 같은 무리수는 소수로 고치면 비순환소수가 된다.

$\frac{1}{3}=0.33333\cdots$, $1=0.99999\cdots$, $\frac{2}{11}=0.181818\cdots$,

$\pi=3.141592\cdots$, $\sqrt{2}=1.4142135\cdots$, $\sqrt{3}=1.7320508\cdots$

가보기 terminating decimal

number
수, 숫자

자연수, 정수, 유리수, 무리수, 실수 등의 수를 총칭하는 말 혹은 이를 나타내는 기호

> **Note**
>
> 숫자는 한문으로 數字이다. 즉 수(數)를 나타내는 글자, 혹은 기호이다. 따라서 엄밀히 따지면 수와 숫자는 같은 것이 아니다. digit이나 numeral은 주로 숫자를 의미하지만, number는 경우에 따라 수를 의미하기도 하고 숫자를 의미하기도 한다.

가보기 digit, numeral

number-and-word notation

큰 수를 나타낼 때, 숫자와 글자를 섞어서 표현하는 방식

보 기 23,000,000을 '23millions'로 나타내는 것

number facts
수구구

가보기 arithmetic facts

number family

fact family를 구성하는 수들

보 기 4, 5, 9는 4+5=9, 5+4=9, 9−4=5, 9−5=4의 fact family를 구성하는 수들이므로, number family이다.

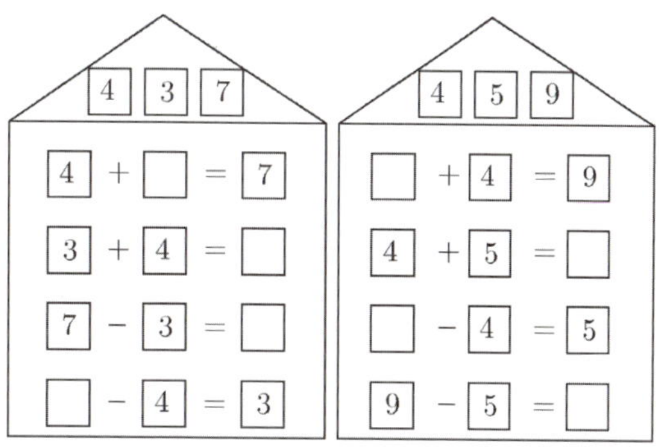

가보기 fact family

number grid

수 배열표

수를 규칙에 따라 배열해 놓은 표

보 기 ① 100표

1	2	3	4	5	6	7	8	9	10
11	12	13	14	15	16	17	18	19	20
21	22	23	24	25	26	27	28	29	30
31	32	33	34	35	36	37	38	39	40
41	42	43	44	45	46	47	48	49	50
51	52	53	54	55	56	57	58	59	60
61	62	63	64	65	66	67	68	69	70
71	72	73	74	75	76	77	78	79	80
81	82	83	84	85	86	87	88	89	90
91	92	93	94	95	96	97	98	99	100

① 99표

0	1	2	3	4	5	6	7	8	9
10	11	12	13	14	15	16	17	18	19
20	21	21	22	23	24	25	26	27	28
29	30	31	32	33	34	35	36	37	38
39	40	41	42	43	44	45	46	47	48
49	50	51	52	53	54	56	57	58	59
60	61	62	63	64	65	66	67	68	69
70	71	72	73	74	75	76	77	78	79
80	81	82	83	84	85	86	87	88	89
90	91	92	93	94	95	96	97	98	99

② 50표

41	42	43	44	45	46	47	48	49	50
31	32	33	34	35	36	37	38	39	40
21	22	23	24	25	26	27	28	29	30
11	12	13	14	15	16	17	18	19	20
1	2	3	4	5	6	7	8	9	10

number line

수직선

수를 표시해 놓은 직선

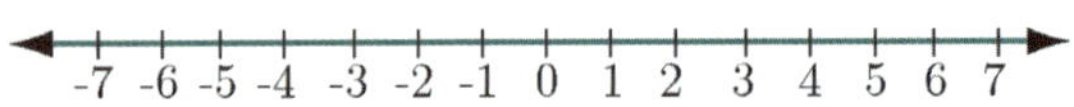

Note

수직선은 '**수+직선**'으로 해석해야 한다.
간혹 '수직+선'으로 해석해서 수선과 혼동하는 학생들이 있으니 주의해야 한다.

N

number model

수나 양 사이의 관계를 나타낸 수식이나 공식, 혹은 문장

보 기 ① $3\times4=12$, $9\div3=3$, $12+3=15$, ⋯ 등과 같은 식

② "The area of rectangle A is equal to the product of sides D and E." (직사각형 A의 넓이는 가로 D와 세로 E의 곱과 같다.)와 같은 문장

③ $Area=d\times e$와 같은 공식

Note

number model은 주로 등호(=)를 포함하며, '4+5'와 같이 등호가 없는 것은 number model이라 하지 않는다.

number sense

수감각

수의 의미, 수들 사이의 관계, 연산 후의 결과 등 수와 관련된 지식이나 직관이 풍부한 것을 의미함

Note

다음 문제를 풀어보자.

$$(234+234+234+234)\times25=?$$

234가 4번 더해있으므로, 주어진 식을 $234\times4\times25$로 바꿀 수 있고, 4×25가 100이라는 사실을 알고 있다면, 복잡한 계산을 하지 않고도 이 문제의 답이 23,400이라는 사실을 금방 알 수 있다. 이처럼 수감각이 뛰어나면 계산을 쉽게 수행할 수 있다.

N

number sentence

수들 사이의 관계를 연산기호(+, −, ×, ÷)와 관계기호(≤, =, ≥)를 이용해 나타낸 식

보 기 $2+3=5$ $7-?=5$
$9\times2\le x$ $9.5\div0.5=19$
$5+(8-3)=10$ $y\ge3\times5$

Note

수학에서 expression과 sentence는 모두 식을 뜻하지만, 보통 **관계기호(≤, =, ≥)가 없는 식**을 **expression**이라 하고, 관계기호(≤, =, ≥)를 포함하는 식을 sentence라 한다.

가보기 addition sentence, division sentence, equation, expression, multiplication sentence, subtraction sentence

number story

수들 사이의 관계를 나타낸 문장이나 이야기

보 기 6−4=2에 해당하는 number story를 여러 가지로 만들 수 있다.
① There are 6 ducklings. 4 ducklings swim away. How many ducklings are left?
② There are 6 books in all. 4 books are on the table. How many books are there in the bag?

유의어 story problem

numeral
숫자

수를 나타내는 기호

보 기 인류는 고대부터 지역에 따라 다양한 숫자를 개발해서 사용해 왔다.
① 인도-아라비안 숫자

0 1 2 3 4 5 6 7 8 9

② 바빌로니아 숫자

1 10

③ 로마 숫자

I	V	X	L	C	D	M
1	5	10	50	100	500	1000

④ 마야 숫자

0 1 5

⑤ 이집트 숫자

일 십 백 천 만 십만 백만

Note

'수(number)'는 양이나 크기를 나타내는 추상적인 개념인 반면, 숫자(numeral)는 수를 나타내는 기호에 불과하다. 예쁘게 써야하는 것은 숫자이며, 많고 적음을 논할 수 있는 것은 수이다.

가보기 number

numeration system
기수법

수를 표기하는 방법

인류는 오래 전부터 수를 표기하는 방식을 다양하게 개발하여 사용하여왔다. 오늘날 우리가 사용하는 기수법은 인도에서 유래된 것으로 십진법을 기반으로 한다. 이집트와 바빌로니아에서는 이미 BC. 2000년경부터 각자 고유의 기수법을 개발하여 사용하였다. 이집트는 일, 십, 백, 천, 만, 십만, 백만에 해당하는 7개의 숫자를 이용해 필요한 만큼 늘어놓는 방식으로 수를 표기하였다. 바빌로니아는 일과 십에 해당하는 단 두 개의 숫자를 이용하여 60진법에 근간을 둔 위치기수법을 사용하였다. 이 밖에 마야나 로마 지역에서도 고유의 기수법이 개발되어 사용되었다.

보 기 ① 인도의 10진법

2 3 0 5

② 바빌로니아의 60진법

③ 이집트의 기수법

가보기 decimal numeration system, numeral

numerator
분자

분수에서 –(bar) 위에 있는 수

$$\frac{3}{5}$$

← numerator
← denominator

가보기 denominator

O

oblique

직각이 아닌, 비스듬히 기울어진

보 기 (1) oblique angle로는 acute angle(예각), obtuse angle (둔각), reflex angle(우각)이 있다.

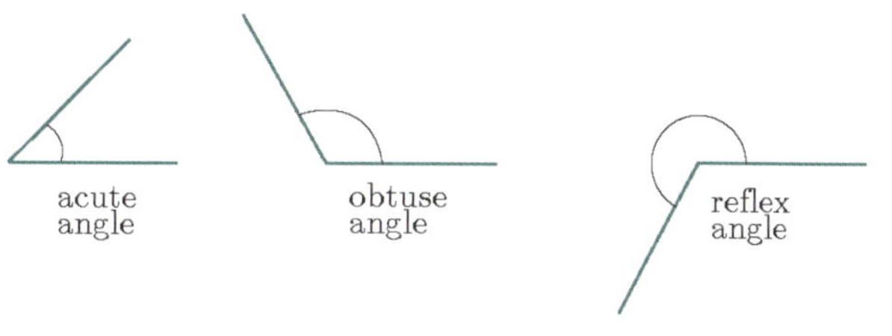

(2) 비스듬히 기울어진 pyramid와 cone을 oblique pyramid (빗각뿔)와 oblique cone(빗원뿔)이라 한다.

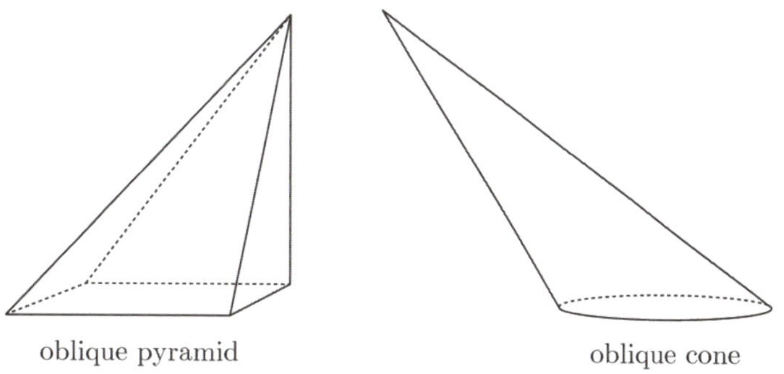

가보기 right angle, right cone, right pyramid

obtuse angle
둔각

90° 보다 크고 180° 보다 작은 각

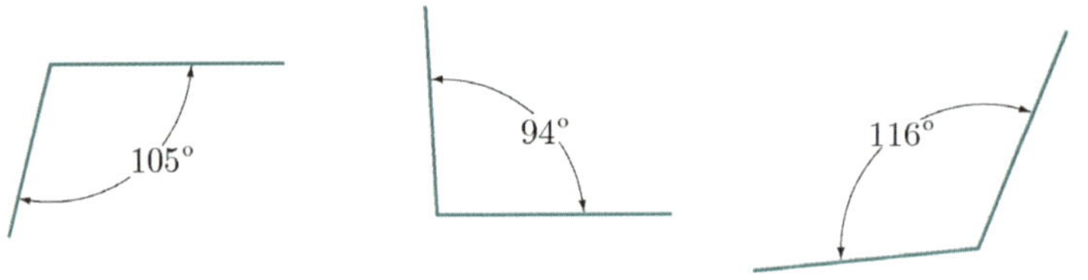

유 래 'obtuse'는 둔하다는 의미를 가진다. obtuse angle(둔각)은 뾰족하지 않은 각의 모양에서 나온 용어이다.

Note

90° 를 기준으로 그 보다 작으면 예각(acute angle), 그 보다 크고 180° 보다 작으면 둔각(obtuse angle)이다. 90° 인 각은 직각(right angle)이고, 180° 인 각은 평각(straight angle)이라 한다.

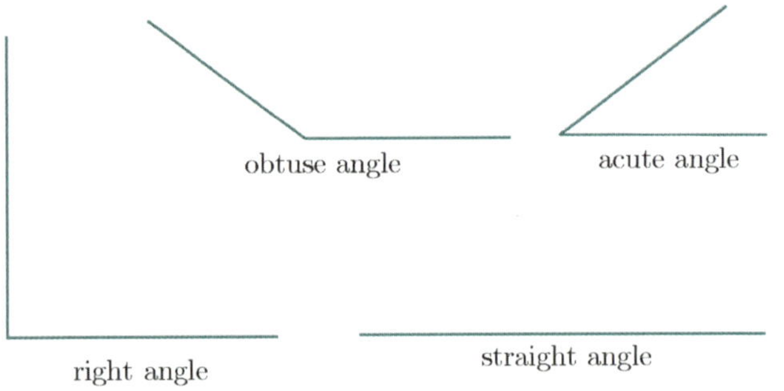

가보기 acute angle, right angle, straight angle

O

obtuse triangle
둔각 삼각형

한각이 둔각인 삼각형

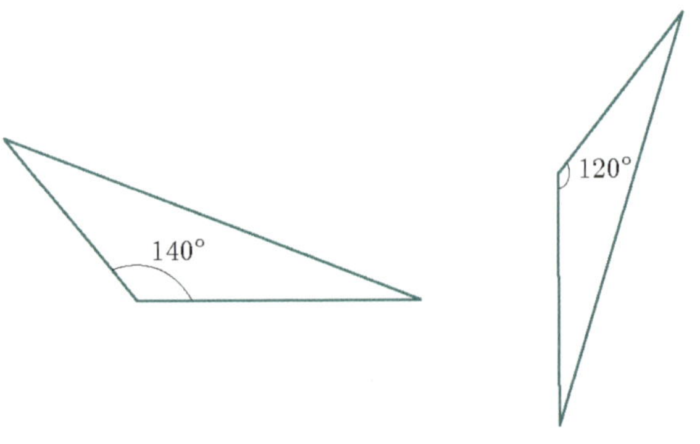

Note

한 각이 직각인 삼각형은 직각삼각형(right triangle), 세 각이 모두 예각인 삼각형은 예각삼각형(acute triangle)이라 한다.

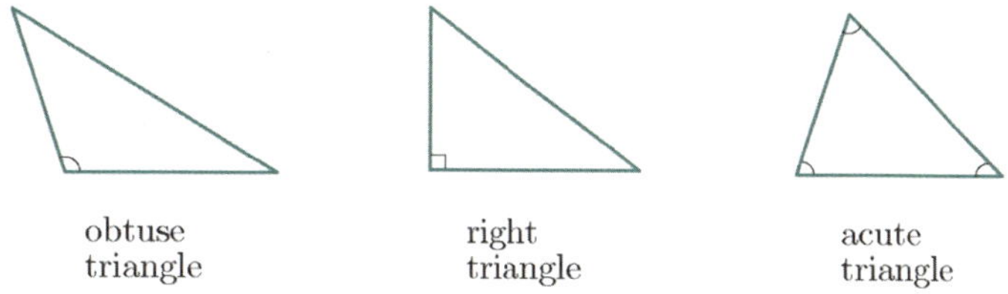

가보기 acute triangle, right triangle

O

octagon
팔각형

8개의 선분으로 둘러싸인 다각형

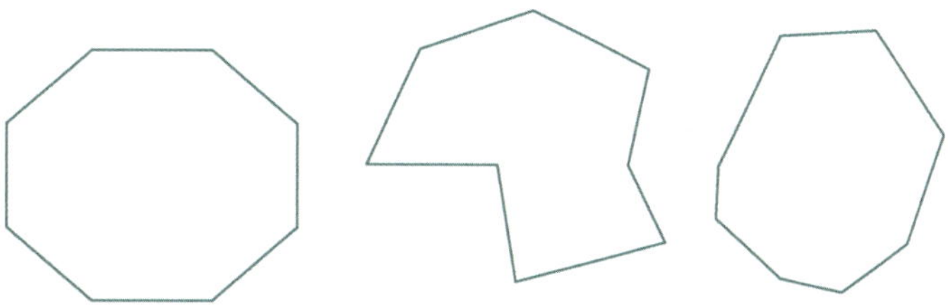

유 래 octa는 '8'을 뜻하는 그리스어에서 유래되었다.

가보기 polygon

octahedron
(복수 octahedra)
팔면체

8개의 면으로 둘러싸인 입체도형

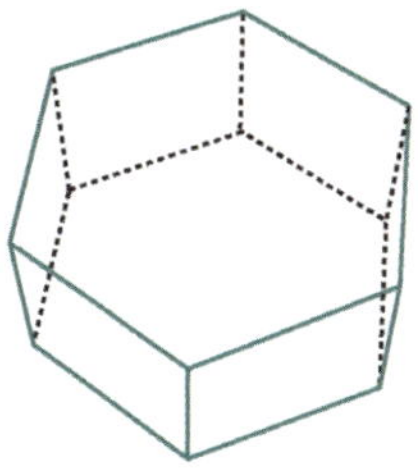

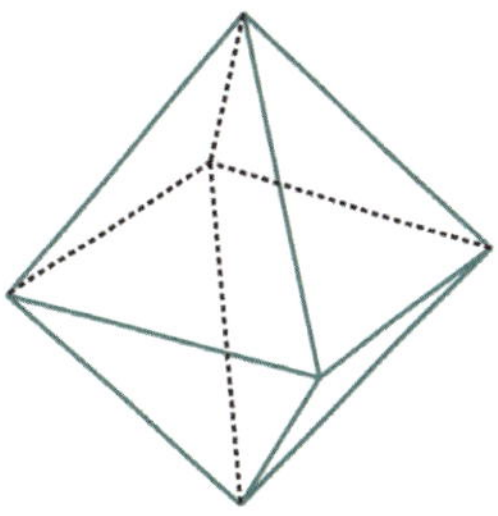

가보기 polyhedron

odd number
홀수

1, 3, 5, 7, 9, … 등과 같이 둘씩 짝을 지으면 하나가 남는 수

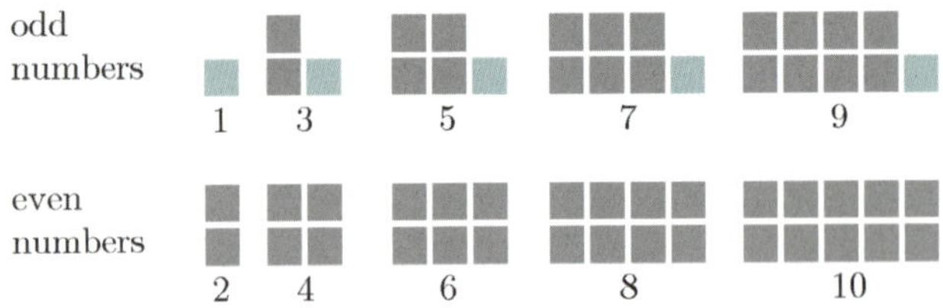

가보기 even number

ones place
일의 자리

십진기수법에서 맨 오른쪽 자리로, 낱개가 몇 개인지를 나타내는 자리

보 기 364에서 3은 백의 자리, 6은 십의 자리, 4는 일의 자리의 수이다.

hundreds	tens	ones
3	6	4
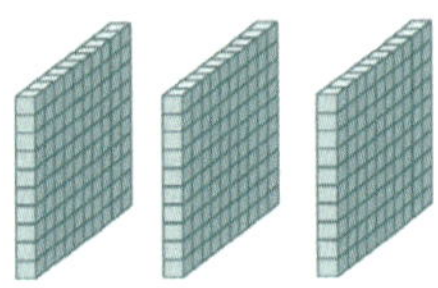	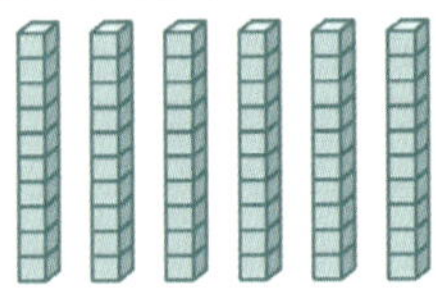	

open sentence

참과 거짓을 알기 위해 추가적인 정보가 필요한 방정식이나 부등식

보 기 $3+\square \leq 10$, $5\times(?+1)=10$, $x-y=6$, …

Note

open sentence란 얼마인지 모르는 양을 ?, □, x 등의 기호를 이용해 나타낸 식이다. ?, □, x의 자리에 어떤 수를 넣는가에 따라 식이 참이 될 수도 있고, 거짓이 될 수도 있기 때문에, 여러 가지 가능성을 열어두었다는 점에서 'open'이라는 용어가 사용되었다.

가보기 number sentence

operation
연산

덧셈(+), 뺄셈(−), 곱셈(×), 나눗셈(÷) 등과 같이 수를 대상으로 일정한 법칙에 따라 하나의 결과를 내는 조작

가보기 addition, basic operation, division, exponent, multiplication, subtraction

operation symbol
연산 기호

+, −, ×, ÷ 등과 같이 연산을 나타내는 기호

Note

경우에 따라 곱셈기호 × 대신 • ○ ∗ 등과 같은 기호가 사용되기도 한다. 또한 나눗셈 기호 ÷ 대신 / 가 사용되기도 한다.

가보기 operation

opposite angles
대각, 맞꼭지각

가보기 opposite sides and angles of a quadrilateral, opposite sides and angles of a triangle, vertical angles,

opposite integers

0으로부터 반대방향으로 같은 거리에 있는 두 정수

보 기 7과 −7은 0으로부터 반대방향으로 7만큼 떨어진 거리에 있는 opposite numbers이다.

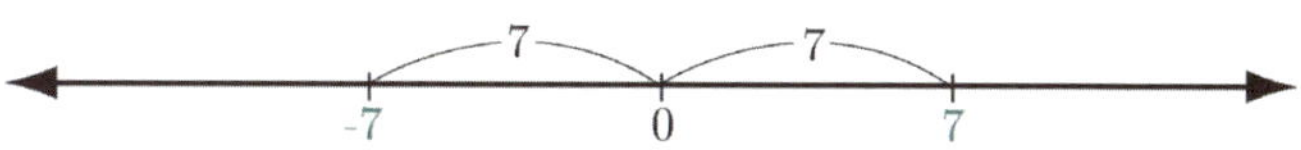

가보기 integers, opposite of a number

opposite of a number

가보기 additive inverse

opposite operation
역연산

가보기 inverse operation

opposite sides and angles of a quadrilateral
사각형의 대변과 대각

사각형에서 서로 마주 보는 위치에 있는 두 변을 대변(opposite sides)이라 한다. 또한 서로 마주 보는 위치에 있는 두 각을 대각(opposite angles)이라 한다.

보 기 사각형 QRST에서 선분QR, 선분ST는 서로 마주보고 있는 위치에 있으므로 opposite sides(대변)이다. 마찬가지로 선분TQ, 선분RS도 opposite sides(대변)이다. 각Q는 각S와, 각 T는 각R과 opposite angles(대각)이다.

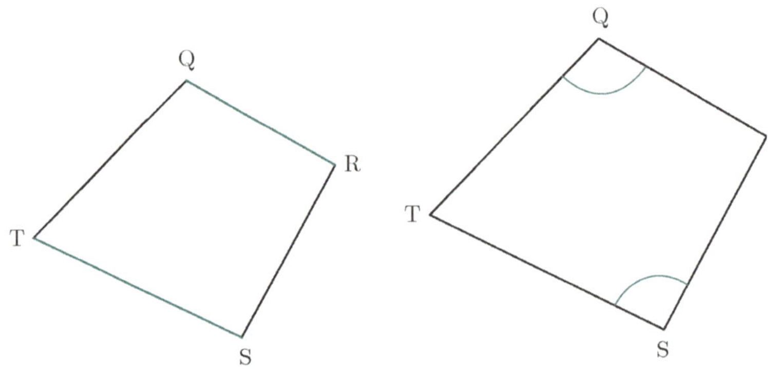

가보기 opposite sides and angles of a triangle

opposite sides and angles of a triangle
삼각형의 대변과 대각

삼각형의 어느 한 각과 마주보는 위치에 있는 변을 대변이라 한다. 마찬가지로 삼각형의 어느 한 변과 마주보는 각을 대각이라 한다.

보 기 삼각형 ABC에서 각A는 변BC의 opposite angles(대각)이다. 마찬가지로 변BC는 각A의 opposite sides(대변)이다.

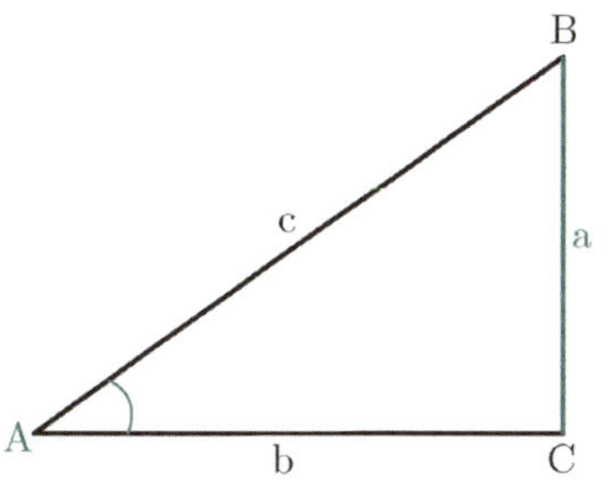

가보기 opposite sides and angles of a quadrilateral

O

ordered number pair
순서쌍

(2, 3), (a, b), (1, 5, 3) 등과 같은 식으로 순서가 있는 두 수 혹은 세 수를 짝지어 나타낸 것

보 기 2차원 평면 위의 한 점의 위치를 나타낼 때 (a, b)와 같은 식으로 순서쌍이 많이 사용된다. 아래 좌표계에서 (2, 3)은 원점으로부터 X축 방향으로 2만큼, Y축 방향으로 3만큼 떨어진 위치에 있는 점을 뜻한다.

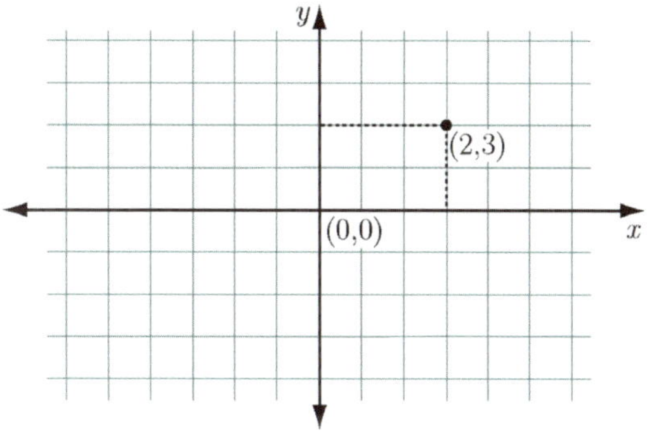

유의어 ordered pair

order property
교환법칙

가보기 commutative property

ordinal number
순서수(順序數), 서수(序數)

순서를 나타내는 수로 첫 번째(first), 두 번째(second), 세 번째(third) 등의 수

가보기 cardinal number

origin
원점

좌표계에서 x축과 y축이 만나는 점 또는 수직선에서 영(zero)이 표시되어 있는 점

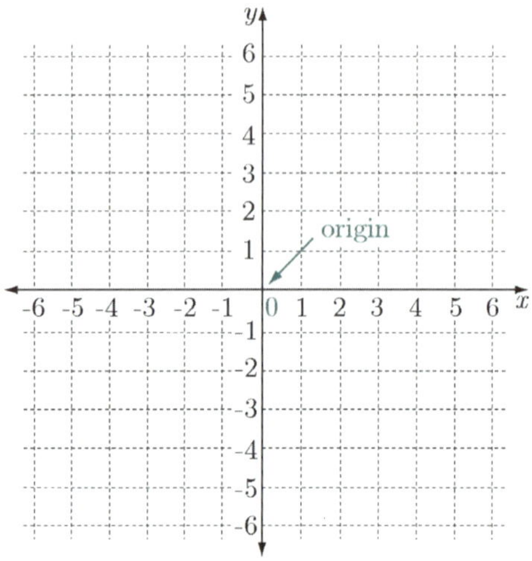

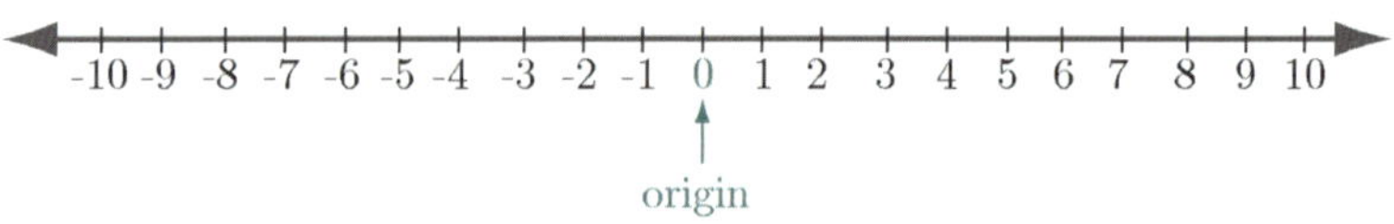

가보기 coordinate system, number line, x–axis, y–axis

ounce
(oz)
온스

무게를 재는 관습단위로 $\frac{1}{16}$ 파운드(pound)에 해당하는 무게

16 ounces = 1 pound = 약 0.45kg

outlier
특이점, 이상점, 이산점

자료의 분포에서 비정상적으로 벗어나 있는 점

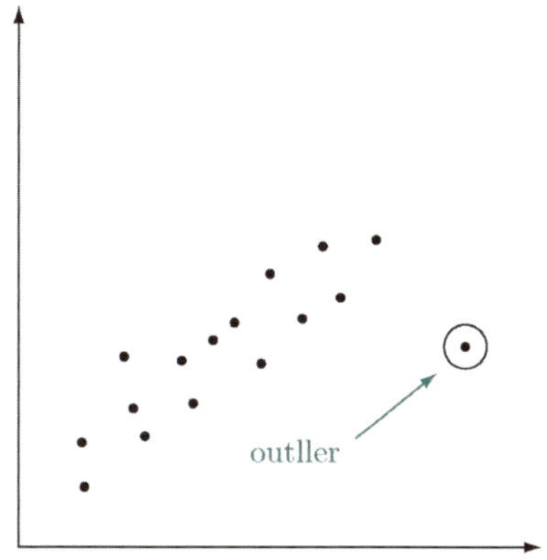

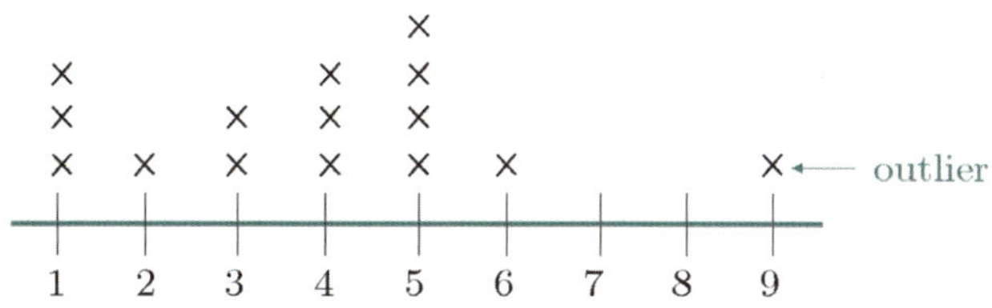

oval 계란 모양의 평면도형

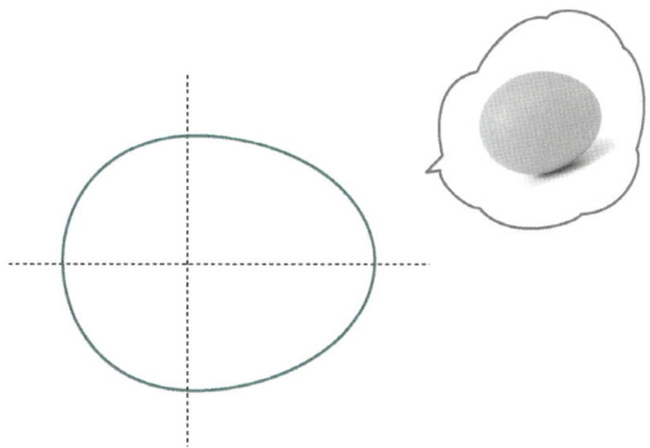

유 래 oval은 계란을 뜻하는 라틴어인 ovum에서 비롯된 말이다.

Note

oval은 적어도 한 축을 기준으로 대칭이며, ellipse(타원)는 두 개의 축에 모두 대칭이므로, ellipse(타원)는 oval의 일종이라 볼 수 있다.

가보기 ellipse

P

parallel lines
평행선

한 평면 위에 있으면서 서로 만나지 않는 두 직선

가보기 intersecting lines, perpendicular

parallelogram
평행사변형

두 쌍의 대변이 서로 평행인 사각형

보 기 정사각형, 직사각형, 마름모 등은 모두 평행사변형이다.

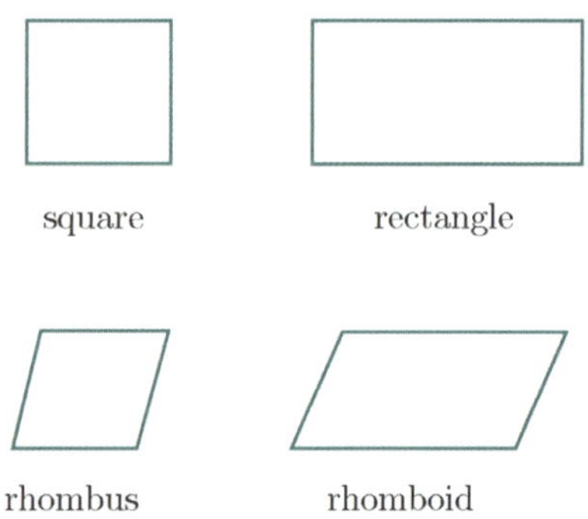

가보기 parallel lines

parallel planes
평행면

3차원 공간에서 서로 만나지 않는 두 개의 평면

parenthesis
(복수: parentheses)
괄호(( )), 소괄호

(3+2)×5 와 같이 먼저 해야 할 계산임을 알려주기 위해 계산식에서 사용하거나, (1, 2)와 같이 좌표를 나타낼 때 사용하는 기호

유의어 round braket

가보기 brace, bracket

partial-differences method

부분차를 이용한 뺄셈법

보 기 528−263을 계산할 때, 500−200, 20−60, 8−3을 먼저 구하고, 그 부분차(partial-differences)를 합하여 답을 얻는 방법이다.

	528	
	− 263	
백의 자리 수끼리 빼기	+ 300	500−200
십의 자리 수끼리 빼기	− 40	20−60
일의 자리 수끼리 빼기	+ 5	8−3
부분차를 더하기	265	

partial product method

부분곱을 이용한 곱셈법

보 기 23×45를 계산할 때, 20×40, 20×5, 3×40, 3×5를 먼저 구하고, 그 부분곱(partial product)을 합하여 답을 얻는 방법

23	
× 45	
800	20 × 40
100	20 × 5
120	3 × 40
+ 15	3 × 5
1035	

partial quotients division method

부분몫을 이용한 나눗셈법

보 기 962÷6을 계산할 때, 962에 6이 몇 번이나 들어가는지를 생각하는 방식으로, 주로 100이나 10의 배수 단위로 몫을 추정하면서 정답을 찾아가는 방법이다.

962에는 6이 100번 들어가고 나머지는 362이다. 362에는 6이 20번은 확실히 들어간다. 그러면 362에서 120을 빼고 나머지는 242이다. $6 \times 40 = 240$이므로, 242에는 6이 40번 들어가고 나머지는 2이다. 계산과정에서 나온 부분몫(partial quotients)을 모두 합하면 100+20+40=160이고, 이것이 962÷6의 몫이며, 나머지는 2이다. 그러나 100, 20, 40 이외에도 100, 30, 30 혹은 100, 50, 10 등 다양한 방법으로 몫을 구할 수 있다.

6) 962	
600	×100
362	
120	× 20
242	
240	× 40
2	160 R 2

6) 962	
600	×100
362	
180	× 30
182	
180	× 30
2	160 R 2

partial sums method

부분합을 이용한 덧셈법

보 기 27+46을 계산할 때, 20+40, 7+6을 먼저 구하고, 그 부분합(partial sums)을 다시 합하여 답을 얻는 방법이다.

27	
+ 46	
60	20+40
+ 13	7+13
73	

partition division
등분제

'똑같이 나누다.'의 의미를 가지는 나눗셈

보 기 '사과 6개를 3명이 똑같이 나누려면 한 명에게 몇 개씩 주면 되나?', '탁구공 6개를 3개의 상자에 똑같이 나누어 담으려면 한 상자에 몇 개씩 담으면 되나?' 등과 같이 주어진 양을 몇 개로 똑같이 나누려 할 때, 한 단위에 해당하는 양을 묻는 나눗셈이다.

Note

6÷3에 대해 '6을 3으로 똑같이 나누면 한부분에 해당하는 값은 얼마인가?'로 생각할 수도 있고, '6에 3이 몇 번 포함되는가?'로 생각할 수도 있다. 전자는 등분제(partition division)이며, 후자는 포함제(quotition division)이다.

유의어 partitive division, partitioning, sharing

가보기 division, quotition division

parts-and-total number story
부분-전체 문장제, 합병 문장제

부분과 부분의 합으로 이루어진 전체를 이용해 만든 문장제로, 부분이나 전체를 구하도록 문제 상황을 만들 수 있다.

보 기 '우리 조에는 여자가 3명, 남자가 1명이다. 우리 조는 모두 몇 명인가?' 혹은 '우리 조는 모두 4명이다. 이 중 여자가 3명이면 남자는 몇 명인가?' 와 같은 식의 문제가 부분-전체 문장제이다.

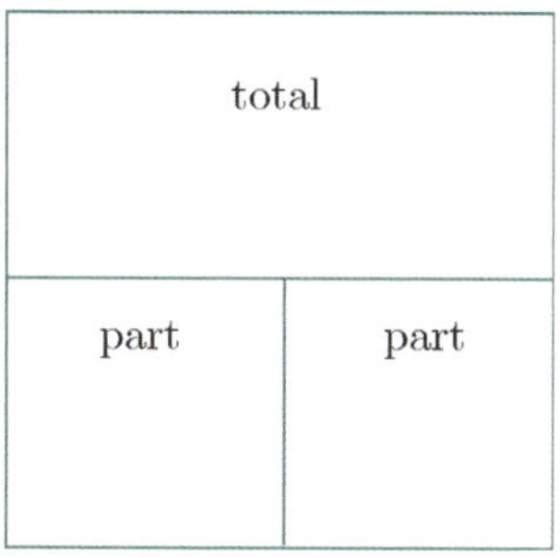

_____ + _____ = _____

가보기 comparison story

pattern blocks
패턴블록

색(녹색, 주황색, 파란색, 회색, 빨간색, 노란색)과 모양(정삼각형, 정사각형, 평행사변형, 마름모, 사다리꼴, 정육각형)으로 구분되는 6개의 나무 조각을 기본으로 하는 블록이다. 6개의 도형을 구성하는 모든 변은 1인치(약2.54㎝)로 길이가 같다. 단 사다리꼴의 아랫변의 길이는 2인치이다.

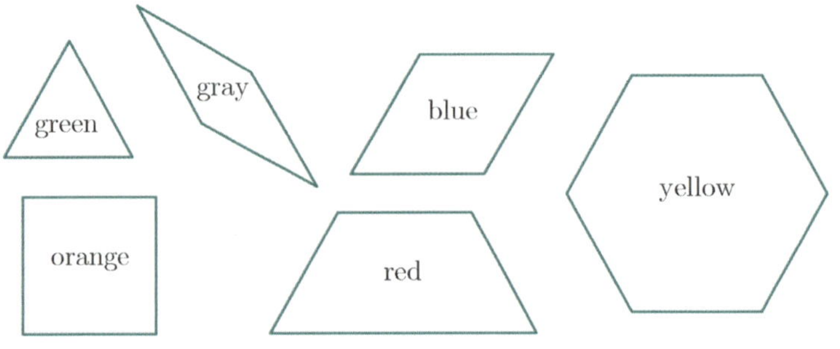

pentagon
오각형

다섯 개의 선분으로 둘러싸인 도형

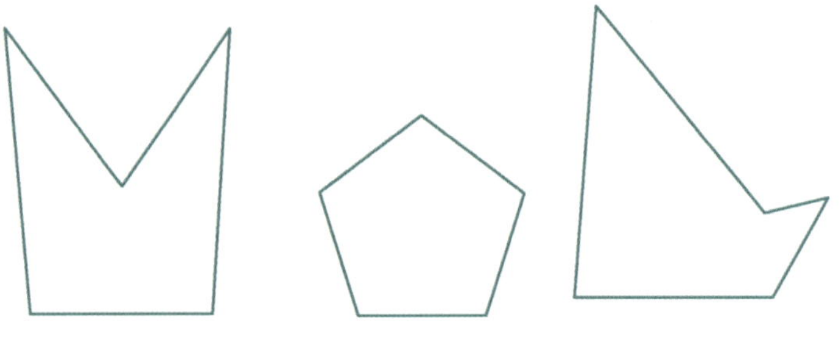

가보기 polygon

pentagonal number
오각수

그림과 같이 오각형을 구성하는 수로 1, 5, 12, 35, ..., 등이 있다.

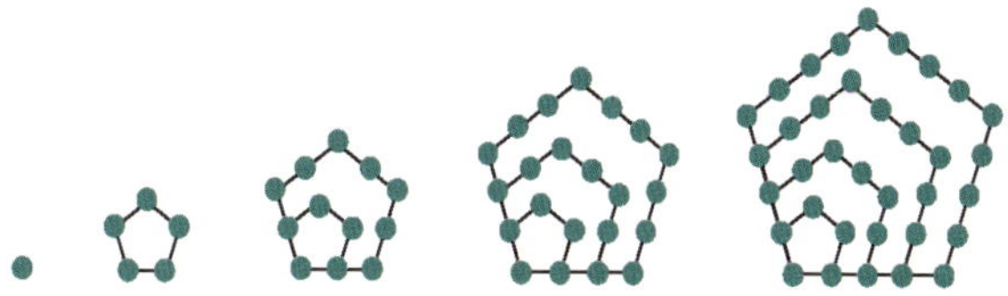

가보기 figurate numbers

percent
(%)
퍼센트, 백분율

기준량을 100으로 볼 때의 비율

보 기 예를 들어 4명 중에 1명 꼴로 안경을 쓰고 있다면, 100명 중에 안경을 쓴 사람은 25명이 될 것이다. 즉 전체의 25퍼센터(%)가 안경을 쓰고 있다고 볼 수 있다.

유 래 percent에서 cent는 '100'을, per는 '~당'을 의미한다. 즉 백분율(percent)은 '100을 기준으로'라는 의미를 지닌다.

유의어 percentage

percent circle

백분율을 나타내기 위한 원으로 원의 둘레에 100개의 눈금이 그려져 있어 백분율을 표현하기 쉽다.

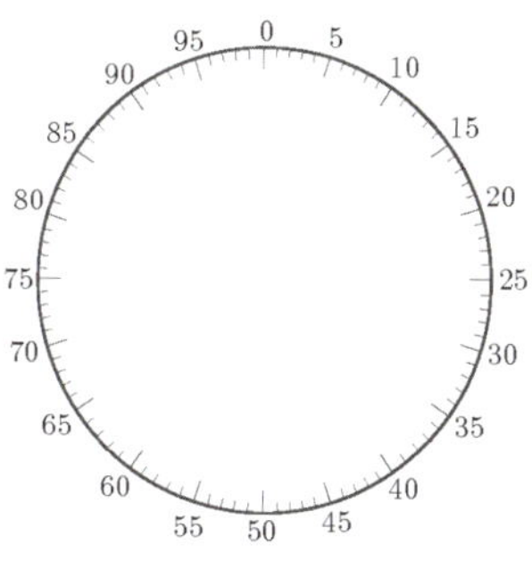

percent circle

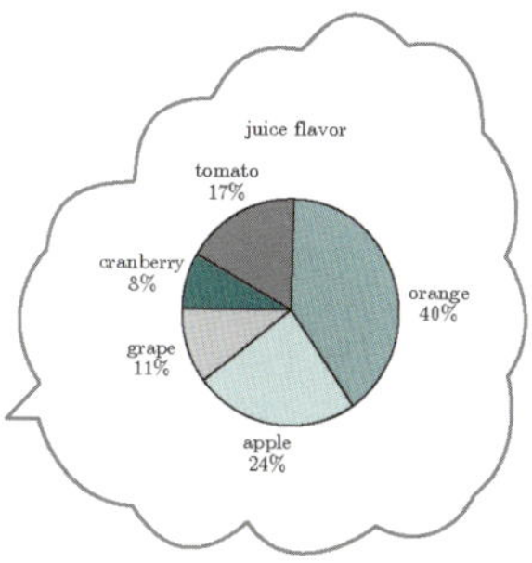

가보기 percent

perfect number
완전수

자기 자신을 제외한 약수들(proper factors)의 합이 자기 자신이 되는 수

보 기 6의 약수는 1, 2, 3, 6이다. 이 중 6을 제외하고, 인수들을 모두 합하면 1+2+3=6이다. 이외에도 28, 496, 8128 등이 완전수이다.

Perfect Number	Positive Factors	Sum of all factors excluding itself
6	1, 2, 3, 6	6
28	1, 2, 4, 7, 14, 28	28
496	1, 2, 4, 8, 16, 31, 62, 124, 248, 496	496
8128	1, 2, 4, 8, 16, 32, 64, 127, 254, 508, 1016, 2032, 4064, 8128	8128

P

가보기 proper factor

perimeter
둘레

도형의 가장자리 또는 가장자리를 한 바퀴 도는 길이

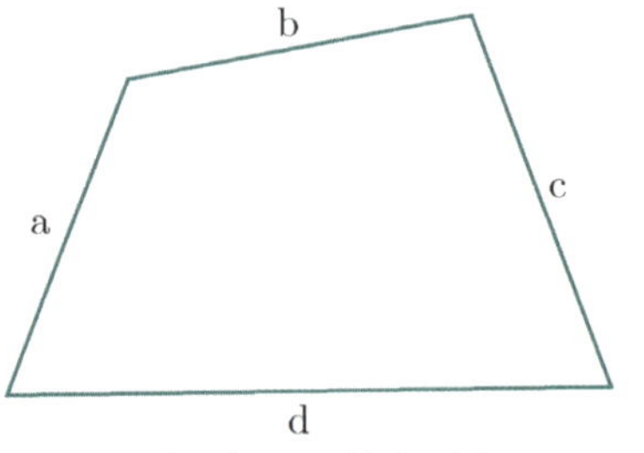

perimeter=a+b+c+d

Note

도형 중 원의 둘레는 circumference라고 한다.

가보기 circumference

perpendicular
수직인, 직교하는

선분, 직선, 반직선, 평면 등이 교차할 때 이루는 각도가 직각(90°)인 경우를 일컬음

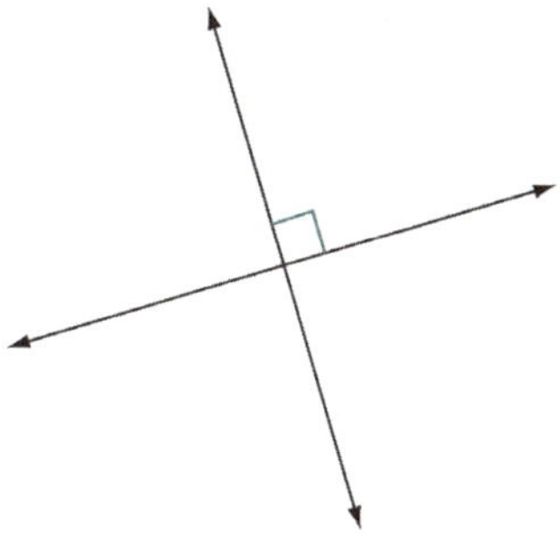
perpendicular lines

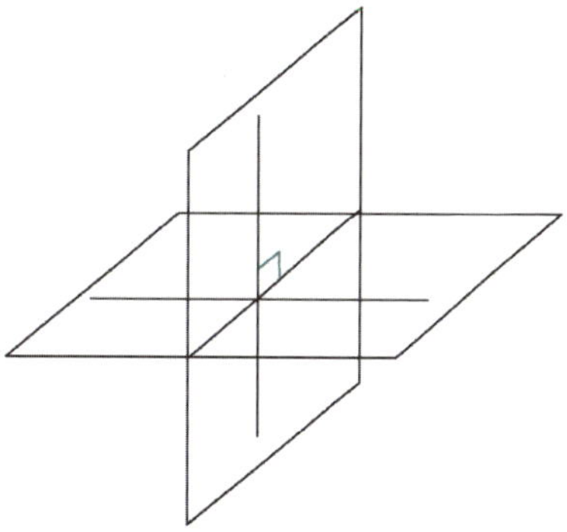
perpendicular planes

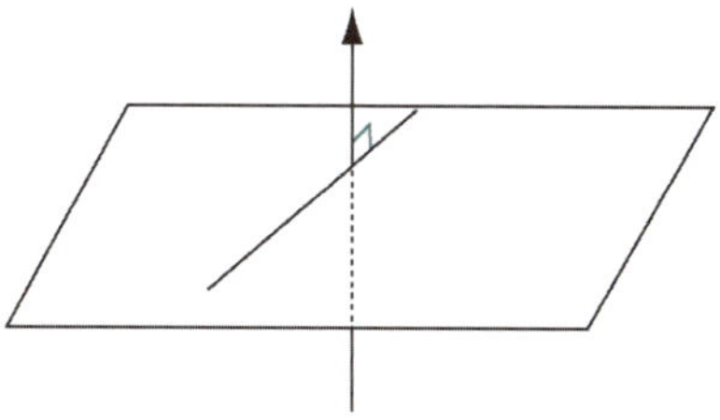
a perpendicular line to a plane

pi
(π)
원주율

원의 지름(diameter)에 대한 둘레(circumference)의 비로 약 3.14

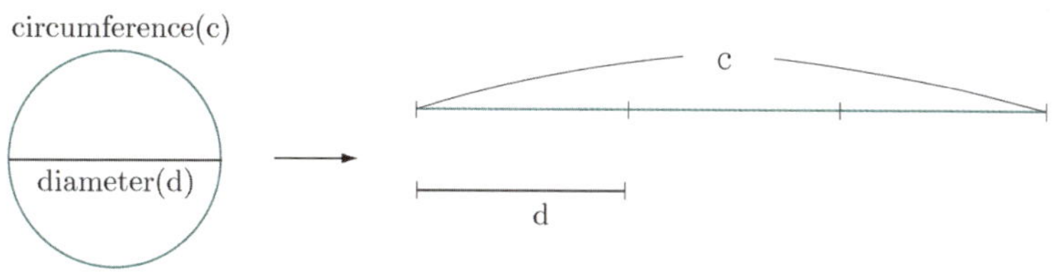

Note

모든 원의 원주율은 3.141592653…로 동일하다. 계산의 편의를 위해 원주율을 3.14 혹은 $3\frac{1}{7}$과 같은 유한소수로 대체하여 계산하는 경우가 많다. 미국의 일부 학교에서는 3월 14일을 파이데이(pi day)로 정하여 기념하기도 한다. 아인슈타인의 생일도 3월 14일이다.

가보기 circle

picture graph
그림그래프

자료를 나타내기 위해 그림을 이용한 그래프

보 기 다음 그림그래프는 도토리 그림을 이용해서 자료의 양을 표현했다. 도토리 그림 하나 당 5알을 뜻하므로, Jumpy는 15알, Squealy는 25알, Peppy는 20알, Angie는 10알, Nutty는 5알을 가지고 있음을 뜻한다.

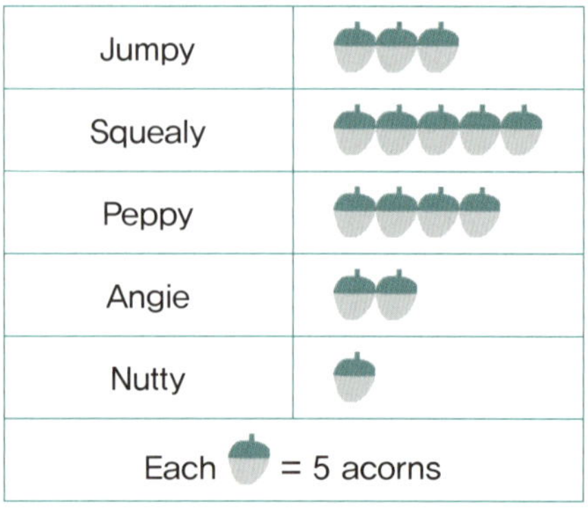

pie graph
파이 그래프, 원그래프

가보기 circle graph

pint
(pt)
파인트

들이를 재는 관습단위로 2 cup에 해당하는 부피

$$1 \text{ pint} = 2 \text{ cups}$$
$$= \frac{1}{2} \text{ quart}$$

가보기 capacity, customary system of measurement

place value
자릿값

위치기수법에서 자리가 차지하는 값으로, 우리가 사용하는 십진기수법은 오른쪽으로부터 1, 10, 100, 1000, … 등의 자릿값을 가진다. 따라서 같은 2라 해도 어디에 쓰는가에 따라 그 값이 달라진다. 예를 들어 23의 2는 20을 뜻하지만, 512의 2는 2를 뜻한다. 이처럼 쓰는 위치에 따라 수의 가치가 달라지는 것을 위치적 기수법이라 한다.

보 기 3428은 천이 3, 백이 4, 십이 2, 1이 8인 수이다.

Place Value Chart

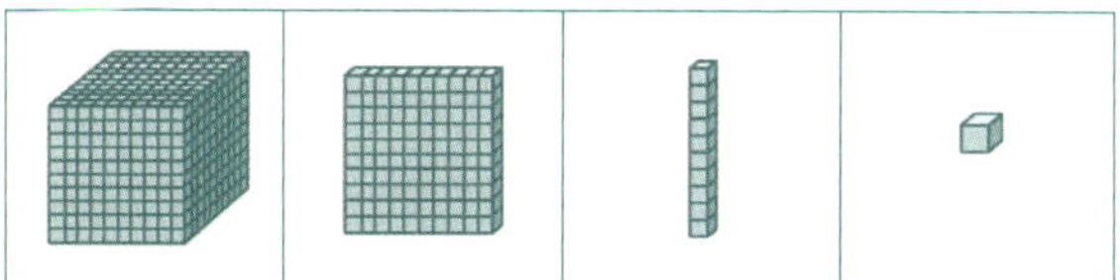

thousands	hundreds	tens	ones
3	4	2	8

가보기 decimal numeration system

plane
평면, 면

하나의 직선을 나란히 이동시키면 하나의 면이 만들어진다. 직선이 양끝으로 무한히 뻗어나가듯이, 평면은 어느 방향으로든 무한히 확장된다.

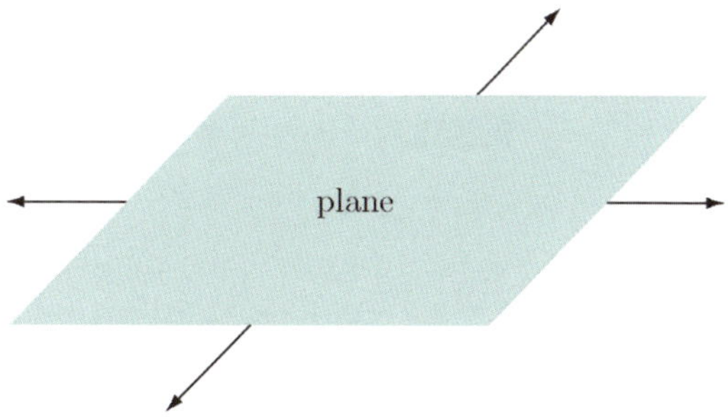

가보기 plane figure, two-dimension

plane figure
평면도형

선분, 직선, 곡선, 삼각형, 사각형, 원 등과 같이 길이와 폭은 있으나 두께가 없는 도형

보 기 triangle, circle, square, rectangle은 plane figure(평면도형)이며, cube, cylinder, cone, sphere, prism은 solid figure(입체도형)이다.

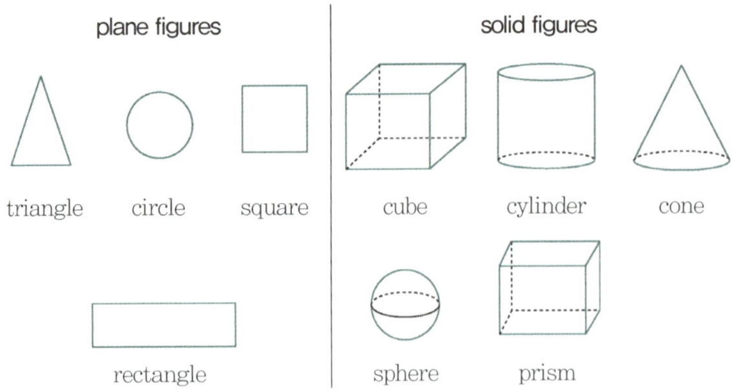

유의어 plane shape, two-dimensional figure, two-dimensional shape

가보기 solid figure

plus
(+)
플러스, 더하기

(1) 덧셈기호

(2) 양수를 나타내는 기호

보 기 5+3은 덧셈식으로, 이때 '+'는 5에다 3만큼 더하라는 의미를 지니는 기호이다. 또한 +1, +2, +3, …은 모두 양수(plus figure, plus number)인데, 이때 숫자 앞에 붙은 '+'는 양수를 의미하는 기호이다.

가보기 minus

point
점

공간에서 위치는 있으나 크기가 없는 것으로 0-차원에 해당된다.

Note

점(point)은 크기가 없으므로 그릴 수 없지만 보통 dot(·)으로 나타낸다.

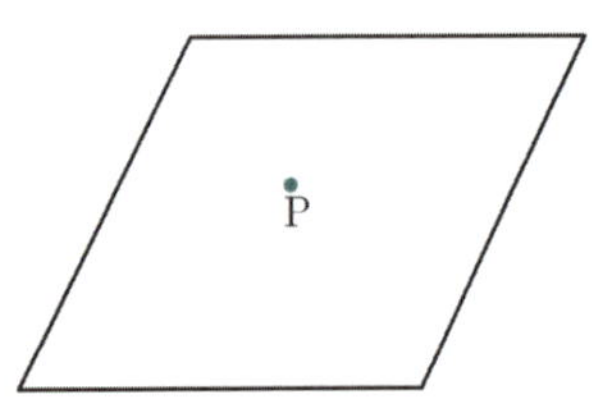

polygon
다각형

여러 개의 선분으로 둘러싸인 도형

보 기 polygon(다각형)은 그 종류가 매우 다양하다. 모든 변의 길이가 같고 모든 각의 크기가 같은 다각형을 regular polygon(정다각형), 그렇지 않은 다각형을 irregular polygon이라 한다. 또한 오목한 부분이 없는 다각형을 convex polygon(볼록다각형), 오목한 부분이 한 곳 이상인 다각형을 concave polygon(오목다각형), 겹쳐지는 변이 없는 다각형을 simple polygon, 겹쳐지는 변이 있는 다각형을 complex polygon이라고 한다.

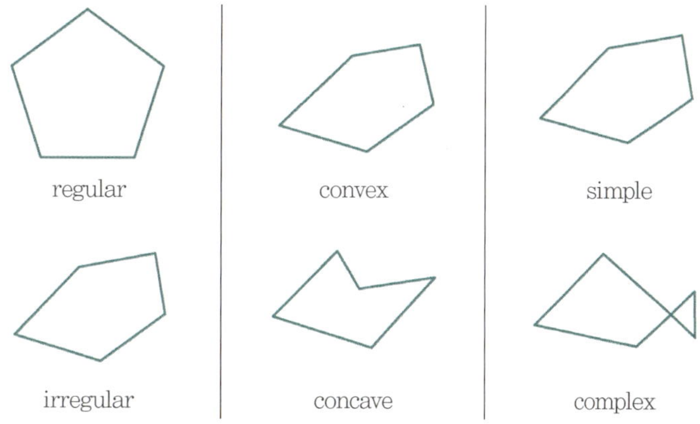

유 래 polygon은 그리스어 poly(많다)와 gonis(각)의 합성어로, 각이 많은 도형을 의미한다.

polygonal numbers
도형수

가보기 figurate numbers

polyhedron
다면체

다각형의 면으로 둘러싸인 입체도형

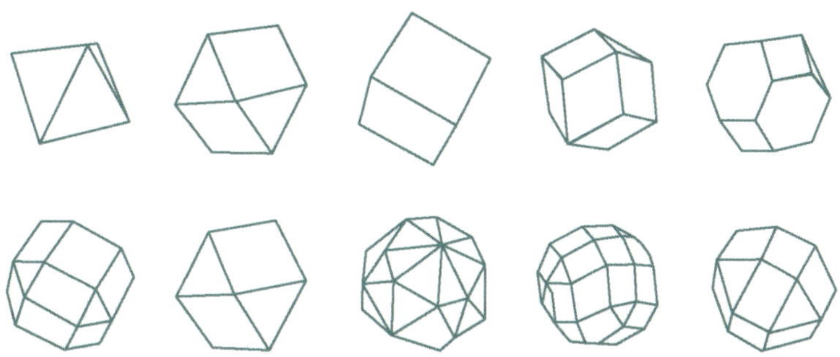

population
모집단

통계적인 관찰대상이 되는 집단 전체

보 기 우리나라 중학생들의 키를 알고 싶을 때, 우리나라 전체 중학생의 키가 모집단이 된다. 이처럼 모집단이 큰 경우는 모집단 전체를 조사하는 경우는 매우 드물고, 모집단의 특성을 대표하는 표본집단을 뽑아 통계처리하는 경우가 대부분이다.

가보기 sampling

positive integer
양의 정수

1, 2, 3, 4, ⋯ 등과 같은 수

가보기 negative integer, positive number

positive number
양수

0보다 큰 모든 수, 즉 수직선 상에서 0의 오른쪽에 대응하는 모든 수

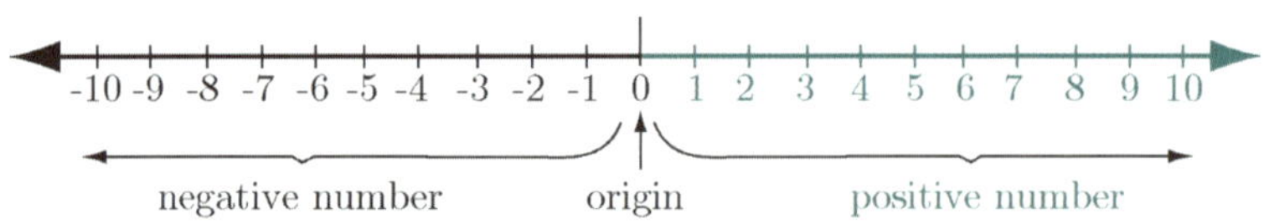

Note

positive number(양수)는 1, 2, 3, ⋯ 등과 같은 positive integer(양의 정수)를 포함하여 **0.05, $2\frac{3}{7}$, $\sqrt{2}$, ⋯ 등과 같은 양의 실수를 모두 포함**하는 수이다.

가보기 negative number

pound
(1) 파운드(lb)

16 ounces(온즈)에 해당하는 무게를 재는 관습단위

1 pound = 16 ounces = 약 0.45kg

유 래 'libra pondo'는 '리브라의 무게로'라는 의미를 지니는 라틴어로, 이후 'libra'를 버리고 'pondo'만 사용하다 pound로 바

꿔게 되었다. 그러나 libra는 완전히 없어지지 않고, 축약된 형태인 lb로 파운드를 대신하기도 한다.

(2) 파운드(£) 영국의 화폐단위

power of a number
멱, 거듭제곱

같은 수를 몇 번 곱한 것

보 기 'power of 2'는 2를 base(밑)으로 하는 거듭제곱을 뜻한다.

$2^1 = 2$	$2^8 = 256$
$2^2 = 4$	$2^9 = 512$
$2^3 = 8$	$2^{10} = 1024$
$2^4 = 16$	$2^{11} = 2048$
$2^5 = 32$	$2^{12} = 4096$
$2^6 = 64$	$2^{13} = 8192$
$2^7 = 128$	$2^{14} = 16384$

가보기 exponential notation

prime factor
소인수

어떤 수의 약수 중에 소수인 수

보 기 예를 들어 12의 약수는 1, 2, 3, 4, 6, 12이지만, 그 중 소수인 것은 2와 3 뿐이다. 따라서 12의 소인수는 2와 3이다.

가보기 factor, prime factorization, prime number

prime factorization
소인수 분해

어떤 수를 그 수의 소인수의 곱으로 표현하는 방법

보 기 예를 들어 100은 10×10이지만, 10은 소인수가 아니다. 10은 2×5이고 2와 5는 소인수이므로, 100은 $2 \times 2 \times 5 \times 5$

P

또는 $2^2 \times 5^2$으로 표현할 수 있다.

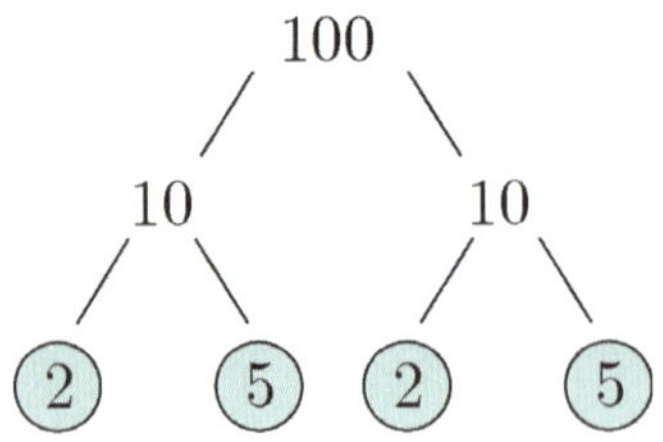

$$100 = 2 \times 2 \times 5 \times 5$$
$$= 2^2 \times 5^2$$

유의어 complete factorization

가보기 factor tree, prime factor, prime number

prime number
소수

1과 자신 이외의 수를 약수로 갖지 않는 수

보 기 2, 3, 5, 7, 11, 13, 17, 19, … 등이 소수이다.

1	2	3	4	5	6	7	8	9	10
11	12	13	14	15	16	17	18	19	20
21	22	23	24	25	26	27	28	29	30
31	32	33	34	35	36	37	38	39	40
41	42	43	44	45	46	47	48	49	50
51	52	53	54	55	56	57	58	59	60
61	62	63	64	65	66	67	68	69	70
71	72	73	74	75	76	77	78	79	80
81	82	83	84	85	86	87	88	89	90
91	92	93	94	95	96	97	98	99	100

prime number chart

가보기 composite number, prime factorization

prism
각기둥

두 밑면이 합동이고 평행인 입체도형

보 기 밑면의 모양에 따라 triangular prism(삼각기둥), rectangular prism(사각기둥), pentagonal prism(오각기둥), … 등이라 한다.

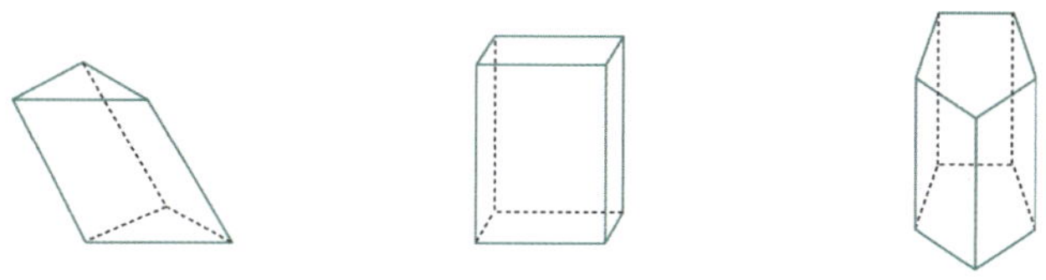

triangular prism　　rectangular prism　　pentagonal prism

> **Note**
> 각기둥의 옆면은 직사각형이거나 평행사변형이다. 옆면이 직사각형인 각기둥을 직각기둥(right prism)이라고 한다. 한국초등학교 교육과정에서는 각 기둥을 도입할 때 직각기둥으로 제한한다.

가보기 right prism

probability
확률

어떤 일이 발생할 가능성

모든 경우의 수에 대한 어떤 사건이 일어날 경우의 수의 비율

보 기 주사위를 던져서 3의 눈이 나올 확률은 $\frac{1}{6}$이다. 주사위를 던져 나올 수 있는 눈은 1, 2, 3, 4, 5, 6으로 여섯 가지이다. 이 중 3의 눈이 나올 경우는 한 가지이므로 $\frac{1}{6}$이다.

> **Note**
> 초등수학에서 'chance'라는 용어로 쓰이기도 한다.

product
곱

두 수를 곱한 결과

보 기 2와 3의 곱은 6이며, 4와 0.5의 곱은 2이다.

$$2\times3=6$$

$$4\times0.5=2$$

가보기 multiplicand, multiplier

proper factor

자기 자신을 제외한 약수

보 기 6의 약수는 1, 2, 3, 6이다. 이 중 6을 제외한 1, 2, 3이 6의 proper factor이다.

가보기 perfect number

proper fraction
진분수

분자가 분모보다 작은 분수

Note

분자가 분모보다 크거나 같은 분수는 가분수(improper fraction), 자연수와 진분수가 한데 있는 분수는 대분수(mixed fraction)라고 한다.

smaller → 3 / larger → 5 : $\frac{3}{5}$	larger (or equal) → 9 / smaller (or equal) → 5 : $\frac{9}{5}$	$2\frac{1}{3}$
proper fraction	improper fraction	mixed fraction

가보기 improper fraction, mixed fraction

proportion
비례식

두 비(ratio)가 같다는 것을 나타낸 식

보 기 (1) 10 : 20=15 : 30(10 : 20은 15 : 30과 같다.)

$\frac{10}{20}=\frac{15}{30}$($\frac{10}{20}$은 $\frac{15}{30}$와 같다.)

(2) 비례식 a : b = c : d에서 a와 d는 **extremes(외항)**라 하고, b와 c는 **means(내항)**라 한다. 비례식에서는 외항의 곱과 내항의 곱은 항상 같다. 즉 $a\times d=b\times c$ 가 성립한다.

Note

proportion은 한국에서 보통 '비율'로 번역되지만, 미국에서는 비, 비율, 비례 등의 다양한 맥락에서 사용된다. 그러나 미국 초등학교 수학교과서에 ratio, rate와 함께 도입되는 proportion은 **비례식**을 의미한다.

가보기 rate, ratio

protractor
각도기

각을 재는 도구

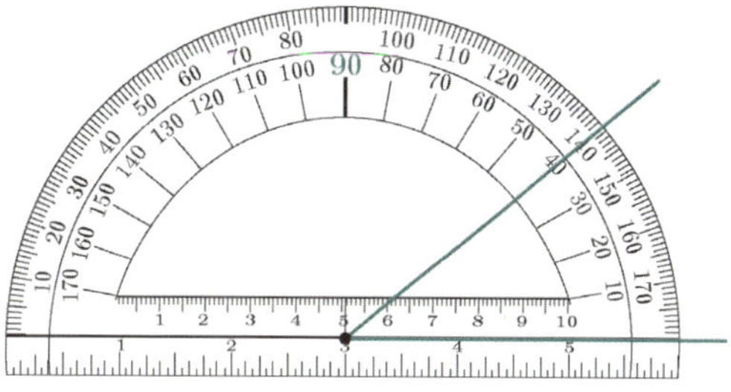

유의어 half-circle protractor

가보기 angle, full circle protractor

pyramid
각뿔

밑면이 다각형이고, 옆면이 삼각형인 입체도형

보 기 (1) 밑면의 모양에 따라 triangular pyramid(삼각뿔), square pyramid(사각뿔), pentagonal pyramid(오각뿔) 등으로 불린다.

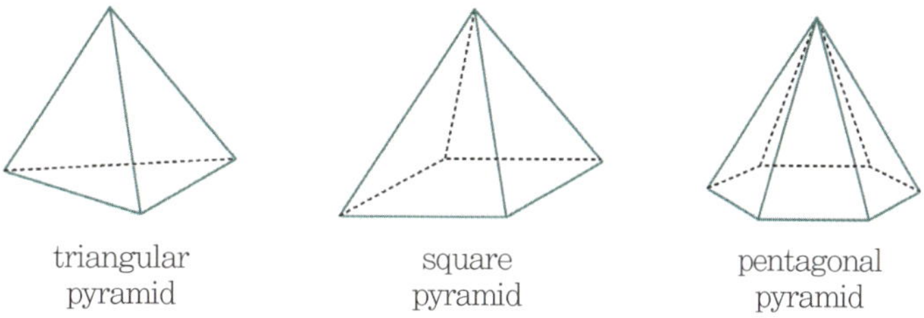

(2) 각뿔의 밑면을 base, 옆면을 lateral face, 정점을 apex, 높이를 height라 한다.

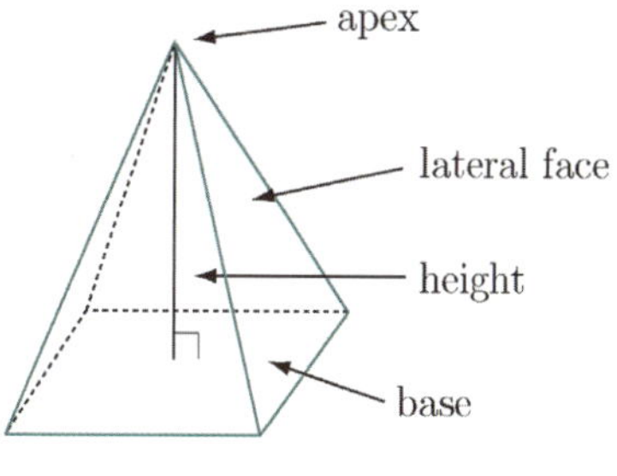

Note

피라미드(pyramid)는 고대 이집트 왕의 무덤으로, 모두 사각뿔 모양이다. 그러나 서양에서는 사각뿔을 포함하여 삼각뿔이나 오각뿔 등 모든 각뿔을 총칭하는 말로 'pyramid'가 사용된다.

P

Q

quadrangle
사각형

가보기 quadrilateral

quadrilateral
사변형

네 개의 선분으로 둘러싸인 도형

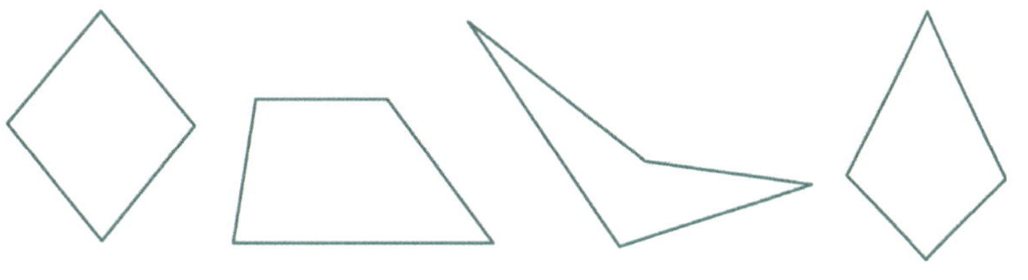

Note

평면도형의 이름은 주로 '**각**'과 '**변**'의 관점에서 만들어진다. quadrilateral (사변형)은 **변(lateral)**이 **4(quad)개**인 도형을 의미하며, quadangle(사각형)은 각(angle)이 **4(quad)개**인 도형을 의미한다. 그러나 각이 4개이면 변이 4개가 되고, 변이 4개이면 각이 4개가 되므로, 사각형과 사변형은 같은 도형이다. 한국 초등학교 교육과정에서는 '사각형'으로 용어를 통일하여 사용하고 있다.

유의어 quadrangle

quadrillion
1,000조

1,000의 5제곱(10^{15})

1,000,000,000,000,000

유래 quadrillion에서 'quad'는 4를 뜻한다. 즉, 1,000 옆에 1,000이 4번 더 붙어있다는 뜻이다.

> **Note**
>
> 1,000은 thousand이고, 1,000에 1,000이 **하나** 더 붙으면 **million**, 1,000이 **두 개** 더 붙으면 **billion**, **세 개** 더 붙으면 **trillion**, **네 개** 더 붙으면 quadrillion이다.

가보기 부록 I

quart
(qt)
쿼트

1리터 보다 조금 작은 들이를 재는 관습단위

$$1 \text{ quart} = 4 \text{ cups}$$
$$= \frac{1}{4} \text{ gallon}$$

> **Note**
>
> dry quart는 곡식이나 과일 등의 마른 재료의 부피를 재는 단위이다. 액체를 잴 때 사용되는 quart 단위 보다는 조금 크다.
>
> 1 dry quart = 2 pints
> = 4 cups

가보기 customary system of measurement, pint

quarter
$\frac{1}{4}$, 25센트, 15분

quarter는 $\frac{1}{4}$을 의미하므로, 100센트의 $\frac{1}{4}$에 해당하는 25센트, 1시간(60분)의 $\frac{1}{4}$에 해당하는 15분을 모두 a quarter라고 한다.

quick common denominator
(QCD)
빠른공통분모

분모가 다른 두 분수의 덧셈이나 뺄셈을 할 때, 두 분모의 최소공배수를 구하지 않고 두 분모를 곱해서 공통분모를 취하는 방법

보기 $\frac{2}{9}+\frac{5}{12}$를 계산할 때, 보통 9와 12의 최소공배수를 찾는 일

을 가장 먼저 한다. 그러나 QCD는 9와 12를 곱해서 그 값(108)을 공통분모로 취하는 방법으로, 수치가 크게 나오는 단점이 있지만 공통분모를 빨리 구할 수 있다는 장점이 있다.

$$\frac{2}{9}+\frac{5}{12}=\frac{2\times12}{9\times12}+\frac{5\times9}{12\times9}=\frac{69}{108}=\frac{23}{36}$$

가보기 common denominator

quintillion
100경

1,000의 6제곱(10^{18})

1,000,000,000,000,000,000

유 래 quintillion에서 'quint'는 5를 뜻하며, 이는 1,000옆에 1,000을 5번 더 붙인다는 것을 뜻한다.

가보기 quadrillion, 부록 I

quotient
몫

나눗셈의 결과

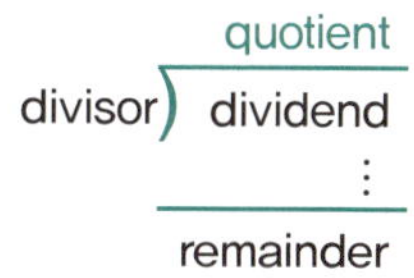

보 기 8÷2＝4에서 8은 피젯수(dividend), 2는 제수(divisor), 4는 몫(quotient)이다. 그러나 9÷2와 같이 몫이 자연수로 나누어떨어지지 않는 경우는 몫과 나머지(remainder)를 따로 표시하든지(①), 아니면 몫을 유리수로 나타내기도 한다(②).

9÷2=4 ··· R1 ①

또는 9÷2=4.5 ②

가보기 dividend, divisor, remainder

quotition division
포함제, 측정제

피젯수에 제수가 몇 번 포함되는 지로 해석되는 나눗셈 문제

보 기 '사과 8개를 한 봉지에 2개씩 나누어 포장하면 모두 몇 봉지가 나오는가?', '사탕 8개를 한 사람 당 2개씩 나누어주면 모두 몇 명에게 줄 수 있나?'와 같은 문제는 모두 '8안에 2가 몇 번 포함되는가?'와 같은 식으로 해석된다. 이 문제를 해결하기 위해서는 8을 만들기 위해 2를 몇 번이나 더해나가야 하는지를 따져보면 된다. 2+2+2+2=8이므로, 8÷2=4이다.

유 래 'quote'는 영미사전에 '인용하다'로 나와 있지만, quotition division에서 'quotition'은 '인용하다'는 의미와는 전혀 관련이 없다. 그 보다는 프랑스와 독일어 사전에 제시된 '몫, 할당, 배분'의 의미와 연관 지어야 할 것이다.

Note

나눗셈은 크게 **등분제(partition division)**와 **포함제(quotition division)**로 나뉜다. 등분제는 8÷2를 '8을 둘로 똑같이 나누면 한 부분은 얼마인가?'로 해석하는 방식이다. 반면 포함제는 8÷2를 '8에 2가 몇 번 포함되는가?'를 해석하는 방식인데, 8에 2가 **몇 번 포함되는지를 측정**하는 문제로도 해석할 수 있으므로, **측정제(measurement division)**라고도 한다.

유의어 measurement division, quotative division, quotitive division

가보기 division, partition division

R

radius
(복수 radiuses 또는 radii)
반지름, 반경

원 혹은 구의 중심에서 원 위의 한 점에 이르는 선분 혹은 선분의 길이

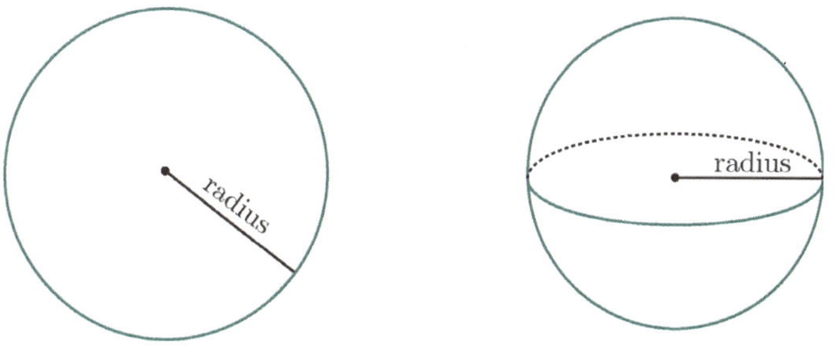

가보기 circle, sphere, diameter

random draw
무작위 추출

모집단에서 표본을 추출할 때, 모집단의 모든 원소가 표본으로 추출될 확률이 같도록 표본을 고르는 방법

보 기 주머니에 든 카드를 보지 않고 뽑을 때, 주머니 속의 모든 카드가 뽑힐 확률은 같다.

가보기 population, sampling

range
범위

보 기 어느 놀이터에서 놀고 있는 아이들의 나이를 조사해 보니 3세에서 9세까지였다. 이 경우 range는 $3 \leq x \leq 9$의 구간이 될 수도 있고, 이 구간의 길이인 6(9−3)이 될 수도 있다.

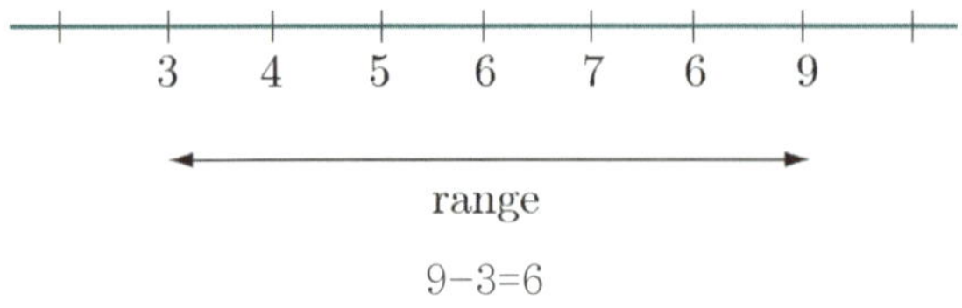

rate
비, 비율

(1) 다른 단위를 사용하는 두 수량 사이의 곱셈적 관계(비), 혹은 그것을 수치화한 값(비율)
(2) 어떤 일정한 시간 동안 변화하는 양을 나타내는 비 또는 비율
(3) 단위요금, 단위가격, 단위속도 등과 같은 고정된 비 또는 비율

보 기 2시간에 100km를 간다면 평균 속력은 $\frac{100}{2}$ km/h, 즉 50km/h이다. 이때 시간과 거리는 다른 단위를 사용하므로, 이 둘의 비는 rate이다.

Note

한국에서는 ratio를 '비'로, rate를 '비율'로 번역하고 이 둘의 차이를 비교적 엄밀하게 구분하고 있다. 반면 미국에서는 ratio와 rate의 관계에 대해 많은 혼란을 겪고 있다. 그러나 많은 미국수학교과서에서 **ratio는 같은 단위**를 사용하는 두 양 간의 비교로, **rate는 다른 단위**를 사용하는 두 양 간의 비교로 구분하여 정의되고 있다.

가보기 ratio

ratio
비, 비율

(1) 두 수나 양 사이의 곱셈적 관계 혹은 그것을 수치화한 값
(2) 같은 단위를 사용하는 두 수량 사이의 곱셈적 관계(비), 혹은 그것을 수치화한 값(비율)

보 기 우리 반의 남학생은 5명, 여학생은 10명이다. 우리 반의 남학생과 여학생의 ratio(비)는 5 : 10 또는 1 : 2 또는 $\frac{1}{2}$ 이다.

Note

한국 초등학교 교육과정은 비와 비율을 다소 엄격하게 구분하고 있다. 비는 두 수량 사이의 곱셈적 **관계**를 의미하며, 비율은 비를 **수량화한 값**이다. 예를 들어 남학생과 여학생의 비는 1 : 2 로 나타내며, 그것을 수량화한 $\frac{1}{2}$이 비율이다. 그러나 미국 교과서는 ratio를 1 : 2 또는 $\frac{1}{2}$로 나타낼 수 있다고 기술하고 있다. 이것으로 보아 비와 비율을 엄격하게 구분하지 않는 듯 하다.

가보기 rate

rational number
유리수

분수 형태로 나타낼 수 있는 수

소수로 치환했을 때 유한소수나 무한순환소수 형태로 나타낼 수 있는 수

보 기 $\frac{3}{4}$, 0.75, -5, 4 등은 모두 rational number이다. 그러나 $\sqrt{2}$, $\sqrt{3}$, π 등과 같은 무한비순환소수는 irrational number (무리수)이다.

유 래 일상회화에서 사용되는 rational의 의미는 '합리적인' 혹은 '이성적인'이므로, rational number를 글자그대로 해석하면 합리적인 수, 이성적인 수로 해석할 수도 있다. 그러나 rational number에서 '**rational**'은 합리적이라는 의미가 아니라, '**ratio(비)로 나타낼 수 있는**'을 의미한다. 즉 rational number는 비(정수비)로 나타낼 수 있는 수를 뜻하므로, 유리수(有理數) 보다는 유비수(有比數)가 더 적절한 용어라고 주장하는 사람들도 있다.

가보기 irrational number

ray
반직선

어느 한 점에서 어느 한 방향으로 곧게 뻗어 나가는 선

보 기 segment(선분)는 양 끝점을 곧게 이은 선을, ray(반직선)는 선분의 어느 한 점을 끝없이 곧게 늘인 선을, line(직선)은

R

선분의 양 끝점을 끝없이 곧게 늘인 선을 의미한다.

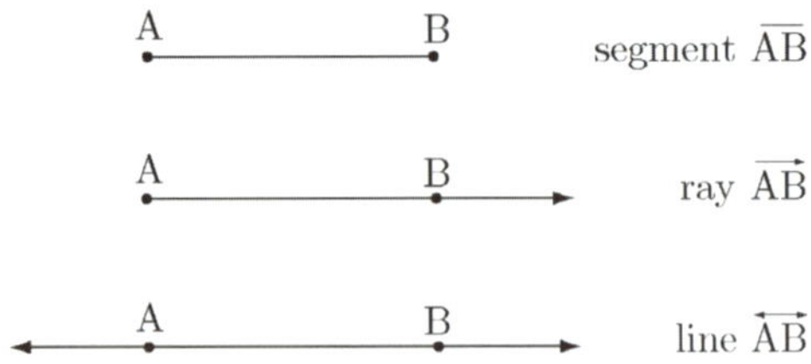

real graph 생활에서 실제로 사용하는 물건으로 나타낸 그래프

보 기 초콜릿, 사과, 야구공 등을 이용해 그래프를 나타낼 수 있다.

가보기 picture graph

R

reciprocal
역수

곱해서 그 결과가 1이 되도록 만드는 수

보 기 8의 reciprocal(역수)은 $\frac{1}{8}$이며, $\frac{3}{4}$의 reciprocal은 $\frac{4}{3}$이다.

$$8 \times \frac{1}{8} = 1 \qquad 8 \underset{\text{reciprocal}}{\overset{\text{reciprocal}}{\rightleftarrows}} \frac{1}{8}$$

$$\frac{3}{4} \times \frac{3}{4} = 1 \qquad \frac{3}{4} \underset{\text{reciprocal}}{\overset{\text{reciprocal}}{\rightleftarrows}} \frac{3}{4}$$

유의어 multiplicative inverse

rectangle
직사각형

네 각이 직각인 사각형

가보기 quadrilateral, square

rectangular coordinate system
직교좌표계

가보기 Cartesian coordinate system

rectangular prism

밑면이 직사각형인 각기둥

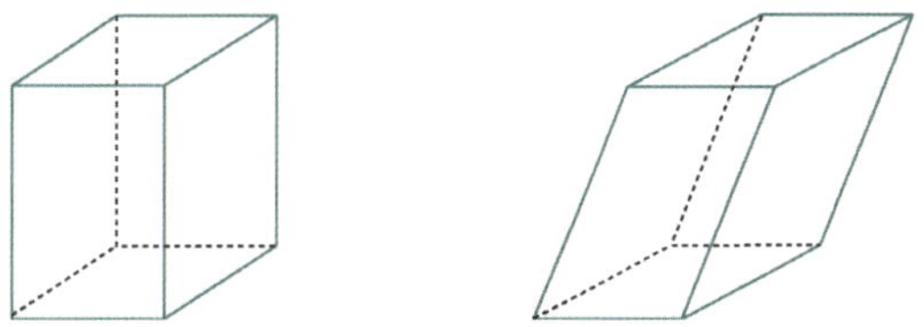

right rectangular prism oblique rectangular prism

가보기 prism

rectangular pyramid

밑면이 직사각형인 각뿔

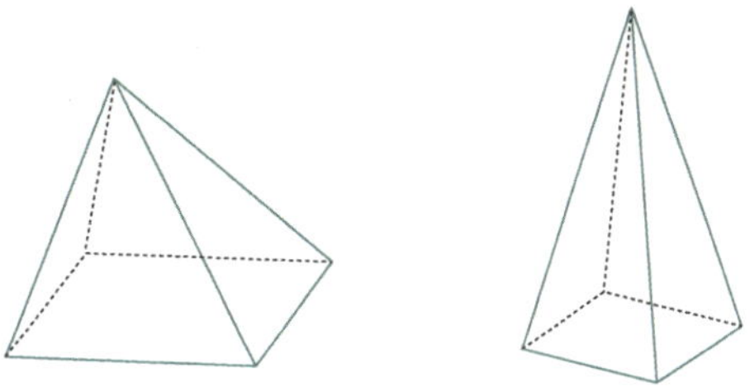

가보기 pyramid

R

reflection
반사, 거울반사, 선대칭이동

도형의 외부에 있는 한 직선을 축으로 도형을 뒤집는 이동, 혹은 뒤집은 후에 생긴 이미지

보 기 반사 과정에서 축이 되는 직선을 line of reflection 또는 mirror line이라 한다.
반사가 좌우로 진행되면 horizontal reflection이라 하고, 반사가 위 아래로 진행되면 vertical reflection이라 한다.

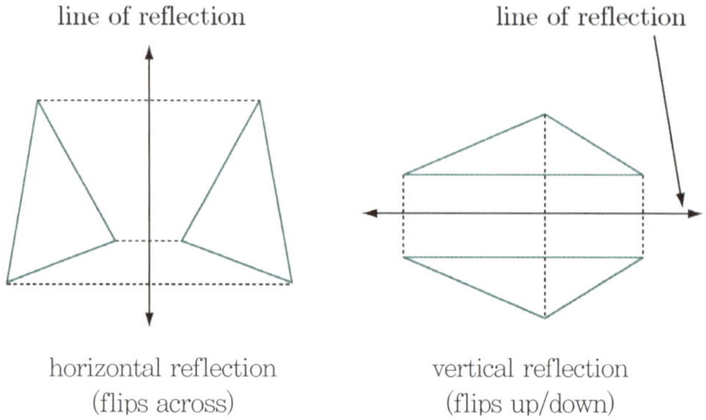

Note

초등학교 교육과정에서 reflection 대신 flip(뒤집기)이란 용어가 사용되기도 한다.

R

가보기 line of symmetry, mirror image

reflectional symmetry
반사대칭

가보기 line symmetry

reflex angle
우각

180도 보다 크고, 360도 보다 작은 각

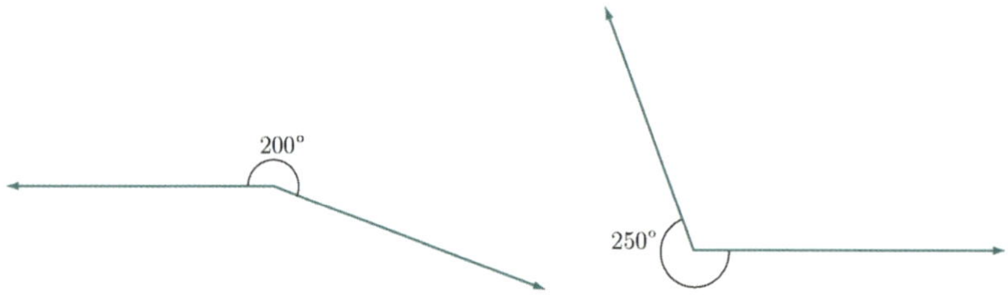

regrouping

수를 일, 십, 백, 천, … 등의 묶음으로 볼 때, 묶음의 방법을 달리 해 보는 것

보 기 23은 십이 2개 일이 3개인 수이지만, regrouping 하면 십이 1개, 일이 13개인 수가 된다. 뺄셈에서 '받아내림'이라 부르는 상황도 regrouping의 한 예이다. 32−7을 해야 하는 상황에서, 32를 십이 3개, 일이 2개인 수로 보지 않고, 십이 2개, 일이 12개인 수로 다시 묶으면(regrouping), 뺄셈이 쉬워진다.

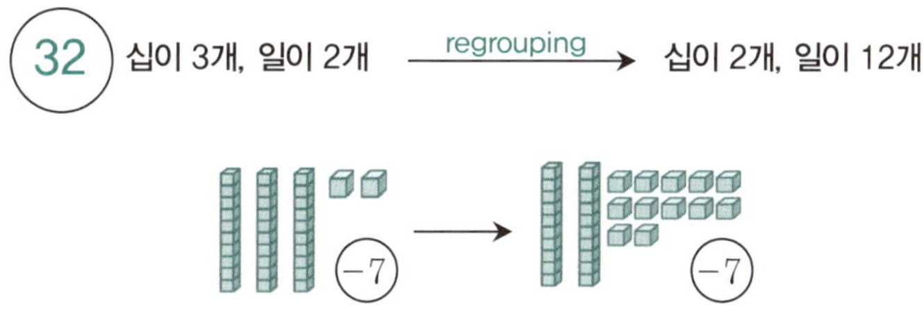

유의어 trading

가보기 trading

regular polygon
정다각형

모든 변의 길이가 같고, 모든 각의 크기가 같은 다각형

보 기 정삼각형, 정사각형, 정오각형, … 등 정다각형은 무한히 만들 수 있으며, 선분의 개수가 많아질수록 원에 가까워진다.

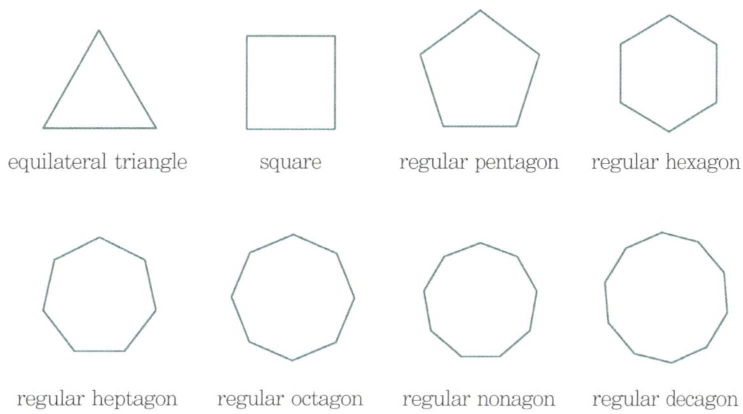

가보기 polygon

regular polyhedron
정다면체

합동인 정다각형으로만 둘러싸인 입체도형

보 기 정다면체에는 정삼각형으로 이루어진 정사면체, 정팔면체, 정십이면체가 있으며, 정사각형으로 이루어진 정육면체와 정오각형으로 이루어진 정이십면체가 있다.

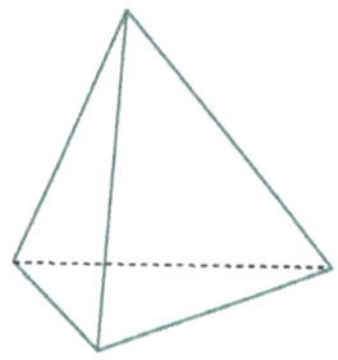

tetrahedron

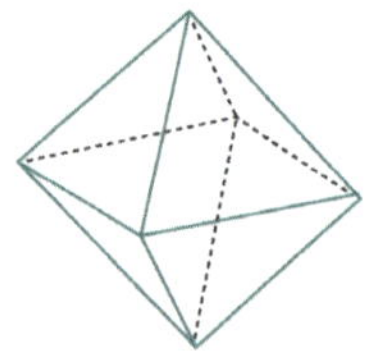

octahedron

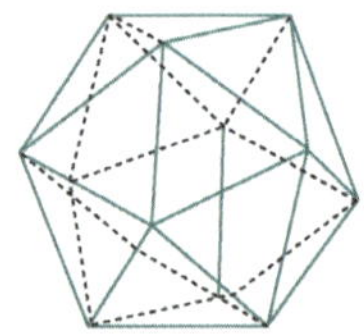

icosahedron

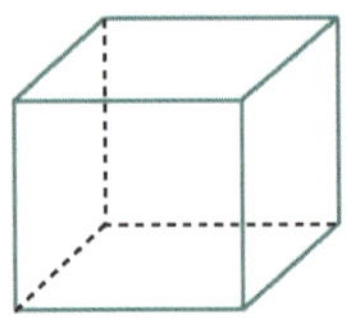

cube

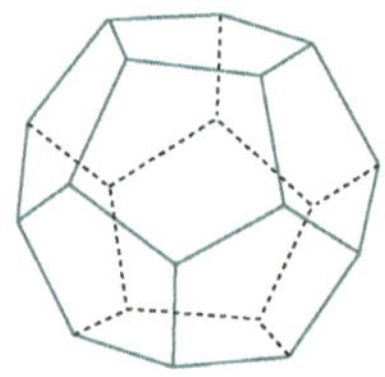

dodecahedron

R

유의어 Platonic solids

Note

세상에 존재하는 regular polyhedron은 이 다섯 가지 밖에 없으며, 이 다섯 개의 입체도형을 Platonic solid라고도 부른다. 고대 철학자 플라톤은 우주의 기본요소를 불, 흙, 공기, 물로 보았고, 이것을 차례대로 정사면체, 정육면체, 정팔면체, 정이십면체에 대응시켰다. 그리고 정십이면체는 우주의 모양이라 생각하였다.

가보기 polyhedron

regular tessellation
정테셀레이션

합동인 정다각형으로만 이루어진 테셀레이션

보 기 regular tessellation(정테셀레이션)을 만들 수 있는 도형은 정삼각형, 정사각형, 정육각형 이 세 가지 밖에 없다.

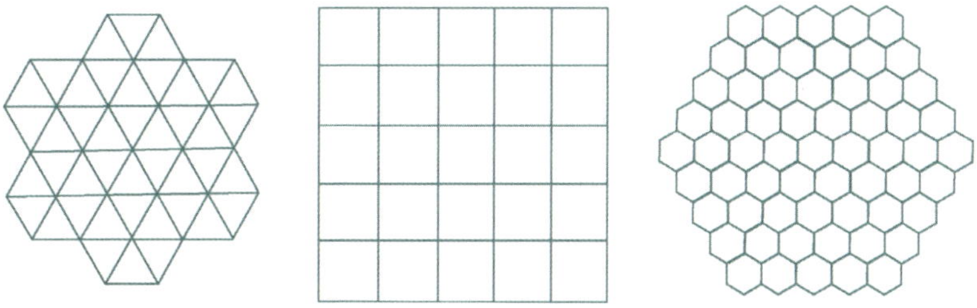

가보기 tessellation

related facts

교환법칙이나 역연산 등의 관계로 만들어지는 수구구(number facts)

보 기 3+4=7, 4+3=7, 7−4=3, 7−3=4는 덧셈과 뺄셈 관계에 있는 related facts이다.
3×4=12, 4×3=12, 12÷3=4, 12÷4=3은 곱셈과 나눗셈 관계에 있는 related facts이다.

유의어 fact family, related sentences

가보기 fact family, number facts

relation symbol
관계 기호

둘 이상의 수량 간의 관계를 나타내는 기호

보 기 같다(=), 같지않다(≠), ~보다 크다/작다 (>, <), ~보다 크거나 같다/작거나 같다(≥, ≤) 등이 관계 기호이다.

$$=,\ \neq,\ >,\ <,\ \geq,\ \leq$$

가보기 operation symbol

remainder
나머지

나눗셈을 할 때, 피젯수를 제수로 나누고 남은 나머지

보 기 13을 5로 나누면 몫이 2이고, 나머지가 3이다.

$$13 \div 5 = 2 \cdots \mathrm{R}3$$

가보기 dividend, divisor, quotient

repeated addition
동수누가(同數累加)

똑같은(同) 수(數)를 계속(累) 더하는 것(加)

보 기 3×4는 4+4+4와 같이 동일한 수 4를 계속 더해가는 식으로 표현할 수 있다.

$$3\times4=4+4+4$$

Note

3×4를 동양권에서는 '3의 4배'로 해석하지만, 영미권에서는 '4의 3배(3 times of 4)'로 해석한다.
따라서 3×4는 동양권에서는 3+3+3+3으로 표현된다.

가보기 addition, multiplication

repeating decimal
순환소수

무한소수 가운데 소수점 이하의 수가 일정한 규칙으로 반복되는 것

보 기

$$0.9999\cdots = 0.\dot{9} = 0.\overline{9}$$

$$3.23454545\cdots = 3.23\dot{4}\dot{5} = 3.23\overline{45}$$

$$1.2768768768\cdots = 1.2\dot{7}\dot{6}\dot{8} = 1.2\overline{768}$$

가보기 decimal number

rhomboid

rectangle(직사각형)과 rhombus(마름모)를 제외한 평행사변형, 즉 직각을 가지고 있지 않고, 이웃한 두변의 길이가 같지 않은 평행사변형

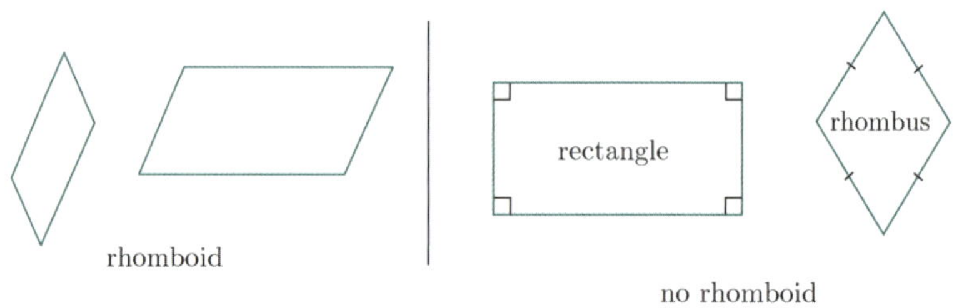

가보기 oblique, rectangle, right angle

rhombus

(복수 rhombuses 또는 rhombi)
마름모

네 변의 길이가 같은 사각형

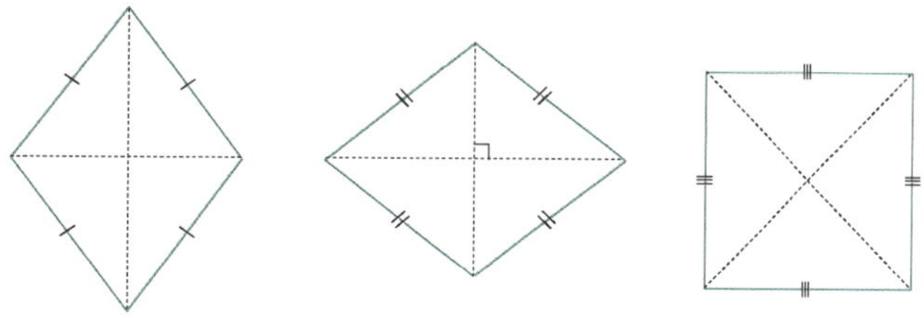

Note

미국 초등학교 저학년에서는 diamond라고도 한다. rhombus는 네 변의 길이가 모두 같으며, 두 대각선이 서로 수직이등분 관계에 있다. square(정사각형)는 rhombus의 일종이다.

가보기 square

right angle

직각, 90°

다음과 같은 모양의 각 또는 각의 크기(90°)

Note

미국 초등학교 저학년에서는 square corner라고도 한다.

가보기 angle

right cone

직원뿔

직각삼각형의 한 변(직각을 끼고 있는)을 축으로 360° 회전해서 나온 입체도형

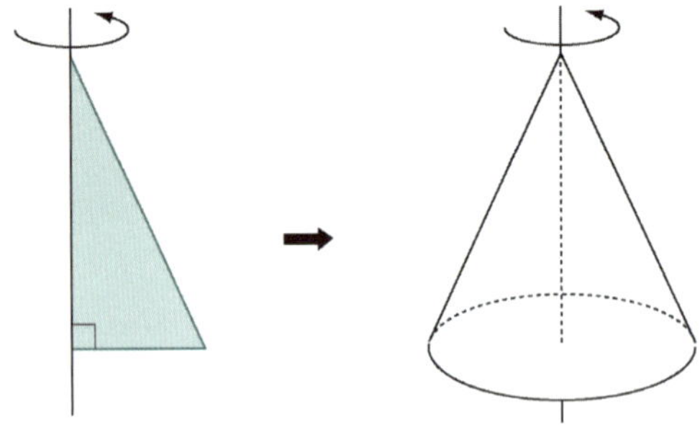

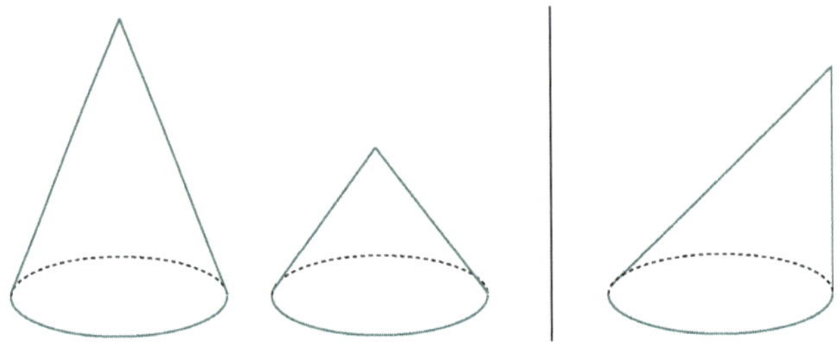

right cone

oblique cone
(no right cone)

Note

평면도형을 회전해서 만들어지는 도형을 **회전체**라고 한다. 직원기둥, 구 등이 회전체이다.

가보기 cone, oblique, right pyramid

right cylinder
직원기둥

직사각형의 한 변을 축으로 360° 회전해서 나온 입체도형

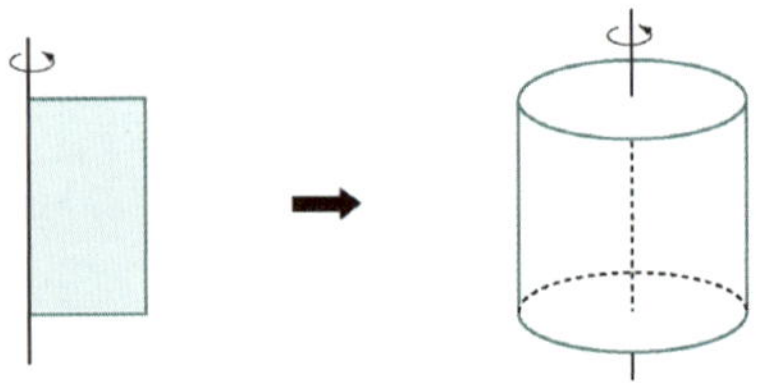

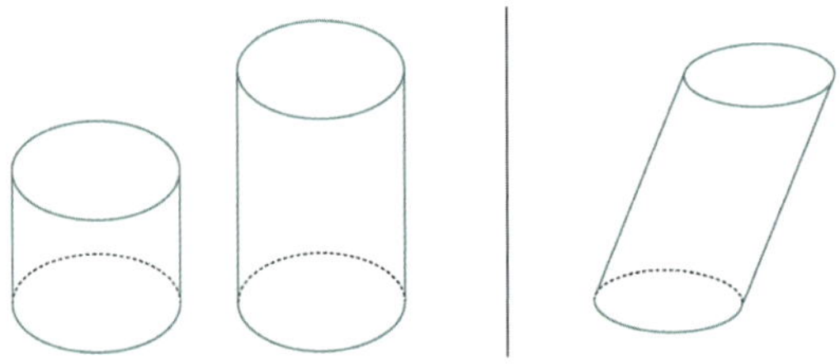

right cylinder

oblique cylinder
(no right cylinder)

Note

right cylinder(직원기둥)의 옆면을 펼치면 직사각형 모양이 된다. 그러나 oblique cylinder(빗원기둥)의 옆면을 펼치면 직사각형 모양이 안 나온다.

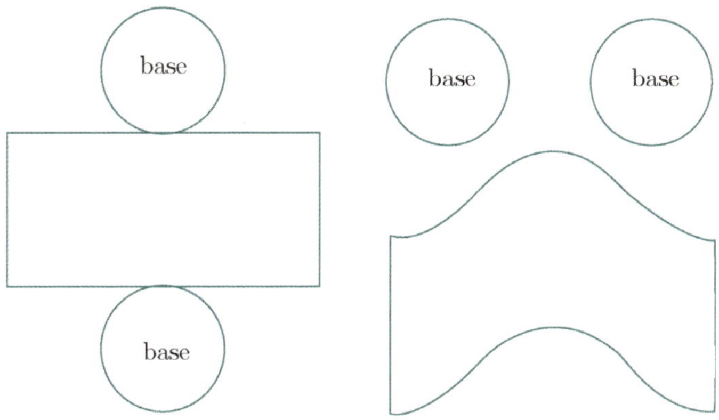

right cylinder의 전개도 oblique cylinder의 전개도

가보기 cylinder, oblique

right prism
직각기둥

밑면과 모든 옆면이 수직인 각기둥

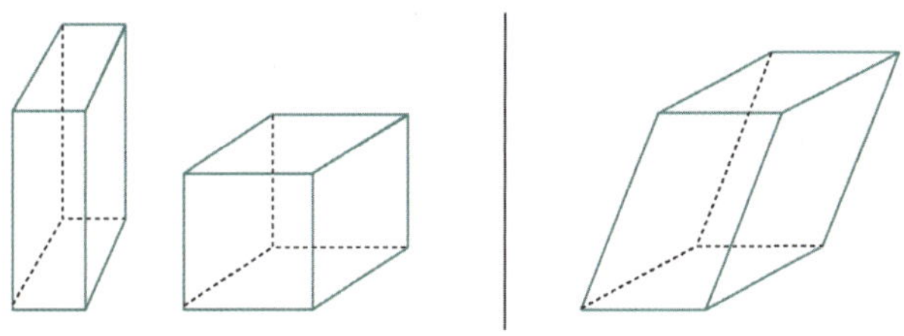

right prism

oblique prism
(no right prism)

Note

right prism(직각기둥)의 모든 옆면은 직사각형 모양이지만, oblique prism(빗각기둥)의 옆면은 직사각형이 아닌 평행사변형이 반드시 있다.

가보기 prism, rectangular prism

right pyramid
직각뿔

정점(apex)이 밑면의 중심 위에 있는 각뿔

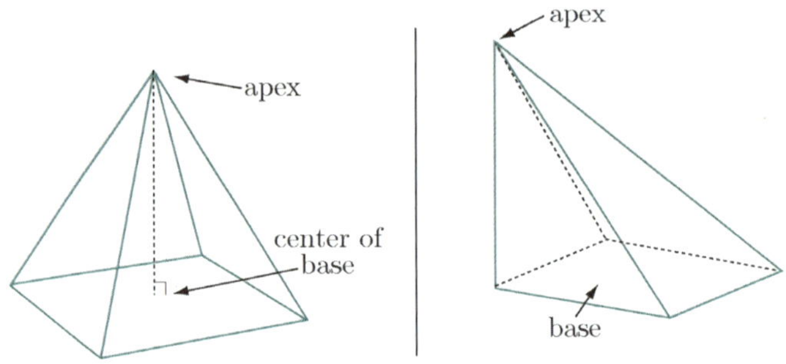

right pyramid

oblique pyramid
(no right pyramid)

Note

right pyramid(직각뿔)의 모든 옆면은 이등변 삼각형이지만, oblique pyramid(빗각뿔)의 옆면은 이등변 삼각형이 아닌 것이 반드시 있다.

가보기 pyramid

R

right triangle
직각삼각형

한 각이 직각(right angle)인 삼각형

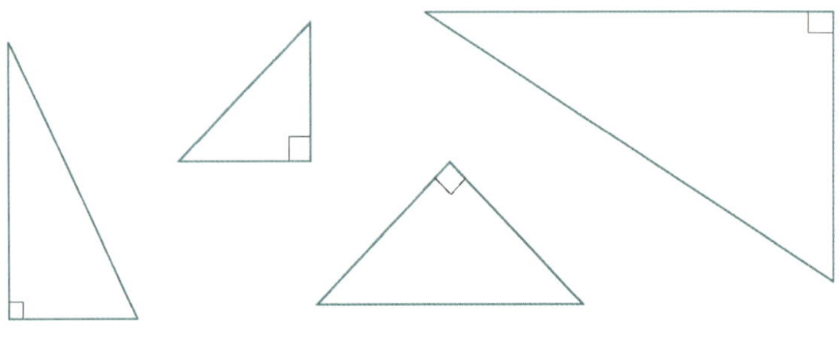

가보기 right angle, triangle

rod
로드

약 5미터에 해당하는 길이의 관습 단위

1 rod = 16.5 feet = 502.92cm

가보기 customary system of measurement

rotation
회전이동, 돌리기

한 점을 중심으로 도형을 돌리는 이동

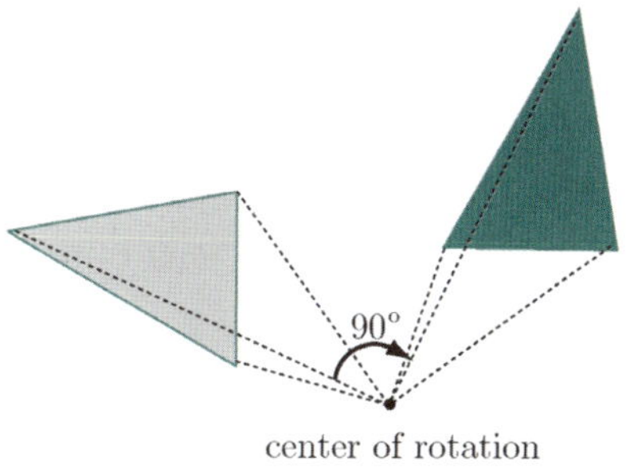

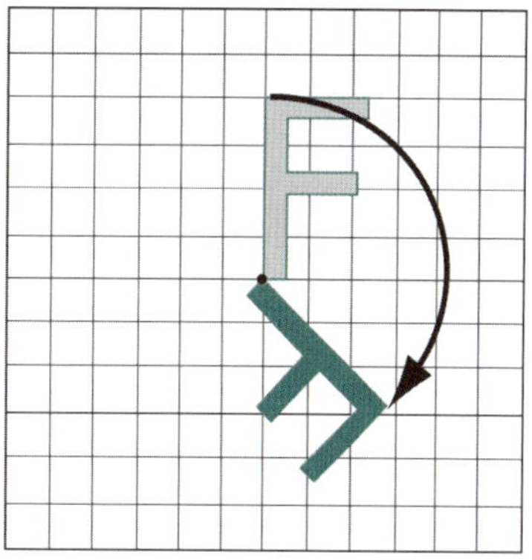

Note

미국 초등학교 교육과정에서 rotation 대신 turn(돌리기)이란 용어가 사용되기도 한다.

가보기 rotational symmetry

rotational symmetry
회전 대칭

도형 내부의 한 점을 중심으로 일정한 양을 회전했을 때, 처음의 모양과 겹쳐지는 도형의 성질

보 기 정삼각형은 120°, 정사각형은 90°, 정오각형은 72° 회전대칭 도형이다.

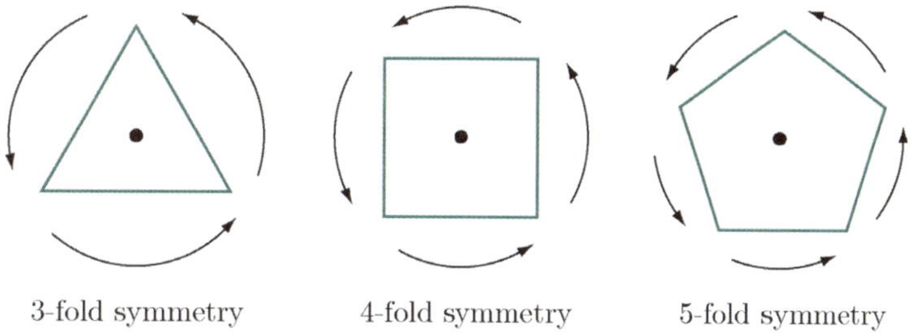

유의어 point symmetry

가보기 rotation, symmetry

round
어림하다. 반올림하다.

(다루기 편하도록) 어떤 수의 근사값을 취하다.

보 기 (1) 346, rounded to the nearest 10, is 350. : 10을 단위로 반올림하라는 의미로, 346은 340과 350사이에 있는 수이고, 이 중 350에 더 가까우므로 근삿값은 350이다. 근삿값(350)이 원래 주어진 수(346) 보다 크므로, 'round up' 되었다고 표현한다.

(2) 346, rounded to the nearest 100, is 300. : 100을 단위로 반올림하라는 의미로, 346은 300과 400 사이의 수이고, 이 중 300에 더 가까우므로 근삿값은 300이다. 근삿값(300)이 원래 주어진 수(346) 보다 작으므로, 'round down'되었다고 표현한다.

가보기 nearest centimeter

row
행

배열이나 표에 있어 가로 줄을 의미한다.

보 기 아래 표는 row(가로줄)가 6줄, column(세로줄)이 6줄이다.

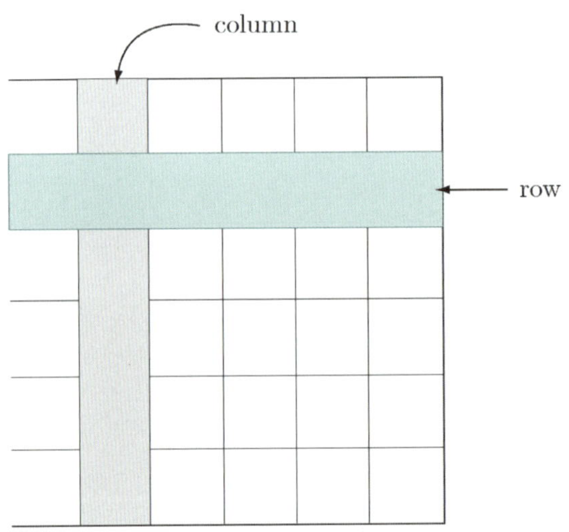

가보기 column

ruler
눈금자

눈금이 새겨져 있는 곧은 자

가보기 straightedge

R

S

sample
표본

전체집합의 성격을 대표하는 전체집합의 일부

보 기 국민들의 의견을 알기 위해 무작위로 전화통화를 시도할 경우, 전화통화에 응한 사람들의 집합은 국민전체를 대표하는 표본이 된다.

유의어 sample group

가보기 sampling, population

sample space
표본공간

시행이나 실험 등을 통해 발생가능한 모든 경우의 집합

보 기 주사위 한 개를 던지는 사건에 대한 표본공간은 {1, 2, 3, 4, 5, 6}이며, 동전 하나를 던지는 사건에 대한 표본공간은 {앞, 뒤}이다.

가보기 probability

sampling
표본추출

모집단을 대표하는 표본을 선출하는 행위

> **Note**
>
> 표본추출의 성패는 추출한 표본이 모집단의 특성을 얼마나 잘 나타내는가에 달려있다.

가보기 population, sample

scale

(1) 눈금

(2) 저울

(3) 그래프의 눈금

(4) 축척, 척도

온도계나 자 등 측량기구의 눈금

체중이나 무게를 재는 저울

그래프에서 한 칸이 나타내는 양

지도에서의 거리와 실제 거리와의 비율

가보기 scale factor

scale factor

축척 계수

닮음을 유지하면서 원형의 크기를 확대 또는 축소하는 비율

보 기 한 변의 길이가 6, 8, 10인 삼각형을 1.5배 하면 한 변의 길이가 9, 12, 15인 닮은 삼각형이 된다. 거꾸로 이 삼각형을 $\frac{2}{3}$배 하면 처음 삼각형으로 돌아간다. 이때 1.5나 $\frac{2}{3}$를 scale factor라고 한다.

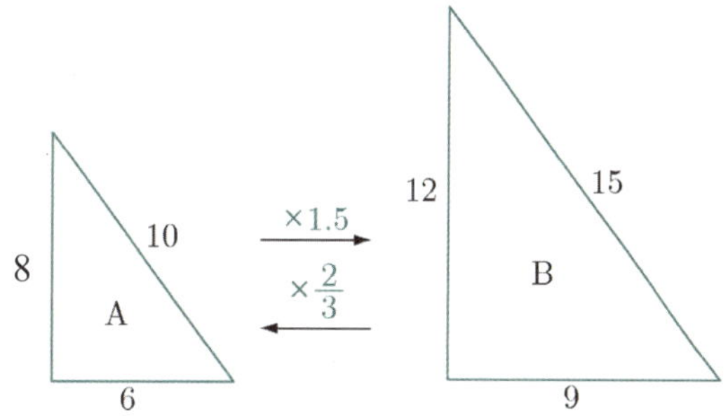

유의어 scale

scalene triangle

부등변 삼각형

세 변의 길이가 모두 다른 삼각형

S

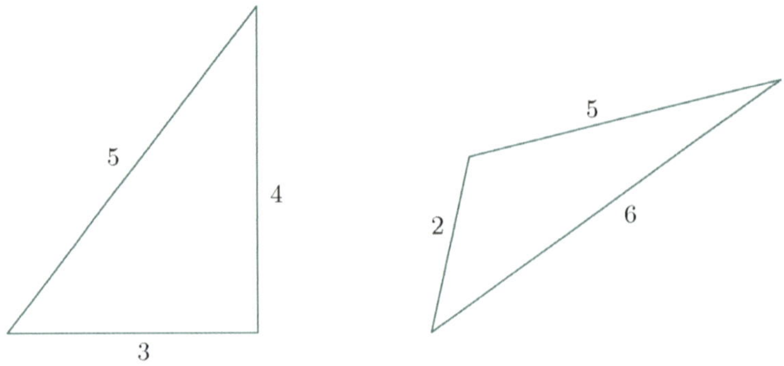

Note

부등변 삼각형의 세 각의 크기는 모두 다르다.

가보기 equilateral triangle, isosceles triangle

scientific notation

$a \times 10^n$ (단, $1 \leq a < 10$)과 같은 꼴의 표기

보 기 $5{,}200 = 5.2 \times 10^3$

$0.0001 = 1 \times 10^{-4}$

second

(1) 두 번째 — 첫 번째 다음 순서

(2) 초(시간)(″) — 시간의 단위로 1분(minute)을 60등분 한 것

60 seconds = 1 minute(60"=1')

(3) 초(각도)(′) — 각도의 단위로 1도(degree)를 60등분 한 것

60 seconds = 1 degree(60'=1°)

sector

부채꼴 영역 — 한 원에서 두 개의 반지름과 호로 둘러싸인 영역

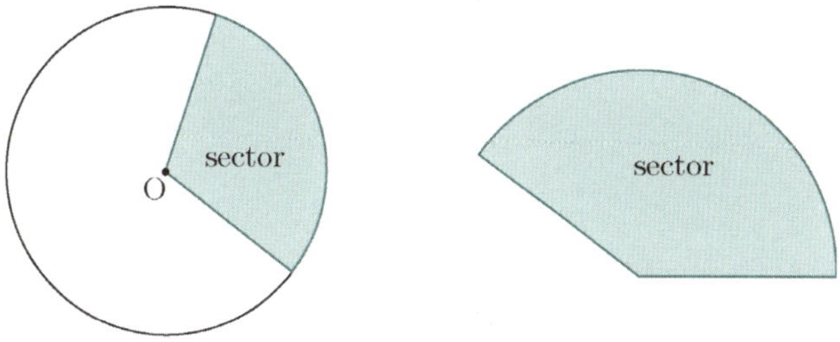

Note

우리말 부채꼴은 '부채 모양'이란 뜻으로 모양을 강조하지만 영어 sector는 부채꼴의 모양이 아닌 **내부영역**을 뜻한다.

semicircle
반원

원을 지름을 축으로 접은 모양

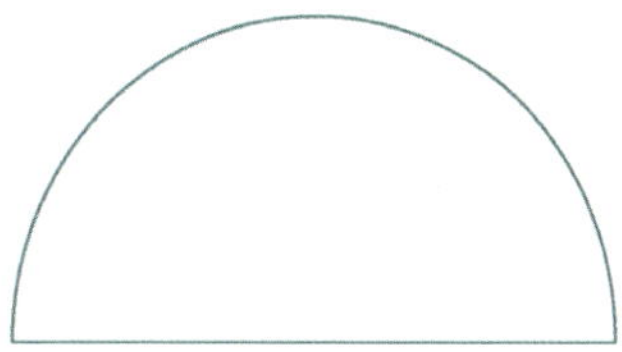

가보기 circle

sentence

가보기 number sentence

set
집합

사물이나 원소들의 모임으로 기호 { }을 사용한다.

보 기 {1, 2, 3, …}은 자연수 집합이다.

가보기 element

sextillion
10해

1,000의 7제곱(10^{21})

1,000,000,000,000,000,000,000

유 래 sext는 6을 뜻하는 라틴어 sextus에서 유래한다. sextillion은 1,000염에 1,000이 6번 더 붙어있음을 뜻한다.

Note

한국은 만, 억, 조, 경, 해, 자, 양, 구, 간, … 등과 같이 네자리 마다 수의 이름이 있다. 해는 10^{20}으로 1조가 1억개 만큼 있는 수이다.

가보기 quadrillion, 부록 I

sharing
등분

어떤 양을 몇 개로 똑같이 나누는 것

유의어 partition division, partitive division

가보기 partition division

side
(1) 변(다각형의)

다각형을 구성하는 선분

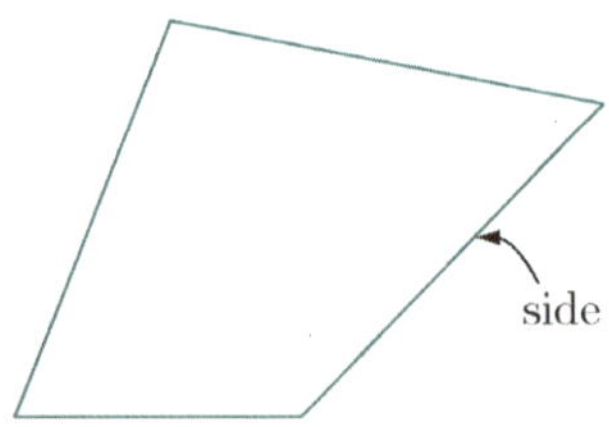

가보기 polygon

(2) 변(각의)

각을 구성하는 두 반직선

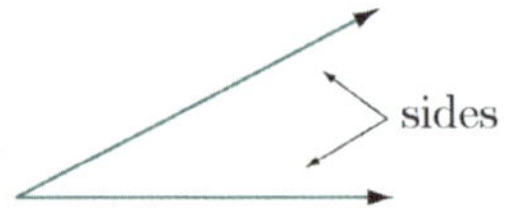

가보기 angle

(3) 변(등식이나 방정식의)

등호(=)를 중심으로 좌변과 우변

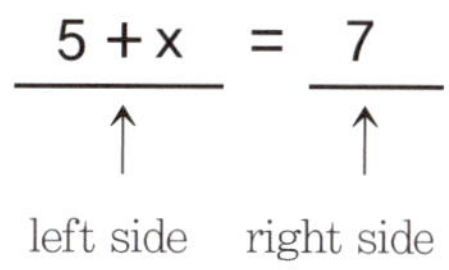

가보기 equation

similar figures
닮음 도형

두 도형이 서로 합동이거나, 한 도형을 일정한 비율로 확대 또는 축소하여 만든 도형이 다른 한 도형과 합동이 될 때 이 두 도형을 닮은 도형이라고 한다.

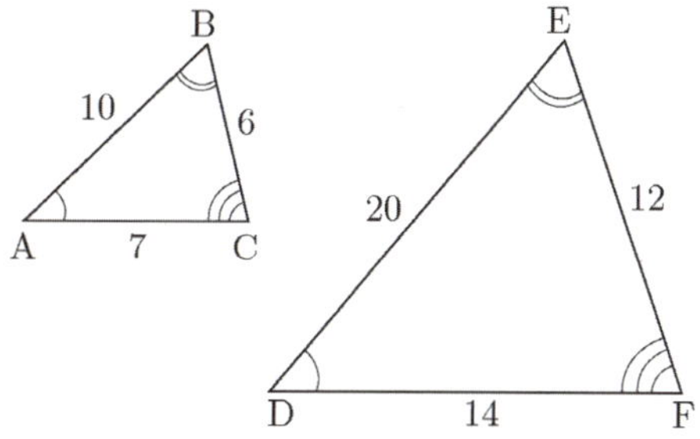

Note

닮음 기호는 ∽이다. 삼각형 ABC와 삼각형 DEF가 닮음일 때, 이것을 기호로 나타내면 △ABC ∽ △DEF이다.

similar fractions
동분모 분수

가보기 like fractions

simplest form of a fraction
기약분수

분모와 분자를 약분하여, 1이외의 공약수를 갖지 않도록 나타내는 형태

보 기

$$\frac{4}{8} \xrightarrow{\text{simplest form}} \frac{1}{2}$$

$$\frac{24}{10} \xrightarrow{\text{simplest form}} \frac{12}{5}$$

Note

수년 전까지도 "reducing the fraction"이라는 표현을 사용했으나, 약분이 분수의 가치를 줄이는 것이 아니므로, 최근에는 이 표현을 사용하지 않는다. 또한 분수의 덧셈이나 뺄셈 등에서는 기약분수 보다 동치분수가 훨씬 유용하므로, 주어진 분수를 기약분수로 나타내는 활동은 과거에 비해 덜 강조되고 있다.

동의어 lowest term, lowest term of a fraction

simplify

기약분수로 나타내기

가보기 simplest form of a fraction

skip counting
뛰어세기

수를 셀 때, 일정하게 몇 개씩 뛰어세는 방법

보 기 2씩 뛰어세기(skip counting by 2) : 2, 4, 6, 8, 10, …
5씩 뛰어세기(skip counting by 5) : 5, 10, 15, 20, 25, …
10씩 뛰어세기(skip counting by 10) : 10, 20, 30, 40, 50, …

Note

2씩 뛰어세기, 5씩 뛰어세기, 10씩 뛰어세기 등은 물건이나 수를 셀 때, 혹은 덧셈이나 뺄셈을 할 때 매우 유용하다. 예를 들어 12+35를 할 때 10씩 뛰어 세기를 적용하면, 12를 기준으로 22, 32, 42이며, 여기에 5를 더하면 47이다.

가보기 jump strategy

slide
밀기, 평행이동

translation의 초등용어

가보기 translation

solid
입체도형

가보기 three-dimensional figure

space figure
입체도형

가보기 three-dimensional figure

span
뼘

주로 엄지에서 새끼손가락까지의 거리인 hand span의 뜻으로 사용되지만, 경우에 따라 cubit, foot span, arm span을 포괄하는 의미로도 사용된다.

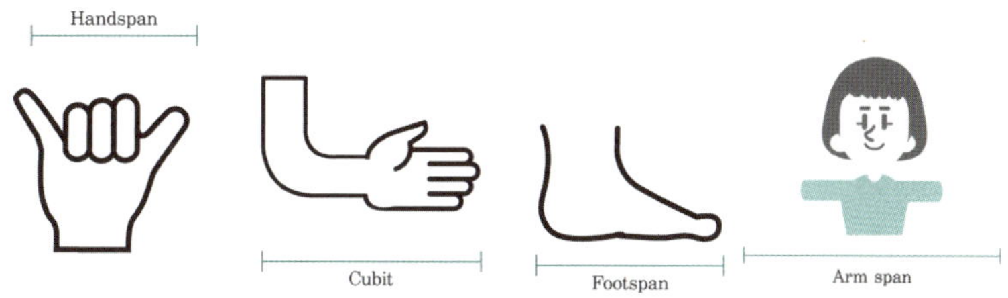

가보기 arm span, hand span

sphere
구

3차원에서 한 점으로부터 같은 거리에 있는 점들의 자취

보 기 sphere(구)의 중심을 center, 지름을 diameter, 반지름을 radius, 지름의 양끝점을 지나는 구 위의 원을 great circle (대원)이라고 한다.

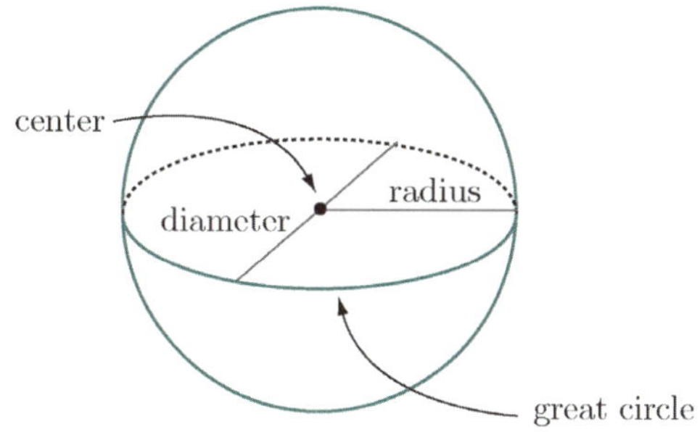

가보기 circle, diameter, radius

S

sphinx puzzle
스핑크스 퍼즐

다음과 같이 7개의 조각으로 구성된 퍼즐

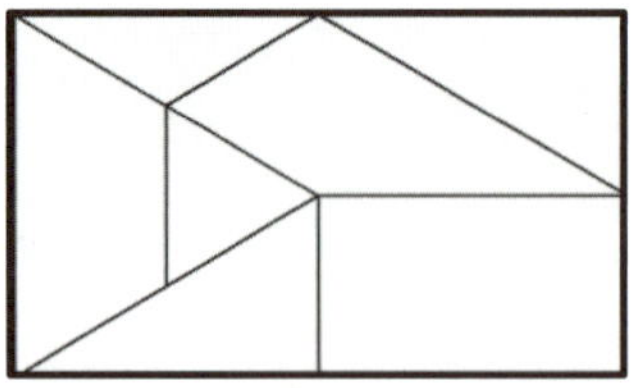

유 래 스핑크스 퍼즐 7조각을 모두 사용하면, 다음과 같이 스핑크스 모양을 만들 수 있다.

Note

칠교판(tangram)으로는 정삼각형을 만들지 못하지만, 스핑크스 퍼즐로는 정삼각형을 만들 수 있다. 정삼각형을 만들 수 있는 방법도 여러 가지이다.

가보기 tangram

S

spiral
나선, 나선형 곡선

나사 모양의 곡선

square
(1) 정사각형

네 변의 길이가 같고, 네 각의 크기가 같은 사각형

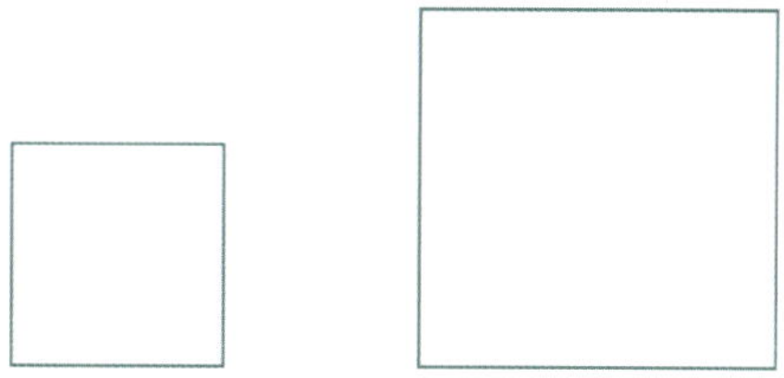

(2) 제곱

같은 수를 두 번 곱하는 것

2^2	3^2
(2×2)	(3×3)
2 squared	3 squared

square centimeter
(cm^2)
제곱 센티미터

한 변이 1cm인 정사각형의 넓이

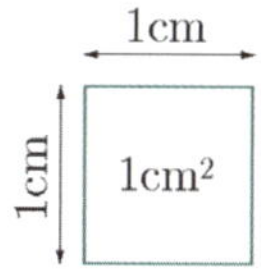

가보기 metric system of measurement, square, square unit

square corner
직각

직각(right angle)의 초등 저학년 용어

가보기 right angle

square foot
(ft^2)
제곱 피트

한 변의 길이가 1 피트(foot)인 정사각형의 넓이에 해당하는 넓이의 관습단위

가보기 customary system of measurement, square unit

square inch
(in^2, sq in.)
제곱 인치

한 변의 길이가 1 인치(inch)인 정사각형의 넓이에 해당하는 넓이의 관습단위

가보기 customary system of measurement, square unit

square kilometer
(km^2)
제곱 킬로미터

한 변의 길이가 1km인 정사각형의 넓이에 해당하는 넓이의 표준단위

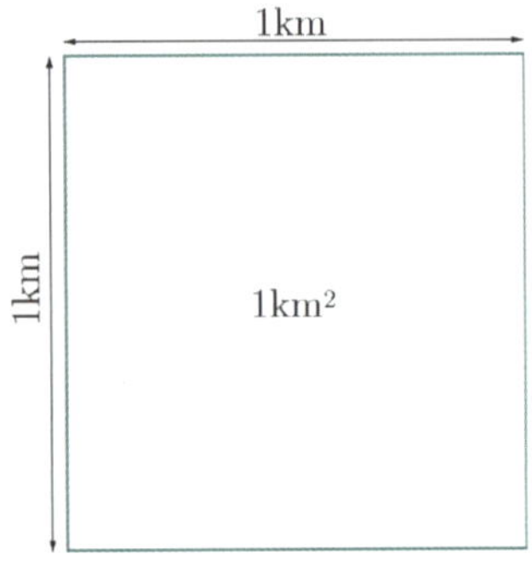

$1km^2 = 1{,}000{,}000\ m^2$

가보기 metric system of measurement, square unit

square meter
(m^2)
제곱 미터

한 변의 길이가 1미터인 정사각형의 넓이에 해당하는 넓이의 표준단위

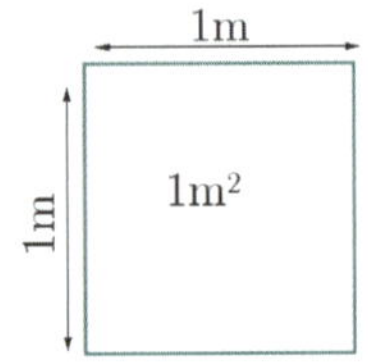

가보기 metric system of measurement, square unit

square mile
(mi^2)
제곱 마일

한 변의 길이가 1마일인 정사각형의 넓이에 해당하는 넓이의 관습 단위

가보기 customary system of measurement, square unit

square number
정사각수, 제곱수

1, 4, 9, 16, 25, … 등과 같이 정사각형 배열이 가능한 수

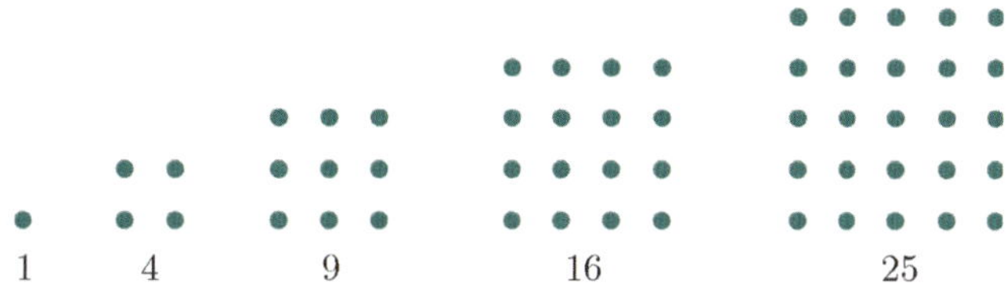

가보기 figurate numbers

square pyramid
정사각뿔

밑면이 정사각형인 각뿔

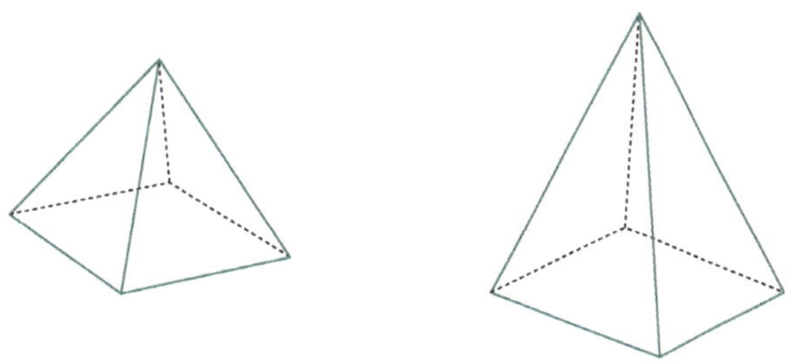

가보기 pyramid

square root
($\sqrt{\ }$)
제곱근

제곱해서 어떤 수를 만드는 수

보 기 +2와 −2를 제곱하면 4가 된다. 따라서 +2와 −2는 4의 square root(제곱근)이며, 기호로 다음과 같이 나타낸다.

$\sqrt{4} = \pm 2$ (square root of 4)

가보기 square(2)

square unit
단위넓이

넓이를 잴 때, 단위가 되는 사각형
보통은 가로와 세로가 1인 정사각형을 말하며, mm^2, cm^2, m^2, km^2 등과 같은 단위를 사용한다.

S

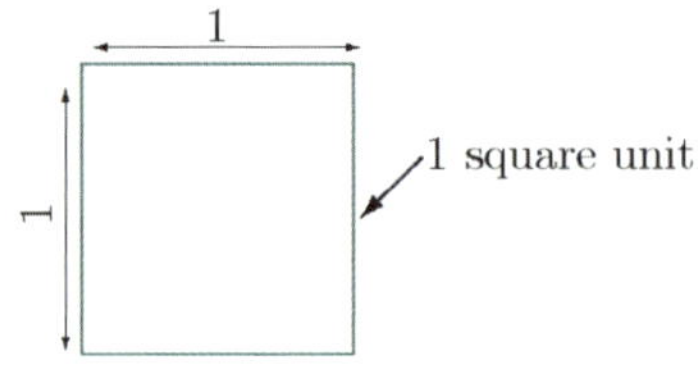

Note

가로와 세로가 각각 4와 3인 직사각형은 square unit(단위넓이)이 12개 들어가므로, 넓이가 12이다.

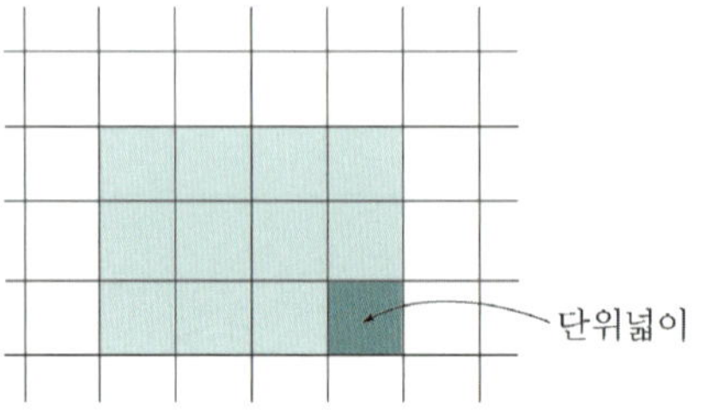

직사각형의 넓이 = 3 × 4 = 12

가보기 square (1)

square yard
(yd^2)
제곱 야드

한 변의 길이가 1 yd인 정사각형의 넓이에 해당하는 넓이의 관습 단위

가보기 customary system of measurement, square unit

standard form

십진기수법에 기반을 둔 표기법으로 4자리 이상의 수를 표기할 때, 3자리마다 콤마(,)를 찍어 수를 나타내는 방법

보 기 다음과 같은 것들이 standard form이다.

23　456　1,000,000　34,098,675

Note

서양에서는 thousand, million, billion, trillion, … 등과 같이 **1,000(천)배가 될 때 마다 새로운 이름**이 있다. 따라서 세 자리마다 콤마(,)를 표시하면 큰 수를 읽을 때 매우 편리하다. 반면 **한국**에서는 만, 억, 조, 경, … 등과 같이 **10,000(만)배가 될 때 마다 새로운 이름**이 있기 때문에 네 자리 마다 콤마(,)가 있어야 큰 수를 읽을 때 편리하다. 그러나 세계가 통일된 표기법을 써야 혼란을 피할 수 있기 때문에 한국에서도 서양의 방식을 따라 세 자리마다 콤마(,)를 찍어 큰 수를 나타내고 있다. (보다 자세한 설명은 부록 Ⅰ을 참고할 것)

유의어 standard notation

standard notation

가보기 standard form

statement
명제

참과 거짓을 구분할 수 있는 문장이나 식

보 기 "어제는 더웠다."는 명제가 아닌 반면, "어제 최고 기온은 35°이었다."는 명제이다. '덥다'라는 것은 사람에 따라 기준이 다를 수 있으므로 옳고 그름을 판단할 수 없는 반면, 어제 최고 기온은 측정에 의해 옳고 그름을 판단할 수 있다. 또한 "4+3=6"은 거짓이지만, 명제인 반면 "4+3"은 참과 거짓을 논할 수 없기에 명제가 아니다.

statistics
통계, 통계학

자료의 수집, 정리, 표현, 해석 등과 관련된 학문분야

stem-and-leaf plot
줄기와 잎 그림

자료를 줄기와 잎 형태로 정리하여 나타내는 방법

보 기 (1) 줄기와 잎그림 읽는 법

stem	leat				
9	0	4			
8	3	4	5	7	9
7	0	2	2	9	
6	5	8	9		
5	3				

⇒ 90, 94, 83, 84, 85, 87, 89, 70, 72, 79, 65, 68, 69, 53

S

(2) 줄기와 잎그림 그리는 법

15, 16, 21, 23, 23, 26, 26, 39, 32, 41

Stem	Leaf
1	5 6
2	1 3 3 6 6
3	0 2
4	1

how to place 32

Note

stem-and-leaf plot은 보통 자료의 수가 적을 때, 자료의 분포를 자세히 알기 위해 사용한다.

straight angle
평각

각의 크기가 180°인 각

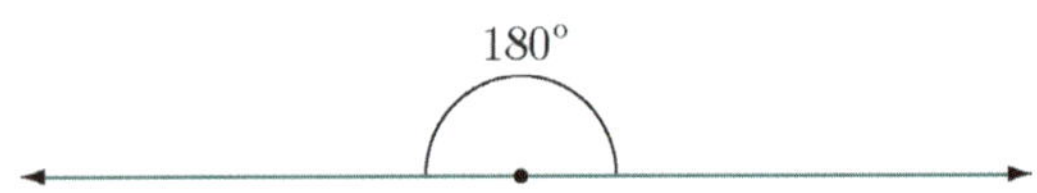

가보기 angle

straightedge
직선자

눈금이 없는 곧은 자로, 컴퍼스와 함께 주로 작도에 사용된다.

Note

ruler는 눈금이 있는 자를 뜻하는 반면, straightedge는 주로 **눈금이 없는** 자를 뜻한다.

가보기 construction, ruler

subitizing
즉각적 인지

일일이 세지 않고 수나 양을 알아차리는 능력

보 기 단추는 몇 개인가?

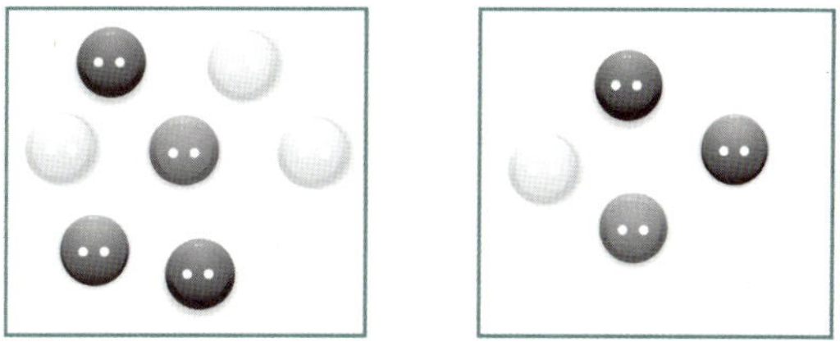

왼쪽은 7개이고, 오른쪽은 4개이다. 단추의 전체 개수를 알아보기 위해 왼쪽은 전체를, 혹은 일부분을 세었을 것이다. 그러나 오른쪽은 한 번 보고도 4개인지 알 수 있다. 어린 아동도 3내지 4까지의 수는 즉각적 인지가 가능하다고 한다.

subtraction
뺄셈

보 기 뺄셈에는 다음과 같은 몇 가지 유형이 있다.

(1) remainder : 덜어내고 남은 나머지를 묻는 문제
사탕이 9개 있었는데, 동생에게 2개 주었다. 남아있는 사탕은 몇 개인가?

(2) difference : 두 수나 양의 차이를 묻는 문제
나는 사탕이 9개, 동생은 사탕이 2개 있다. 나는 동생보다 사탕이 몇 개 더 많은가?

(3) missing addend : 전체에서 부족한 부분을 묻는 문제
나는 사탕이 2개 있다. 사탕을 9개 모으려면 몇 개를 더 모아야 하나?

S

subtraction sentence
뺄셈식

뺄셈기호(−)와 등호(=)를 이용해 뺄셈관계를 나타낸 식

보 기 $9-2=7$, $4.5-1.23=3.27$ 등과 같은 식

가보기 number sentence, subtraction

subtrahend
감수

뺄셈에서 빼는 수

보 기 18−11=7에서 11, 9−2=7에서 2가 subtrahend(감수)이다.

즉 a−b에서 b가 subtrahend(감수)이다.

Note

8−3=5에서 8은 minuend(피감수), 3은 subtrahend(감수), 5는 difference(차)라고 한다.

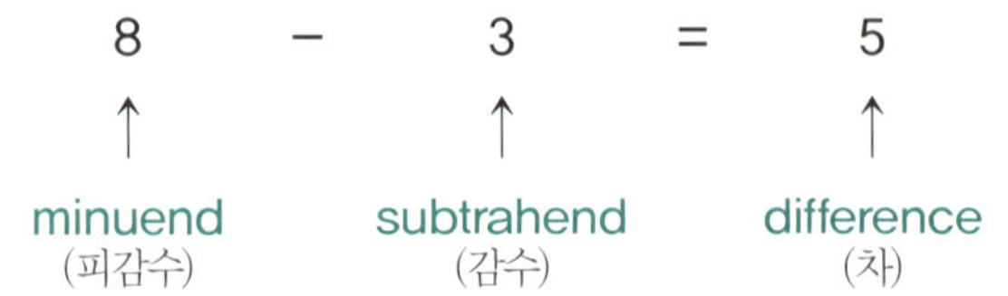

sum
합

덧셈의 결과

보 기 2+3=5에서 2와 3은 addends, 5는 sum이다.

유의어 total

가보기 addends

surface
표면

3차원 입체의 경계영역, 입체동형을 둘러싸고 있는 겉부분

보 기 다면체의 경우, 다면체를 둘러싸고 있는 2차원 평면

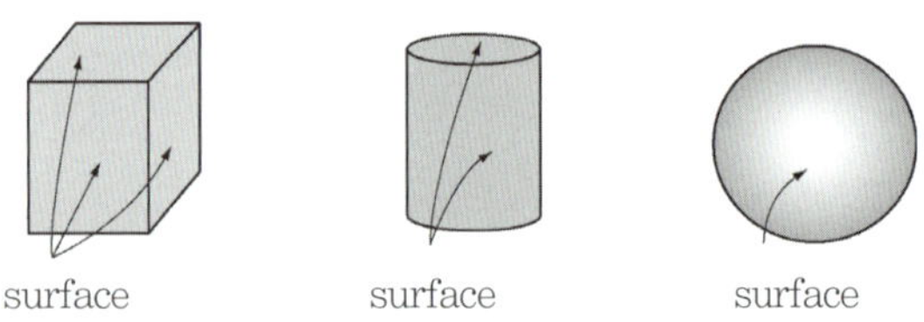

가보기 three dimensional figure

surface area
겉넓이, 표면적

3차원 입체를 둘러싼 평면이나 곡면의 넓이의 합

보 기 (1) 다면체의 경우, 다면체를 구성하는 다각형의 넓이의 합이다. 예를 들어 직육면체의 경우 윗면, 아랫면, 앞면, 뒷면, 왼쪽면, 오른쪽면의 합이 표면적이다.

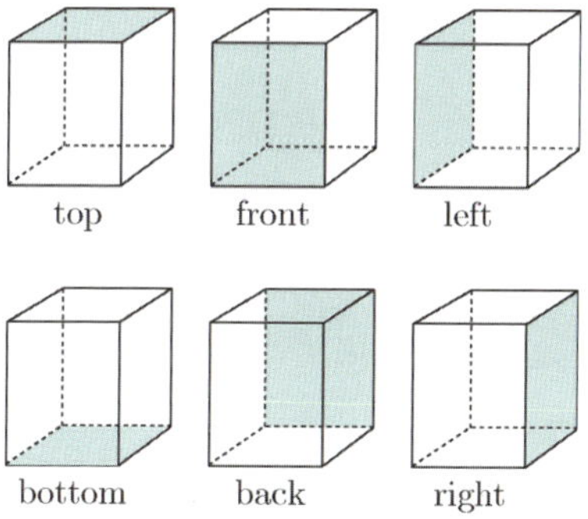

(2) 원기둥의 경우, 윗면, 아랫면 옆면의 합이 표면적이다.

(3) 구의 경우, 반지름이 r이면 구의 표면적은 $4\pi r^2$이다.

가보기 surface

survey
조사, 조사연구

특정 집단의 특성을 알아보기 위해, 임의의 표본을 대상으로 설문을 하는 연구 혹은 설문

Note

조사연구는 주로 설문지나 전화인터뷰 등의 방법을 이용한다.

symmetry
대칭

(1) 도형의 대칭 : 어떤 도형이 점, 직선, 평면을 기준으로 양쪽에 있는 부분이 완전히 포개어 질 때, 그 도형은 대칭이다.

rotational symmetry(점대칭) : 도형 내부의 한 점을 기준으로 180° 회전했을 때, 회전하기 전의 모양과 완전히 겹쳐지는 경우

line symmetry(선대칭) : 2차원에서 한 직선을 기준으로 나누어진 두 부분이 완전히 포개어지는 경우

plane symmetry(면대칭) : 3차원에서, 한 평면을 기준으로 나누어진 두 부분이 완전히 똑같은 경우

가보기 line symmetry, plane symmetry, rotational symmetry

(2) 식의 대칭 : 2+3은 3+2와 같다. 이처럼 연산 순서에 관계없이 결과가 같을 때, 두 식은 대칭이다.

S

T

table
표

자료를 어떤 기준에 따라 행과 열로 정리해 놓은 것

보 기

multiplication table

×	0	1	2	3	4	5	6	7	8	9
0	0	0	0	0	0	0	0	0	0	0
1	0	1	2	3	4	5	6	7	8	9
2	0	2	4	6	8	10	12	14	16	18
3	0	3	6	9	12	15	18	21	24	27
4	0	4	8	12	16	20	24	28	32	36
5	0	5	10	15	20	25	30	35	40	45
6	0	6	12	18	24	30	36	42	48	54
7	0	7	14	21	28	35	42	49	56	63
8	0	8	16	24	32	40	48	56	64	72
9	0	9	18	27	36	45	54	63	72	81

class time table

	Monday	Tuesday	Wednesday	Thursday	Friday
09:00–10:00					
10:00–11:00					
11:00–12:00					
12:00–13:00					
13:00–14:00					
14:00–15:00					
15:00–16:00					
16:00–17:00					
17:00–18:00					

tablespoon

(T)
테이블스푼

부피를 잴 때 사용하는 서양의 관습 단위

$$1 \text{ tablespoon} = 3 \text{ teaspoons}$$

$$= \frac{1}{16} \text{ cup}$$

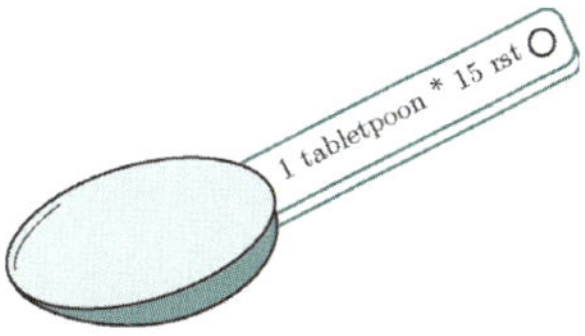

Note

tablespoon은 요리할 때 재료의 양을 나타내기 위해 주로 사용됨

가보기 teaspoon

tally

기록

수나 사물을 셀 때, 줄을 그어 하나씩 표시하는 방식

Larry	𝍸 ||
Bobby	𝍸
Tony	𝍸 |
Linda	|||

유의어 tallymark, tick mark

tangram

칠교판, 탱그램

정사각형 모양을 7개의 기본 도형으로 분할한 조각 퍼즐

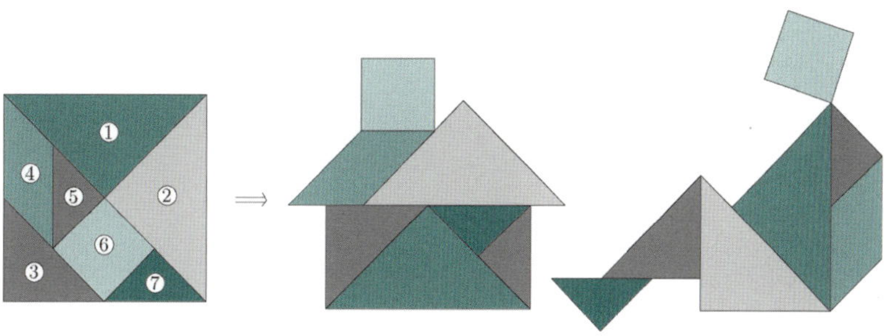

유 래 전설에 의하면 중국에 Tan이라 불리는 사람이 자기(porcelain) 타일을 땅에 떨어뜨렸는데, 7조각이 났다. 그 후 그 사내는 그 자기들의 모양을 맞추는 일에 남은 일생을 보냈는데, 그가 만들어낸 모양은 300여 가지가 넘었다고 한다.

Note

탱그램은 한국 수학교과서에서 '칠교판'이라 이름으로 소개되고 있다.

가보기 sphinx puzzle

teaspoon
(t)
티스푼

$\frac{1}{3}$ tablespoon에 해당하는 부피 단위

$$1 \text{ teaspoon} = \frac{1}{3} \text{ tablespoon}$$

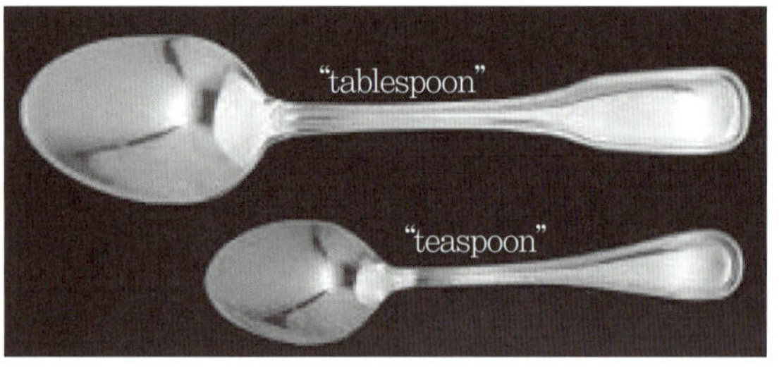

Note

tablespoon은 대문자 T를 사용하고, teaspoon은 소문자 t를 사용해서 나타낸다. tablespoon은 스프와 같은 음식을 떠먹을 때 사용되고, teaspoon은 커피나 차를 탈 때 주로 사용된다.

가보기 tablespoon

tens place
십의 자리

십진기수법에서 오른쪽에서 두 번째 자리로, 10묶음의 개수를 기록하는 자리, 1,234에서 3은 십의 자리 수이다.

thousands	hundreds	tens	ones
천의 자리	백의 자리	십의 자리	일의 자리
1	2	3	4

Note

십진기수법은 위치에 따라 자리값을 달리하는 위치기수법 체계이다. 이 체계 내에서는 일, 십, 백, 천, 만과 같이 왼쪽으로 한 칸 이동할 때마다 자리값이 10배씩 커진다. 십의 자리는 일의 자리를 기준으로 바로 왼쪽에 위치한다.

가보기 base-ten numeration system, place value

tenth

(1) 10번째

(2) $\frac{1}{10}$

9번째 다음

가보기 부록 Ⅰ, 2. 분수읽기

tenths

$\frac{1}{10}$의 자리

(또는 0.1의 자리)
(또는 소수 첫째자리)

소수 표기법에서 소수점 바로 오른쪽 자리로, $\frac{1}{10}$ 혹은 0.1이 몇 개인지를 기록하는 자리

보 기 2.345에서 3은 tenths($\frac{1}{10}$의 자리)의 수이다.

ones	.	tenths	hundredths	thousandths
일의 자리	.	$\frac{1}{10}$의 자리	$\frac{1}{100}$의 자리	$\frac{1}{1000}$의 자리
2	.	3	4	5

가보기 decimal numeration system

term

(1) 분수에서 분모와 분자

보 기 $\frac{2}{3}$에서 2와 3이 term이다.

(2) 비에서 전항과 후항

보 기 3:5에서 3과 5가 term이다.

(3) 수열에서 수열을 이루는 항

보 기 2, 4, 6, 8,…에서 2는 첫째 항, 4는 둘째 항, 6은 셋째 항을 나타내는 수이다.

(4) 식에서 덧셈(+)과 뺄셈(-) 연산에 의해 분리된 항

보 기 $4+5x$에서 4와 $5x$가 term이다.

terminating decimal
유한소수

0.2, 1.345, 0.03907 등과 같이 소수점 이하의 수가 유한인 소수

가보기 nonterminating decimal, repeating decimal

tessellation
테셀레이션

한 가지 이상의 도형을 이용해 겹쳐짐이나 빈틈이 생기지 않도록 평면이나 공간을 덮는 것, 혹은 그 결과로 생긴 모양

보 기 테셀레이션의 예로는 바닥과 벽에 깔린 타일, 모자이크를 들 수 있다.

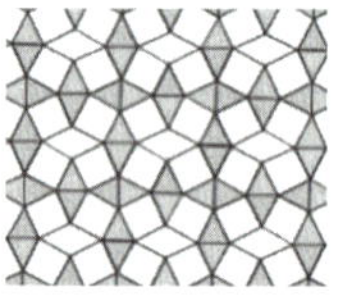

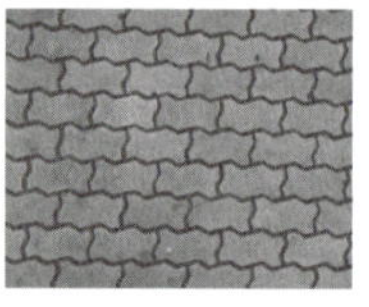

테셀레이션은 모양을 일정한 거리만큼 움직이는 '평행이동', 거울에 반사된 것처럼 모양을 뒤집는 '반사이동', 한 점을 중심으로 모양을 돌리는 '회전이동', 평행이동과 반사를 결합한 '미끄러짐 반사이동'의 네 가지 변형을 통해 만들 수 있다.

유 래 tessellation은 라틴어 'tessella'에서 유래되었는데 고대 로마 모자이크에 사용되었던 작은 정사각형 모양의 돌 또는 타일을 의미한다.

Note

에셔(1898-1972)는 20세기를 대표하는 네덜란드 판화가이다. 그는 스페인 그라나다의 알함브라 궁전을 여행하면서 그 곳의 기하적 패턴과 문양에 크게 감동 받았다. 이후 수학적으로 치밀하게 계산된 문양의 반복과 중첩을 활용한 다양한 작품을 내놓았다.

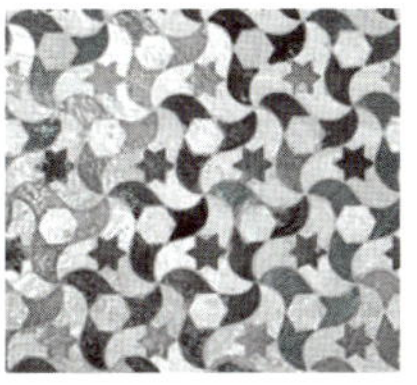

알함브라 궁전의 문양

에셔의 작품

유의어 tiling

tetrahedron
4면체

4개의 다각형으로 둘러싸인 입체도형

보 기 삼각형 4개로 이루어진 전개도를 접으면 면이 4개인 tetrahedron(4면체)이 만들어진다.

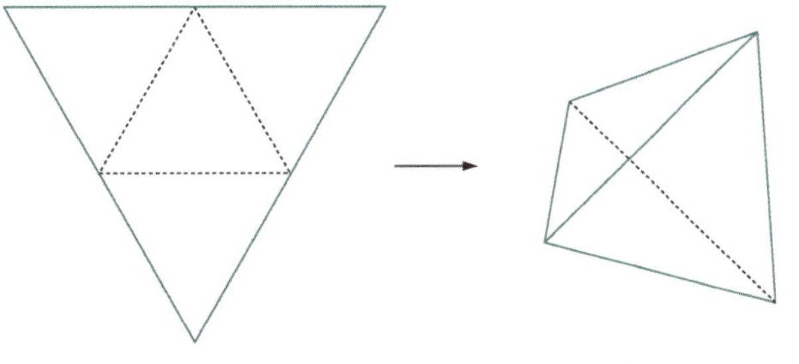

가보기 triangular pyramid

thousand
천, 1,000

100이 10개 모인 수, 또는 10이 100개 모인수

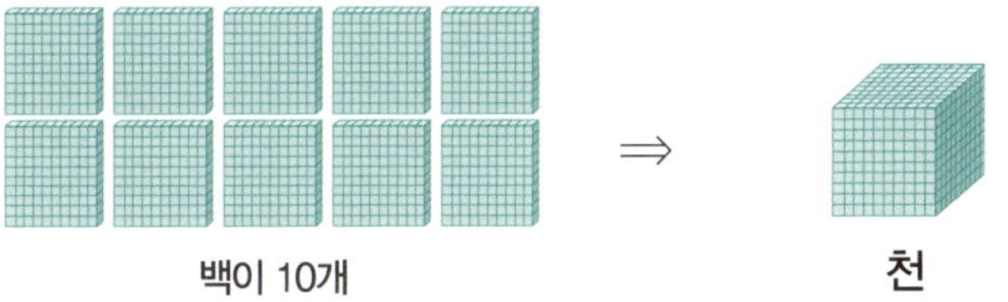

가보기 hundred

thousandth

(1) 1,000번째

999번째 다음

(2) $\frac{1}{1,000}$

가보기 부록 I 의 2. 분수읽기

thousandths

$\frac{1}{1,000}$ 의 자리
(또는 0.001의 자리)
(또는 소수 셋째자리)

소수 표기법에서 소수점으로부터 오른쪽으로 세 번째 자리로, $\frac{1}{1,000}$ 혹은 0.001이 몇 개인지를 기록하는 자리

보 기 2.34567에서 5가 thousandths($\frac{1}{1,000}$ 의 자리)의 수이다.

가보기 decimal numeration system, tenths

three-dimension

(3-D)
3차원

가로, 세로, 높이, 혹은 x축, y축, z축 등과 같이 세 개의 틀로 표현되는 공간

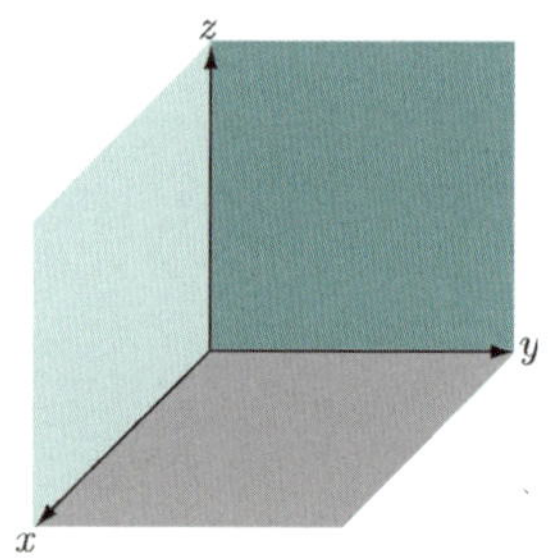

Note

직선은 1차원, 평면은 2차원, 공간은 3차원이다. 1차원에서는 길이를, 2차원에서는 넓이를, 3차원에서는 부피를 잴 수 있다.

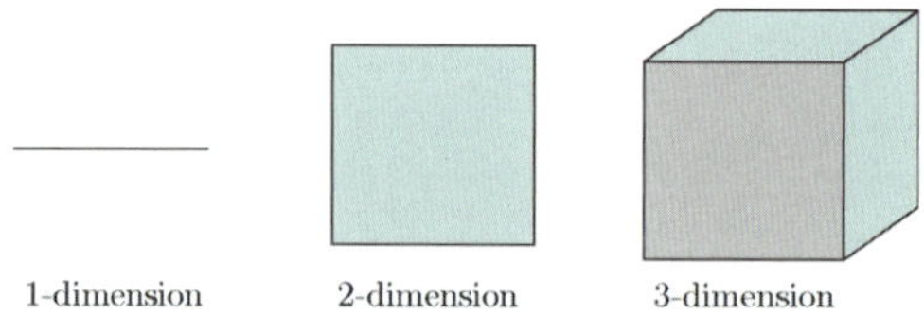

가보기 two-dimension(2-D)

three-dimensional figure
입체도형, 3차원 도형

평면도형이 아닌 다음과 같은 도형이 3차원 입체도형이다.

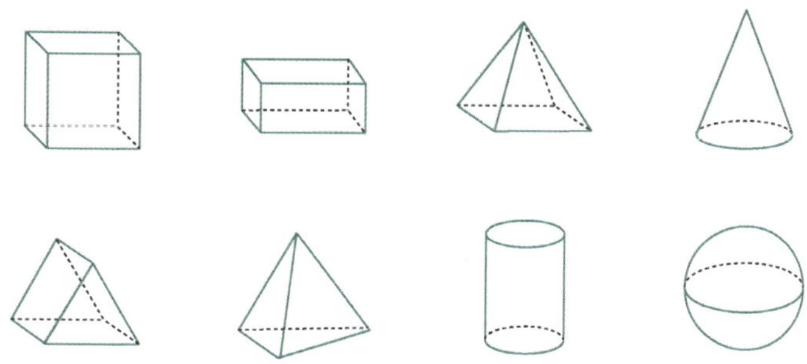

유의어 solid, solid figure, space figure, three-dimensional shape

가보기 dimension, three dimensional figure

tiling
타일링

가보기 tessellation

ton
(T)
톤

1,000kg에 해당하는 무게의 표준 단위

1 ton= 1,000kg

가보기 kilogram

trade-first subtraction

받아내림이 있는 뺄셈에서 받아내린 수치를 먼저 기록한 후 빼는 세로 뺄셈 알고리즘

보 기 352−164의 경우, 352를 백이 3, 십이 5, 일이 2로 해석해서는 뺄셈이 안 되므로, 그것과 동치인 백이 2, 십이 14, 일이 12로 해석하여 그 수치를 먼저 기록하고 같은 자리끼리 계산하는 방식

T

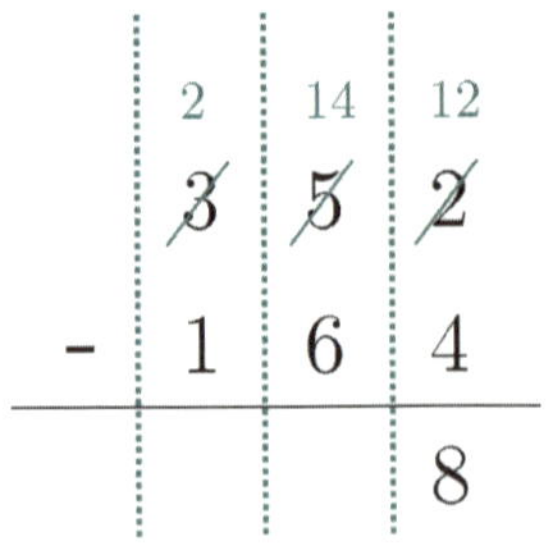

가보기 regrouping, trading

trading

십 1개를 일 10개와 바꾸거나, 백 1개를 십 10개와 바꾸는 것과 같이, 특정한 수를 그와 값이 같은 형태로 바꾸는 활동

보 기 45는 십이 4개, 일이 5개인 수이다. 그러나 십 1개를 일 10개와 trading하면 십이 3개, 일이 15개인 수로 생각할 수 있다.

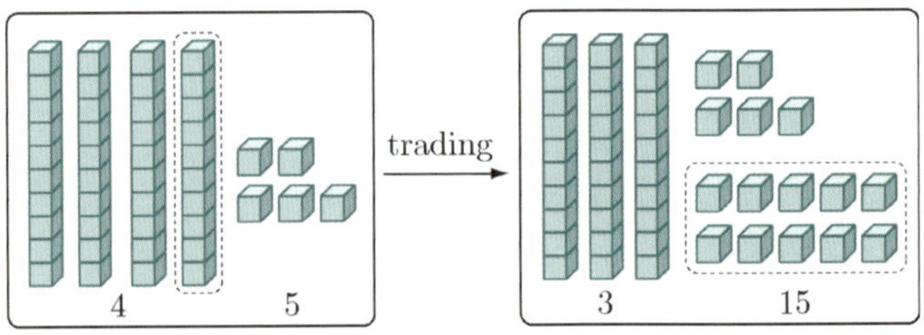

가보기 regrouping

transformation
변환

어떤 사물에 가해지는 조작으로, 그 결과 새로운 이미지가 만들어진다.

보 기 transformation에는평행이동, 대칭이동, 회전이동 등이 있다.

가보기 reflection, rotation, symmetry, translation

translation
평행이동

도형을 한 직선을 따라 평행하게 움직이는 이동

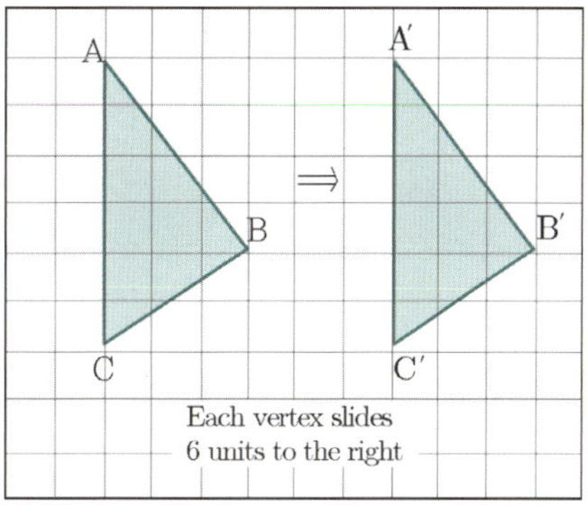

Note

미국 초등학교에서 translation 대신 'slide(밀기)'라는 용어가 사용되기도 한다.

가보기 reflection, rotation

trapezoid
사다리꼴

한 쌍의 마주보는 변이 평행인 사각형

보 기 사다리꼴에서 평행인 두 변을 'base(밑변)'이라 하고, 위에 있는 변을 '윗변', 아래에 있는 변을 '아랫변'이라 한다. 밑변을 제외한 나머지 두 변은 'leg'이라고 한다.

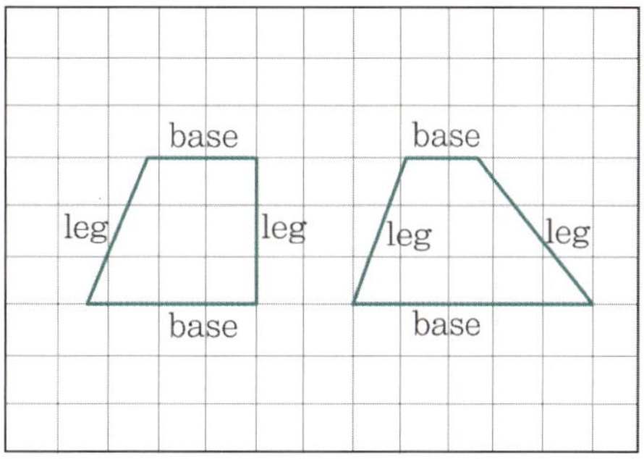

Note

수학 용어 가운데는 지역에 따라 정의방식이 조금씩 차이가 있는 경우가 있다. 사다리꼴이 그러한 경우로, 한국에서는 '한 쌍 이상의 마주보는 변이 평행인 사각형'으로 정의하지만, 서양 일부지역에서는 '**오직 한 쌍만이**

평행인 사각형'으로 정의하기도 한다. 이러한 정의에 의하면, 평행사변형은 한국에서는 사다리꼴에 속하지만, 서양의 일부지역에서는 사다리꼴에 속하지 않는다.

가보기 isosceles trapezoid

tree diagram
수형도

자료를 세기 쉽도록 나뭇가지 모양으로 표시하는 자료 조직 방법

보 기 수형도는 경우의 수를 구한다든지, 소인수 분해를 할 때 인수를 구하는 과정에서 사용된다. 예를 들어 동전을 세 번 연속 던졌을 때 나올 수 있는 경우는 아래 그림과 같이 8가지이다.

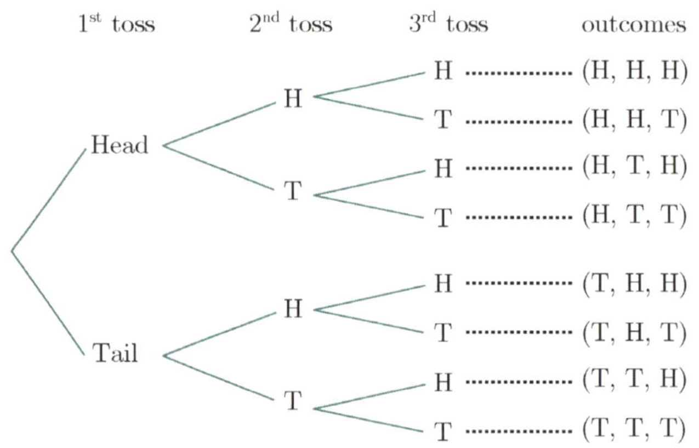

또한 144를 소인수 분해하면 아래 그림과 같이 $2\times2\times2\times2\times3\times3$이다.

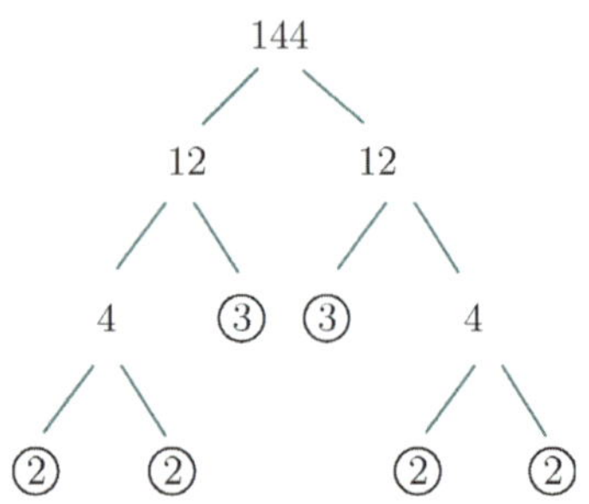

triangle
삼각형

세 개의 선분으로 둘러싸인 도형

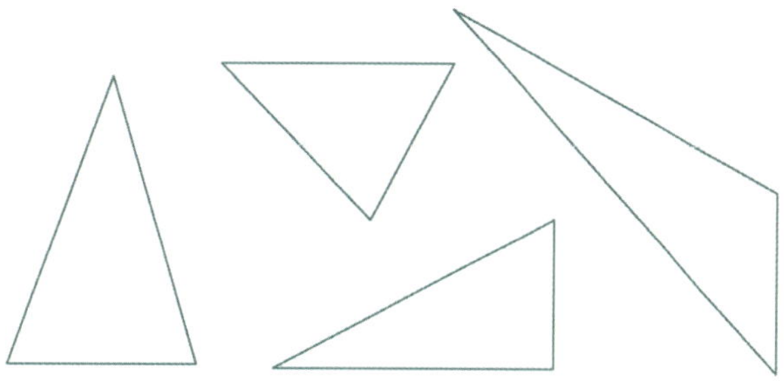

유래 triangle에서 tri는 '3'을, angle은 '각'을 뜻한다. 즉, 삼각형은 용어만 보면, 세 개의 각을 가진 도형을 뜻하지만, 정의는 각이 아닌 선분을 이용하고 있다.

triangular number
삼각수

1, 3, 6, 10, 15, … 등과 같이 삼각형 배열이 가능한 수

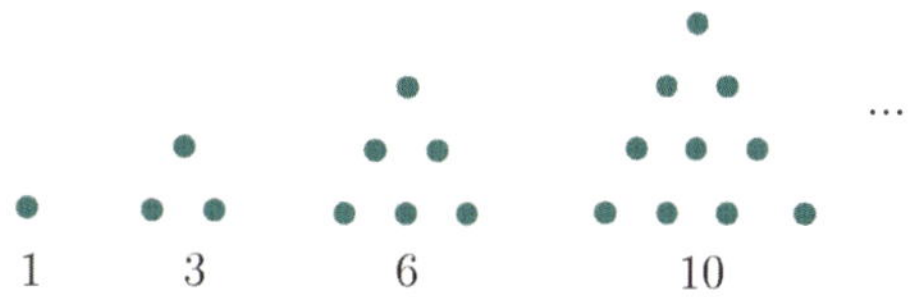

가보기 figurate numbers

triangular prism
삼각기둥

밑면이 삼각형인 각기둥

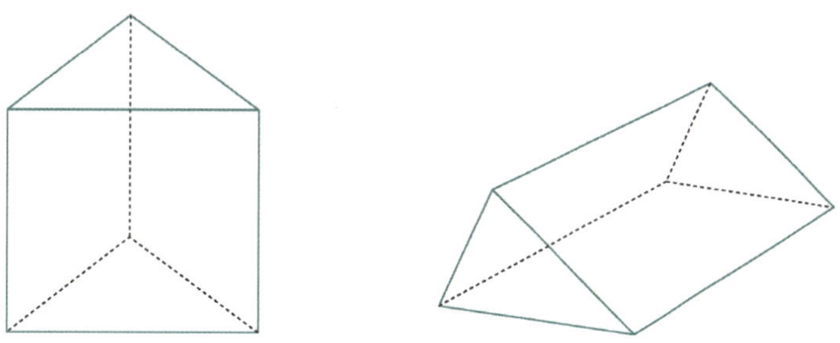

가보기 prism

triangular pyramid
삼각뿔

밑면이 삼각형인 각뿔, 또는 네 면이 삼각형인 사면체

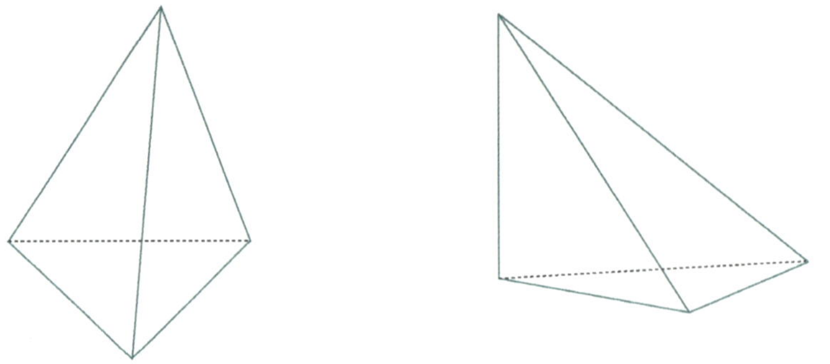

유의어 tetrahedron

가보기 pyramid

trillion
조

1,000의 4제곱(10^{12})
1,000,000,000,000

유 래 trillion에서 'tri'는 3을 뜻한다. 즉 1,000 옆에 1,000이 3개 더 붙어있다는 의미이다.

가보기 billion

turn
회전이동, 돌리기

rotation의 초등용어

가보기 rotation

T

turn-around facts

연산 순서에 관계없이 결과가 같은 셈

보 기 2+3과 3+2, 2×3과 3×2는 각각 turn-around facts이다. 뺄셈과 나눗셈은 turn-around facts가 없다.

$$2+3=3+2, \quad 2\times3=3\times2$$

가보기 commutative property, turn-around rule

turn-around rule
교환법칙

계산 순서가 바뀌어도 연산의 결과가 같은 성질

가보기 commutative property

two-dimension
(2-D)
2차원

가로와 세로, 혹은 X축과 Y축 등과 같이 2개의 틀로 표현되는 공간

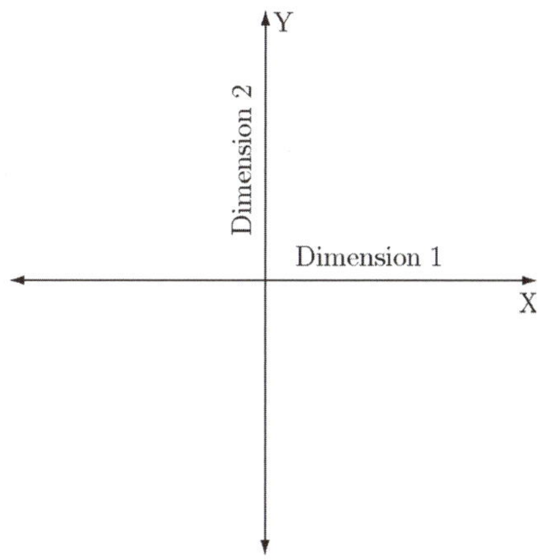

가보기 dimension, three-dimension, two-dimensional figure

two-dimensional figure
평면도형, 2차원 도형

보 기 직선, 선분, 곡선 등은 1차원 도형이고, 삼각형, 사각형, 원 등은 2차원 도형이고, 각기둥, 원기둥, 각뿔 등은 3차원 도형이다.

1차원 도형	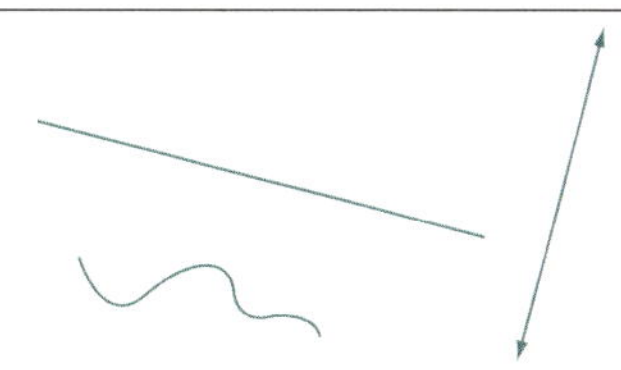
2차원 도형	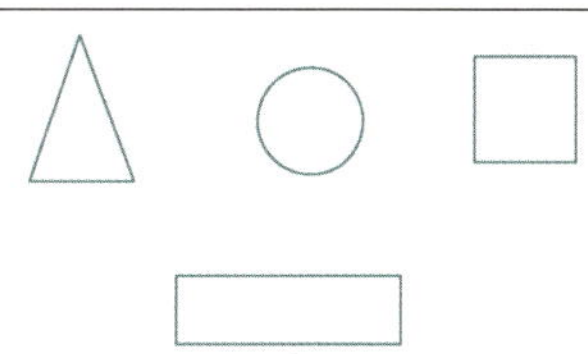
3차원 도형	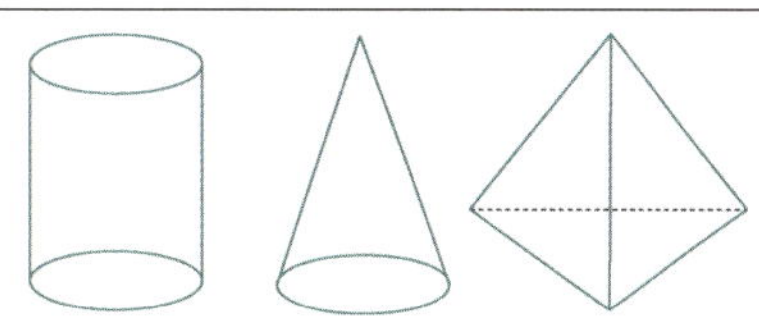

가보기 dimension, two dimension

U

unit
단위

길이, 무게, 부피, 시간 등을 잴 때, 기준으로 삼는 양

보 기 cm, km는 길이를 잴 때, mg, kg은 무게를 잴 때, *dl*, *kl*는 부피를 잴 때 사용되는 단위이다

가보기 customary system of measurement, metric system of measurement

unit fraction
단위 분수

$\frac{1}{2}$, $\frac{1}{3}$, $\frac{1}{4}$, …과 같이 분자가 1인 분수

보 기 $\frac{3}{4}$은 $\frac{1}{4}$이 셋인 분수이다. 이때 $\frac{1}{4}$은 $\frac{3}{4}$의 크기를 가늠하는 단위로 사용될 수 있다. 마찬가지로 $\frac{2}{5}$는 $\frac{1}{5}$이 둘인 분수이다. 즉 $\frac{2}{5}=\frac{1}{5}+\frac{1}{5}$이며, 이때 $\frac{1}{5}$은 단위의 역할을 한다.

Note

고대 이집트인들은 단위 분수의 합을 이용해 분수를 표현했다. 예를 들어, $\frac{2}{7}$에 해당하는 표기법이 없는 대신, $\frac{1}{4}+\frac{1}{28}$과 같이 단위분수의 합으로 동일한 양을 나타내었다.

unlike fractions
이분모 분수

$\frac{1}{2}$과 $\frac{1}{3}$처럼 분모가 서로 다른 분수

보 기 $\frac{1}{4}$과 $\frac{3}{4}$은 분모가 4로 같다. 이러한 분수를 like fractions(동분모 분수)라고 한다. 반면, $\frac{3}{4}$과 $\frac{2}{5}$는 분모가 4와 5로 각각 다르므로 unlike fractions(이분모 분수)라고 한다. 이처럼 like fractions과 unlike fractions를 구분하는 기준은 분자가 아니라 분모이다.

Note

일상회화에서는 'like'가 '좋아하다'라는 의미로 많이 사용되지만, like fraction과 unlike fractions에서의 'like'는 '**같다**'의 의미로 사용된 것이다.

가보기 like fractions

U.S. Customary System
미국 관습 단위법

보 기 길이, 무게, 부피, 온도를 재는 미국의 관습단위로는 다음과 같은 것들이 있다.

길이	인치(inch), 피트(foot), 야드(yard), 마일(mile)
무게	온스(ounce), 파운드(pound)
부피	컵(cup), 핀트(pint), 쿼트(quart), 갤런(gallon)
온도	화씨(Fahrenheit)

가보기 customary system of measurement

V

variable
변수

하나의 수 혹은 여러 수들을 대표하는 기호나 문자

보 기 $x+2=5$에서 variable x는 3을 대표하지만, $x+2>5$에서 variable x는 3보다 큰 모든 실수를 대표한다.

Venn diagram
벤다이어그램

원이나 타원 등의 폐곡선을 이용해 집합 사이의 관계를 나타낸 그림

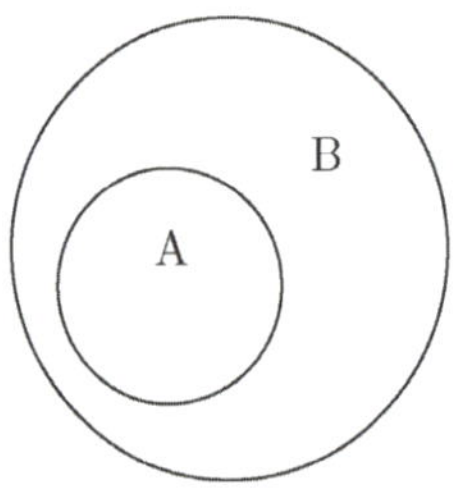

A는 B의 부분집합

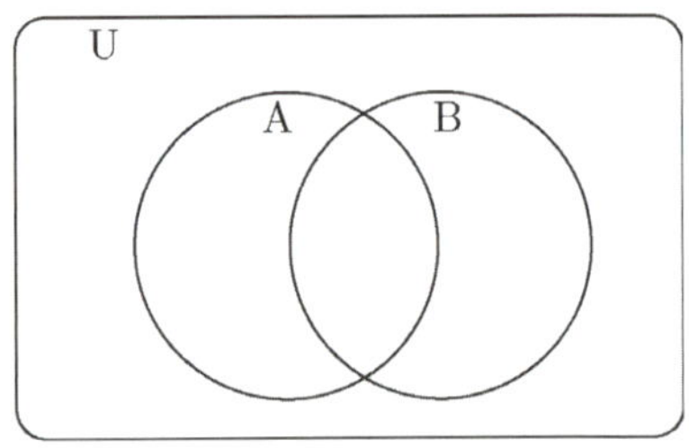

A와 B가 공통 부분을 가지고 있으며, 이 둘의 합집합은 전체집합 U의 부분집합

유 래 벤다이어그램은 영국인 John Venn(1834–1923)의 이름에서 유래했다. 벤은 논리학을 연구했으며, 논리적 사고의 도구로 벤다이어그램을 개발하였다.

vertex
(복수 vertexes, vertices)
꼭짓점

보 기 (1) 각을 이루는 두 반직선이 만나는 점

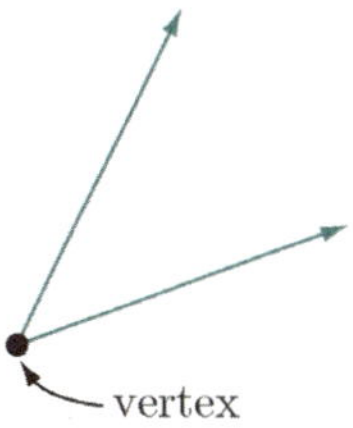

가보기 angle

(2) 다각형에서 두 변이 만나는 점

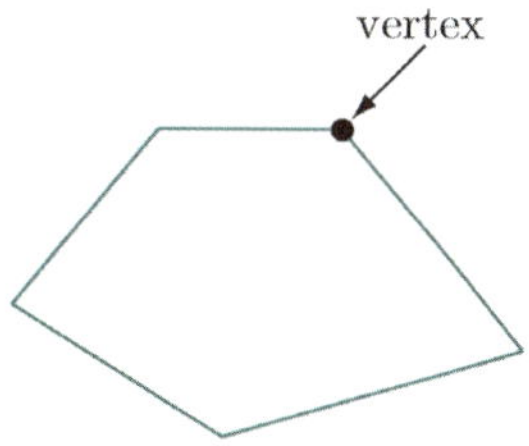

가보기 polygon

(3) 다면체에서 셋 이상의 면이 만나는 점

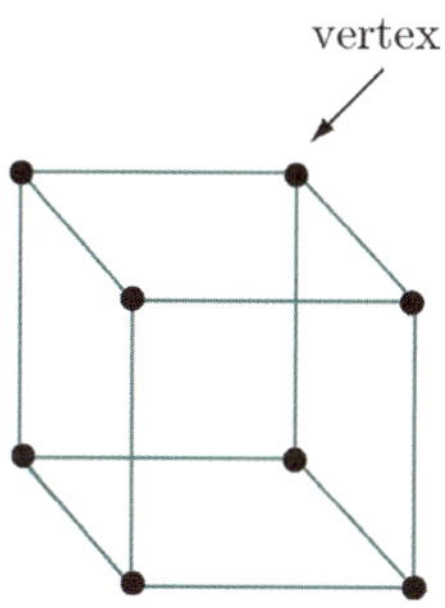

가보기 polyhedron

vertical angles
대각, 맞꼭지각

두 직선이 만나서 생기는 네 개의 각들 중에 서로 마주보는 두 각

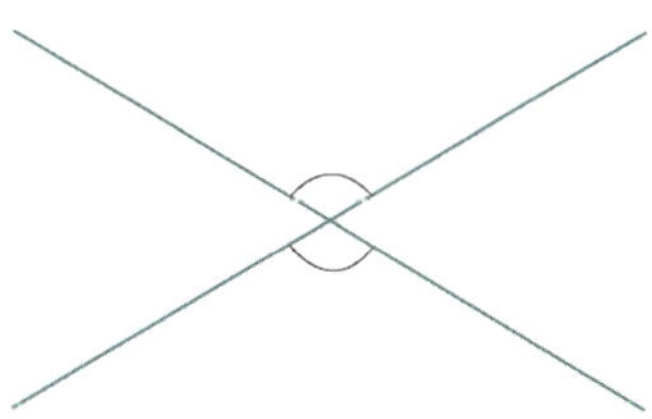

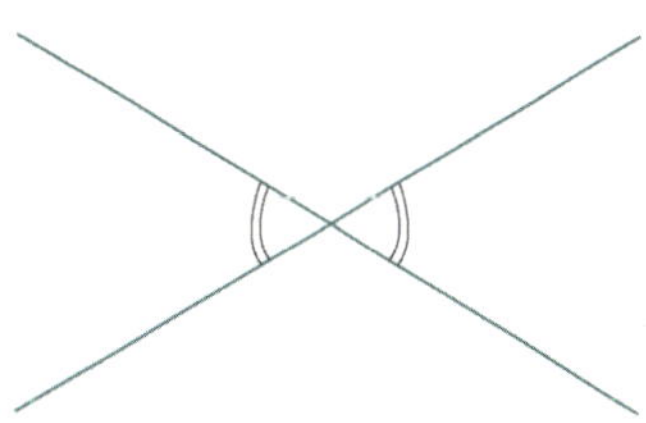

> **Note**
>
> 'vertical'은 보통 '수직인'을 의미하지만, vertical angles에서 'vertical'은 **'같은 꼭짓점(vertex)을 공유하고 있는'**을 뜻한다.

유의어 opposite angles, vertically opposite angles

vertical axis
수직축

직교좌표계에서 수직인 축, 혹은 y축

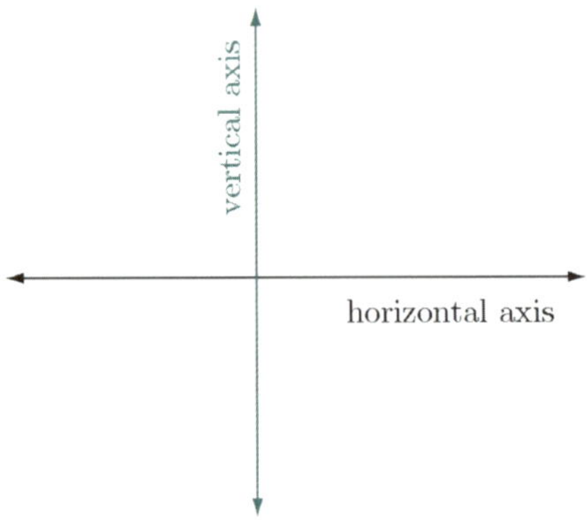

가보기 Cartesian coordinate system, y-axis, horizontal axis

vertical bar graph

막대가 수직방향으로 놓여 있는 막대그래프

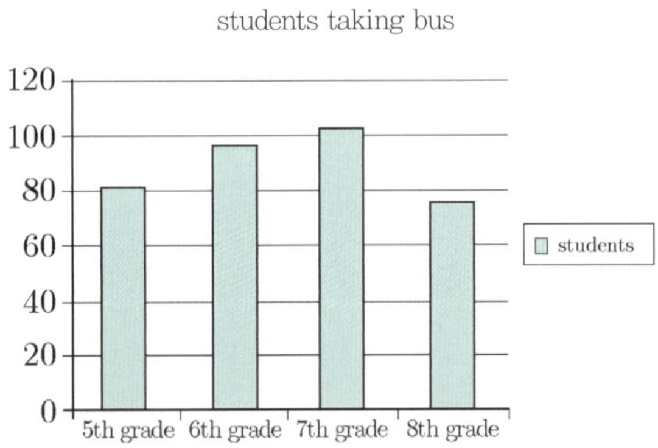

가보기 bar graph, horizontal bar graph

volume
부피

입체도형이 차지하는 공간의 양 혹은 어떤 용기가 담을 수 있는 양

Note

부피의 단위는 보통 한 변의 길이를 1로 하는 정육면체 모양의 cubic unit을 사용한다. 예를 들어 가로, 세로, 높이가 3, 2, 2인 직육면체는 cubic unit이 3×2×2개가 들어감으로, 부피는 12 cubic units이다. cubic unit의 단위로는 mm^3, cm^3, m^3, km^3 등이 있다.

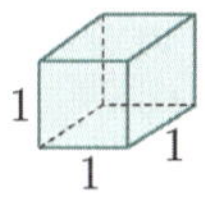

cubic unit

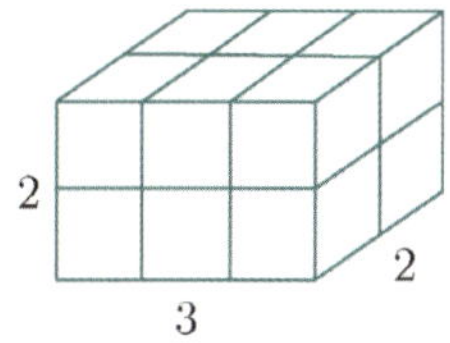

12 cubic units

유의어 capacity

가보기 cubic unit

W

weight
무게, 중량

가보기 gram, kilogram, pound

whole
하나, 전체, 100%

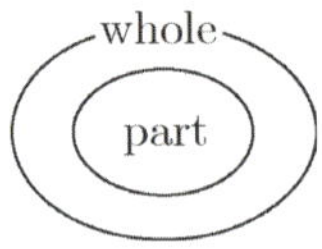

whole number
범자연수

0과 자연수로 구성된 집합, {0, 1, 2, 3, ⋯}

가보기 natural number

width
폭, 너비, 가로

직사각형 혹은 직사각형 모양으로 된 물체의 한 변의 길이

Note

우리나라에서는 직사각형의 가로와 세로가 정해져있지만, 영미권에서는 직사각형의 length와 width의 위치가 정해져있지 않다. 그러나 **width**는 직사각형의 두 변 중 주로 **짧은 쪽**을 지칭한다.

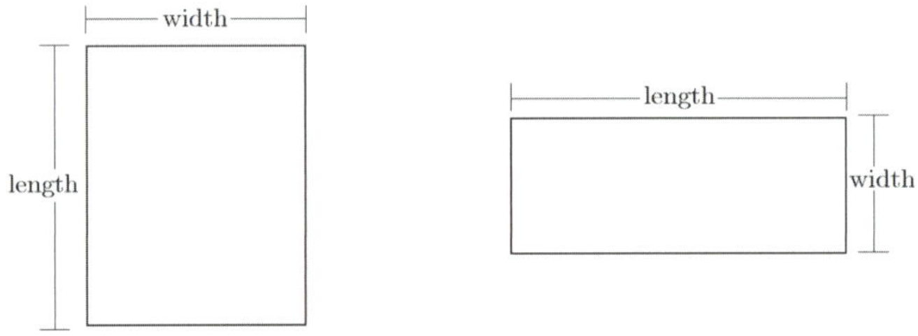

W

word form

수를 읽거나 읽은 것을 쓰는 법

보 기 1012의 word form은 one thousand twelve이며, $\frac{1}{2}$의 word form은 one half이다. 또한 3.5의 word form은 three and five tenths이다.

number	word form
1012	one thousand twelve
$\frac{1}{2}$	one half
3.5	three and five tenths

가보기 부록 I

X

x−axis

x축

직교좌표계의 수평축

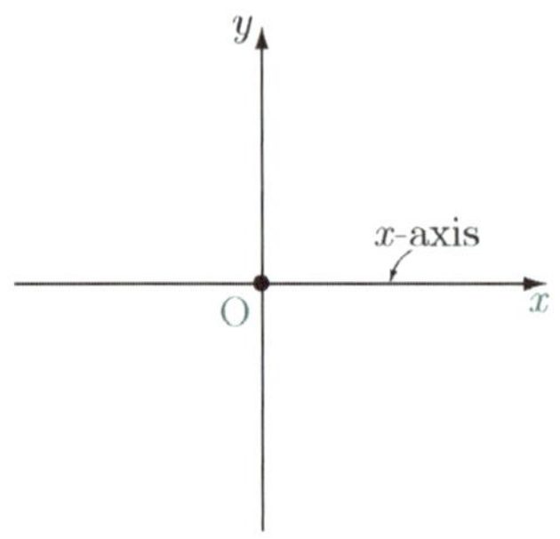

가보기 Cartesian coordinate system, y−axis

x−coordinate

x좌표

직교좌표계의 한 점을 나타내는 좌표(a, b)에서 a

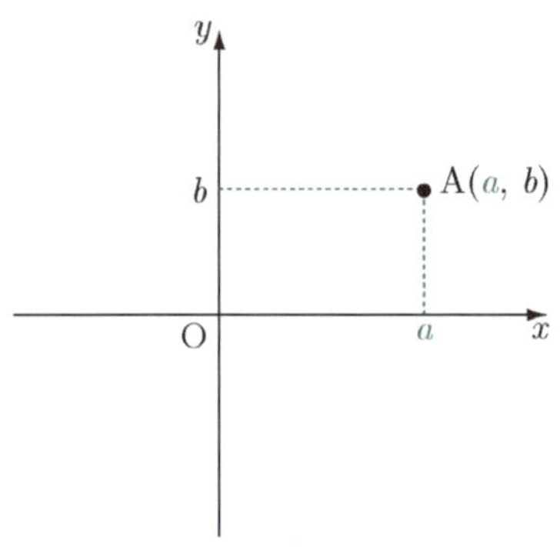

가보기 Cartesian coordinate, x−axis, y−coordinate

Y

yard
(yd)
야드

1미터가 조금 안 되는 길이를 나타내는 서양의 관습단위

1 yard = 3 feet
= 36 inches
= 91.44 cm

가보기 customary system of measurement

y–axis
y축

직교 좌표계의 두 축 중 x축에 수직인 축

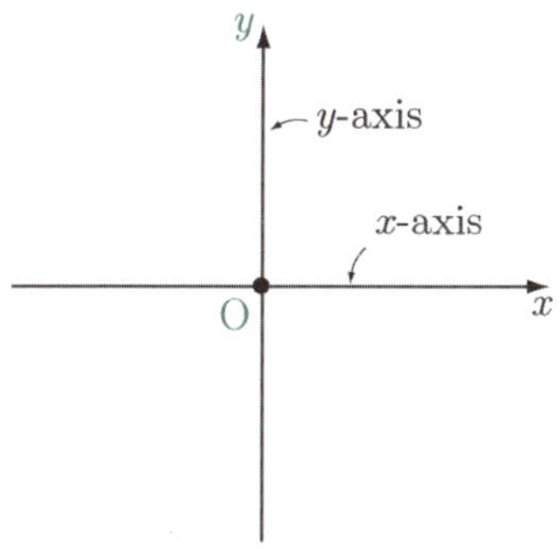

가보기 Cartesian coordinate system, x–axis

y–coordinate
y좌표

직교좌표계의 한 점을 나타내는 좌표(a, b)에서 b

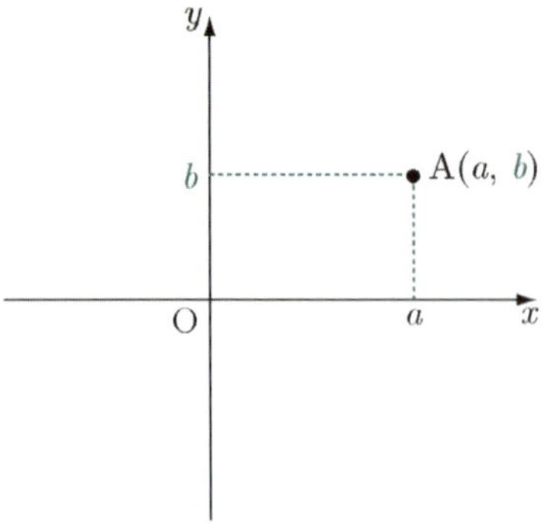

가보기 coordinate, x-coordinate, y-axis

Z

zero
영(0)

아무것도 없음을 나타내는 수, 십진기수법에서는 자리값에 해당하는 수가 없음을 나타내는 숫자

유 래 오늘날 사용되는 기호 '0'은 인도 지역에서 대략 6–9세기에 만들어진 것으로 추정되지만, 그 유래에 대해선 명확하지 않다. 고대 인도인은 처음에는 1부터 9까지 모두 9개의 숫자를 사용해 수를 나타내었으나, 십진기수법을 사용하면서 자리에 해당하는 수가 없을 때 공란으로 두는 것의 불편함을 느끼고, '자리가 비어있음'을 나타내는 기호 '0'을 만들었다. 예를 들어 백이 2개, 일이 3개인 경우, 2 3으로 표시하다 기호 '0'을 발명한 후 203으로 쓰게 되었다. 이때 '0'은 '십의 자리가 비어있음'을 의미한다.

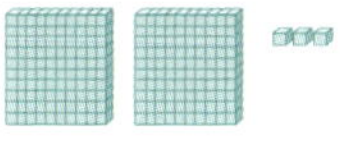
⇒ 2 3 (백이 2, 일이 3) ⇒ 2 0 3 (백이 2, 십이 0, 일이 3)

가보기 base–ten numeration system

참고문헌

강문봉 외 역(1999). 초등 수학 학습지도의 이해. 서울: 양서원. (Rey, R. E., Suydam, M. N., Limdquist, M. M., Smith, N. L.(1998). Helping Children Learn Mathematics(5th Ed.)(1998). National Academies Press)

교육과학기술부(2011). 수학 1-1. 서울 : 두산동아

교육과학기술부(2011). 수학 1-2. 서울 : 두산동아

교육과학기술부(2011). 수학 2-1. 서울 : 두산동아

교육과학기술부(2011). 수학 2-2. 서울 : 두산동아

교육과학기술부(2011). 수학 3-1. 서울 : 두산동아

교육과학기술부(2011). 수학 3-2. 서울 : 두산동아

교육과학기술부(2011). 수학 4-1. 서울 : 두산동아

교육과학기술부(2011). 수학 4-2. 서울 : 두산동아

교육과학기술부(2011). 수학 5-1. 서울 : 두산동아

교육과학기술부(2011). 수학 5-2. 서울 : 두산동아

교육과학기술부(2011). 수학 6-1. 서울 : 두산동아

교육과학기술부(2011). 수학 6-2. 서울 : 두산동아

교육부(2013). 수학 1-1. 서울: 천재교육

교육부(2013). 수학 1-2. 서울: 천재교육

교육부(2013). 수학 2-1. 서울: 천재교육

교육부(2013). 수학 2-2. 서울: 천재교육

교육부(2014). 수학 3-1. 서울: 천재교육

교육부(2014). 수학 3-2. 서울: 천재교육

교육부(2014). 수학 4-1. 서울: 천재교육

교육부(2014). 수학 4-2. 서울: 천재교육

박교식(2011). 수학용어 다시 보기: 다시 보기 시리즈 2. 서울: 수학사랑

심진경, 최순미, 석주식(2008). 초등수학 개념 사전. 아울북

이영규, 심진경, 안영이, 신은영, 윤지선(2009). 학습용어 개념사전. 아울북

한국사전연구원(1994). 최신 수학사전. 서울: 교육문화원.

Jackson, M., Jeroski, S., Saundry, C., & etc. (2004). *Math Makes Sense grade 1*. Toronto : Pearson Education Canada Inc.

Monroe, E. E.(2006). *Math Dictionary : the easy, simple, fun guide to help math phobics becomes math lovers(1st ed.)*. Boyds Mills Press, Inc

Morror, P., Connelly, R., Jones, D., & etc(2006). *Math Makes Sense grade 6*. Pearson Education

Canada Inc.

Morror, P., Connelly, R., Keyes, B., & etc(2004). *Math Makes Sense grade 4*. Pearson Education Canada Inc.

Morror, P., Connelly, R., Keyes, B., & etc(2005). *Math Makes Sense grade 5*. Pearson Education Canada Inc.

Morror, P., Connelly, R., Thomas, S., & etc(2004). *Math Makes Sense grade 3*. Pearson Education Canada Inc.

Saundry, C., Jeroski, S., Spencer, H., & etc. (2005). *Math Makes Sense grade 2*. Toronto : Pearson Education Canada Inc.

The University of Chicago School Mathematics Project(2007). *Everyday Mathematics Multilingual Handbook for Grade 1*. Wright Group Mcgraw-hill

The University of Chicago School Mathematics Project(2007). *Everyday Mathematics Multilingual Handbook for Grade 2*. Wright Group Mcgraw-hill

The University of Chicago School Mathematics Project(2007). *Everyday Mathematics Multilingual Handbook for Grade 3*. Wright Group Mcgraw-hill

The University of Chicago School Mathematics Project(2007). *Everyday Mathematics Multilingual Handbook for Grade 4*. Wright Group Mcgraw-hill

The University of Chicago School Mathematics Project(2007). *Everyday Mathematics Multilingual Handbook for Grade 5*. Wright Group Mcgraw-hill

The University of Chicago School Mathematics Project(2007). *Everyday Mathematics Multilingual Handbook for Grade 6*. Wright Group Mcgraw-hill

The University of Chicago School Mathematics Project(2007). *Everyday Mathematics Teacher's Reference Manual Grade 1-3*. Wright Group Mcgraw-hill

The University of Chicago School Mathematics Project(2007). *Everyday Mathematics Teacher's Reference Manual Grade 4-6*. Wright Group Mcgraw-hill

Van de Walle, J. A. (1998). *Elementary and Middle School Mathematics(3rd Ed.)*. Addison Wesley Longman, Inc.

참고 인터넷 사이트

Everyday Mathematics http://everydaymath.uchicago.edu

Math Forum http://mathforum.org

Math League http://www.themathleague.com/index.php/about-the-math-league/mathreference

Math Planet http://www.mathplanet.com/education/

Math Steps http://www.eduplace.com/math/mathsteps/

Naver 사전 http://dic.naver.com/(Naver 영어/영영 사전, Naver 국어사전, Naver 지식백과사전)

http://mathwords.com/

https://blog.naver.com/krisspr?Redirect=Log&logNo=221388668898, 2018년 12월 09일 한국표준과학연구원 블로그

찾아보기

[한글]

|ㄱ|

|ㄴ|

|ㄷ|

[영문]

저자 약력

김수미

현, 경인교육대학교 수학교육과 교수

서울대학교 학/석/박사(수학교육학)
메릴랜드 대학교, 조지워싱턴 대학교,
미시간 주립대학교(Univ. of Michigan) 방문학자
초등수학교과서 공동집필진(2009개정 및 2015개정)

(개정판)
미국초등학교에서 쓰이는 **수학용어사전**

개정판3쇄발행 2023년 11월 15일

지은이 김수미
펴낸이 오판근
펴낸곳 (주) 교우
주 소 서울시 동대문구 약령시로 8 교우빌딩 2층 (주)교우
전 화 02-925-2861 / **팩 스** 02-925-2860, **편집부** 02-925-2825
홈페이지&북스토어 www.kyowoo.co.kr / **이메일** kyowoo@kyowoo.co.kr

등 록 1994년 3월 24일 제1994-000013호
ISBN 979-11-251-0112-3 (63410)

Published by Kyowoo Co., Ltd. Printed in Korea

(주) 교우는 보다 혁신적이고 참신한 도서를 다양하게 기획하고 있습니다.
책으로 펴내고자 하는 아이디어나 원고는 메일로 보내주세요.
(주) 교우는 전과정을 책임지고 최선을 다하겠습니다.

값 24,000원

교우미디어는 (주) 교우의 Imprint 사입니다.
수학정원·과학정원은 (주) 교우의 새로운 브랜드명입니다.

잘못된 책은 구입하신 서점에서 교환해 드립니다.